零基础　一书看懂股市交易

不盲从　买卖有据避开炒股

从零开始学炒股

——新股民的入市必修课——

跟资深证券专家上入市投资第一课

赵　信◎编著

SPM
南方出版传媒
广东人民出版社
·广州·

图书在版编目（CIP）数据

从零开始学炒股/赵信编著．—广州：广东人民出版社，2017.11
ISBN 978－7－218－12111－6

Ⅰ．①从…　Ⅱ．①赵…　Ⅲ．①股票交易—基本知识　Ⅳ．①F830.91

中国版本图书馆 CIP 数据核字（2017）第 247131 号

Conglingkaishi Xuechaogu
从零开始学炒股
赵信　编著

出 版 人：肖风华

责任编辑：温玲玲
封面设计：张建民
责任技编：周　杰　易志华

出版发行：广东人民出版社
地　　址：广州市大沙头四马路 10 号（邮政编码：510102）
电　　话：（020）83798714（总编室）
传　　真：（020）83780199
网　　址：http://www.gdpph.com
印　　刷：广州市怡升印刷有限公司
开　　本：787mm×1092mm　1/16
印　　张：16.5　　**插　页**：1　　**字　数**：220 千
版　　次：2017 年 11 月第 1 版　2017 年 11 月第 1 次印刷
定　　价：38.00 元

如发现印装质量问题，影响阅读，请与出版社（020－83795749）联系调换。
售书热线：（020）83795240

前　　言

关于股市有一句玩笑话："如果你爱一个人，就让他去炒股，因为那里是天堂；如果你恨一个人，也要让他去炒股，因为那里是地狱。"

股市是一个天堂，在这里你不用像混职场一样拼命加班，也不用像混商场一样左右逢迎，只要做出正确的判断，在低点买进，到高点卖出，钱就进了你的口袋。

股市又是一个地狱，在这里你无论怎样拼命学习炒股知识，无论怎样深谙金融常识，只要做了错误的判断，买在高点，卖在了低点，你账户上的钱就会越来越少。

股市是一个公平竞争的市场。在这个市场上，股民们拼智慧、拼博学、拼经验，拼自己对市场行情的判断。但公平的背后就是冷酷，因为这个市场从来不会怜悯股民们的努力和拼搏，从来都是赢者少，负者多。

我们新股民来炒股，就是进入了这么一个让人又爱又恨的市场。这本书旨在教给新股民一些在股市上生存的基本技巧。为了便于大家理解，本书写作时特别注意以下几点。

第一，多些实战，少些理论。本书选取了实战买卖中有用的方法展开论述，而大部分理论知识还是交给那些股票分析师去做吧。

第二，从零开始无需基础。本书所有知识都是从最简单的基础讲起，就算你是第一天听说有股票这种东西，也能不费劲地看完这本书。

第三，图例越多越好。股市交易实际上就是读图，读懂了各种走势图，你就掌握了这个市场。本书就是从基本的图形入手，帮助读者从实战中学会各种交易方法。

需要提醒的是，你不要指望看完这本书以后就能变身股神。任何一本书都不可能有这个效果。只有把书里的知识全部学会，并且拿到实战中反复研练，这些知识最终才能变成你炒股赚钱的利器。

本书在成稿过程中，得到于威、付海洋、任飞、刘晓利、张燕、时英壮、武涛、朱晓敏、王宾、蔡协伦、陈永梅、蔡协君、齐晓明、付素英等专业人士的协助，他们为本书的出版付出了辛勤的劳动，在此一并表示感谢！

目　录
CONTENTS

第 1 章　炒股之前的准备

第 2 章　炒股需要了解的基础知识

第3章　分析方法之一：盘面分析

第4章 分析方法之二：K线分析

第5章 分析方法之三：技术指标

第6章 分析方法之四：财务数据分析

第7章 分析方法之五：消息新闻分析

第8章 分析方法之六：跟庄操作分析

第1章

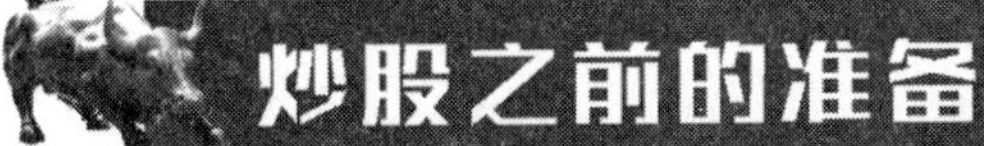

炒股之前的准备

1.1 认识什么是股票

开始炒股之前，我们首先要弄清楚到底什么是股票。按照教科书上的定义，股票就是股份公司发行的所有权凭证，是股份公司为筹集资金而发行给各个股东作为持股凭证并借以取得股息和红利的一种有价证券。

这个概念明显有点长，普通人很难看懂。下面我们从几个不同的角度，详细解读股票到底是什么。

1.1.1 股票和上市公司

股票是公司发行的，每只股票背后都对应着一家公司。不过一家公司并不一定只发行一种股票。例如有的公司不仅持有在国内上市的股票，还持有在美国上市的股票。我们平时交易的股票主要是 A 股，也就是在上海证券交易所和深圳证券交易所两个交易所上市，用人民币交易的股票。每家上市公司都只能发行一只 A 股。所以公司和 A 股之间，是一一对应的关系，如图 1 - 1 所示。

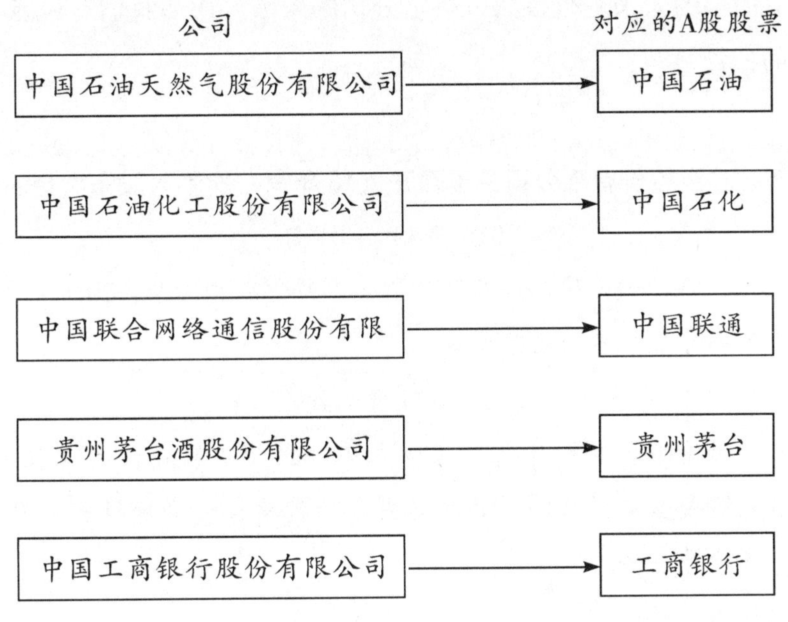

图 1－1　公司和股票

当我们在股市上说一个股票名称的时候，有时候说的是这只股票本身，有时候则说的是这只股票背后对应的上市公司。

例如，我们说："中国石油昨日大幅上涨。"这里的"中国石油"指的是这只股票本身。这句话的意思是："中国石油"股票本身在市场上的交易价格大幅上涨。如果我们说："中国石油去年盈利增加。"这里的"中国石油"就是指的股票所代表的公司。这句话的意思是：中国石油这家公司去年的盈利增加。

股票代表了持有人对公司的所有权。一个人持有了某家公司的股票，就相当于获得了这家公司一部分的所有权。比如一家公司总共有 10 亿股股票，我们持有其中的 10 万股，就相当于获得了这家公司万分之一的所有权。这种所有权给我们带来的权利主要有以下几项：

第一项是参与决策的权利。公司有重大事项时，如果有必要，会邀请所有持有股票的人来进行投票，决定公司的未来。比如我们有可能看到下面这样的公告：

中国南方航空股份有限公司关于召开2016年第一次临时股东大会的通知

2016年11月01日

证券代码：600029　证券简称：南方航空公告编号：2016－049

中国南方航空股份有限公司

关于召开2016年第一次临时股东大会的通知

本公司董事会及全体董事保证本公告内容不存在任何虚假记载、误导性陈述或者重大遗漏，并对其内容的真实性、准确性和完整性承担个别及连带责任。

重要内容提示：

股东大会召开日期：2016年12月16日

本次股东大会采用的网络投票系统：上海证券交易所股东大会网络投票系统

……

根据这个公告，所有符合条件的持股人，到规定的日期，都可以通过公告中给出的渠道来参与投票。只是到了实际操作的时候，大多数持股人会因手中股数太少起不到作用或其他的原因而放弃投票，并不会真正参与到这类活动中。

第二项是分红的权利。公司会定期或者不定期根据自身的经营情况，对持股人进行分红。分红有现金和送股票两种方式，此外公司还可能用资本公积金转增股份。我们经常能在股票市场上看到下面这样的公告：

> 中信国安（000839）3 月 22 日晚间发布 2015 年度报告，公司实现营业收入 28.09 亿元，同比增长 3.16%；实现归属于上市公司股东的净利润 3.51 亿元，同比增长 104.60%。公司拟向全体股东每 10 股派 1 元（含税），共计派发现金 1.57 亿元；每 10 股送红股 3 股（含税）；以资本公积金按每 10 股转增 12 股的比例向全体股东转增股本。

根据这样的公告，如果我们在规定日期的收盘后，账户里有中信国安的股票，那么第二天开盘前账户里每 10 股股票就会增加 15 股（3 股红股和 12 股转增），并且多出 1 元钱。

这看上去是给投资人带来实际好处的事，不过，无论是分红还是送股，送完之后股票价格都要进行除权和除息，也就是我们账户的总市值是不会改变的。所以我们也不可能真正因为这件事而获利。

比如，假设中信国安分红送股前一天的收盘价是 25.05 元。这天如果我们账上有 1000 股股票，那么总市值是 25050 元。随后一天，1000 股变成了 2500 股，并且有 100 元现金。不过第二天开盘时它的价格也被除权除息，变成了 9.98 元。算下来，总市值还是 25050 元（9.98 × 2500 + 100）。分红送股对我们的市值并没有什么影响。具体除权除息的计算方法，会在下一章进行详细说明。

第三项是破产清算的权利。也就是说万一哪天公司经营不善，破产了，我们可以凭借自己持有的股票去分配公司剩余的财产。这种权利基本上只是纸面上拥有的权利，因为真到了公司破产的时候，肯定已经资不抵债，不可能还有财产来供我们清算。

到这里我们就能看出来，虽然持有股票后我们可以参与公司的投票，可以获得分红，可以破产清算，但是对于我们炒股的小股民来说，这些权利都没什么真正的用处，股票最大的价值还是它的炒作价值。股票的价格

是变化的，我们可以低价买进，高价卖出，赚差价。这才是我们大多数人炒股的目的。下边，我们就来讲股票的这种核心价值。

1.1.2 股票和股市

如果把大量股票都集中到一个市场上来交易，就形成了股票市场，也就是股市。股市的核心是交易所。目前中国内地有两家主要的股票交易所，一家是上海证券交易所，另一家是深圳证券交易所。

我们说交易所是整个股市的核心，是因为它一头连接着公司，另一头连接着投资者。

对公司来说，一家公司如果规模达到了一定程度，并且盈利能力优秀，就会到交易所挂牌上市。因为在交易所上市以后，无论是继续增发新股还是吸引投资者，都更加有效率。时间久了，能够在交易所挂牌上市就成了验证公司实力的重要依据。当然也有些公司总是坚持不上市，但那毕竟是少数。

公司上市以后，就变成了上市公司。一般来说，上市公司都是比较优秀的公司——至少在刚上市的时候是比较优秀的。这是因为交易所会对上市的公司进行严格审核，业绩差的不让上市。

所以说，交易所是一个优秀公司汇聚的地方。目前上海和深圳两家交易所已经有3000 多家上市公司，而且数量还在不断增加，如图 1 - 2 所示。

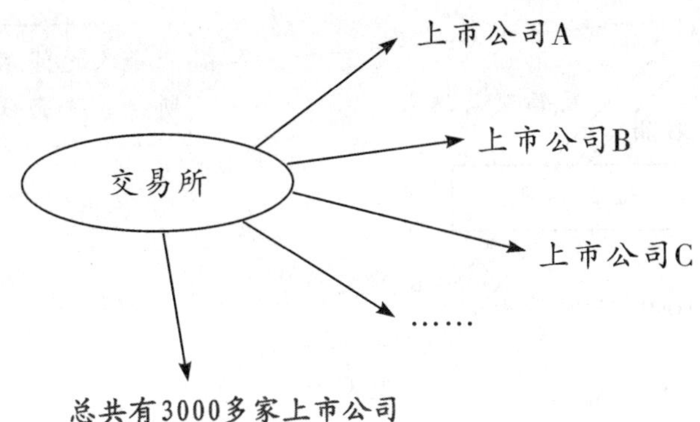

图1－2　交易所是公司上市的核心

同时，交易所也是投资者进行股票买卖交易的核心。我们所有人买卖上市公司的股票，都要通过交易所的系统来进行。对于我们普通投资者来说，不能直接向交易所发出买卖指令，这中间就需要一个中介，也就是证券公司。

我们开始交易之前，需要先在证券公司开一个账户。以后想要交易的时候，就通过证券公司给我们的电脑客户端、手机 APP，或者通过电话交易、短信交易、现场交易等方式，发出买卖交易委托。证券公司作为中介，会把这些委托发送到交易所的系统里。交易所的系统根据自己的交易规则，判断交易是成功还是失败，或是留在系统里等待成交，最后再通过证券公司把结果反馈给我们。

所以说，交易所是我们所有投资者的核心。举个例子，我想要买 100 股中国石油，你想要卖出 100 股，但咱们俩就算面对面也不能马上交易，而是需要各自把交易委托通过自己开户的证券公司，发送到交易所的系统里，让交易所来撮合成交，如图 1－3 所示。

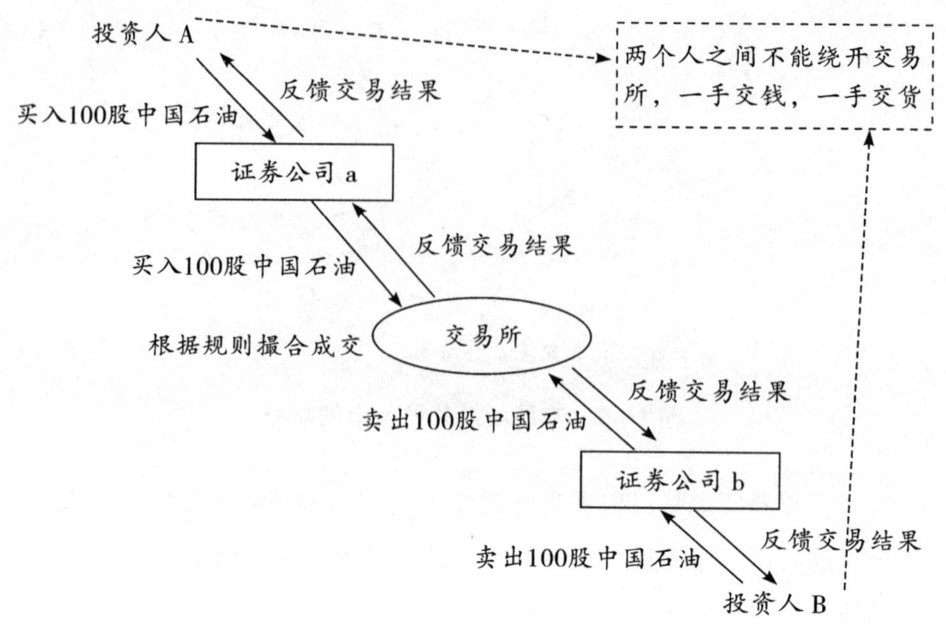

图 1－3　交易所是投资人买卖交易的核心

1.1.3　股票和股民

从法律意义上讲，当我们持有一家公司的股票以后，就变成了这家公司的股东。不过我们大多数人持股的数量都太少了，自称“股东”显得太抬举自己，于是很多人就自称为“股民”。时间久了，“股民”就变成了这些炒股的、资金量又不多的人的统称。

对于股民来说，股票就是一种交易的标的，跟公司的关系并不大。因为从股民的角度考虑，股票代表的投票权、分红权、破产清算权都没什么用处，真正有用处的是股票可以买卖。

不同股民对股票价格的估值不同。在同一个时间点上，有人认为股价要涨，于是买进，另一些人认为股价要跌，所以卖出。这样一买一卖才能形成交易，最终交易的价格也就是股价。所以说，股票就是连接不同股民之间的纽带。在任何一个时刻，只要市场上有交易，就说明有人正在买入，另外有人正在卖出。只有大家对后市的判断产生分歧，才会形成一买一卖的交易，最终形成股票的价格。

买卖交易看上去是对股票的买卖，实际上是投资者在用资金来验证自己对未来行情的判断。判断对的就能赚钱，判断错的就会亏钱。我们做股票交易，本质上就是要想办法提高自己这种判断的准确性。本书后面要讲的所有方法，都是围绕这个核心展开的。只有尽量作出正确的判断，并且在正确时尽量扩大收益，错误时尽量减少损失，我们才能在股票市场上赚钱。

1.2　开设股票账户

前面已经讲过了，我们这些小股民的股票买卖交易必须要通过证券公司来进行，所以炒股的第一步就是要开一个股票账户。在开户的时候，我们要注意以下几点。

1.2.1　选一家优秀的证券公司

一般来说，炒股最好选一家优秀的证券公司来开户。衡量一家证券公司是否优秀的标准有以下几个。

第一，有实力。

规模越大的证券公司自然实力越强。在这些证券公司开户可以获得更

好的服务——至少不用担心自己炒着炒着，突然哪天开户的证券公司没了。

为了找一家优秀的证券公司，我们可以登陆一个网站叫“中国证券业协会”，网址是：http：//www. sac. net. cn/。这个网站会定期公布全国有实力的证券公司排名，如图 1 -4 所示。

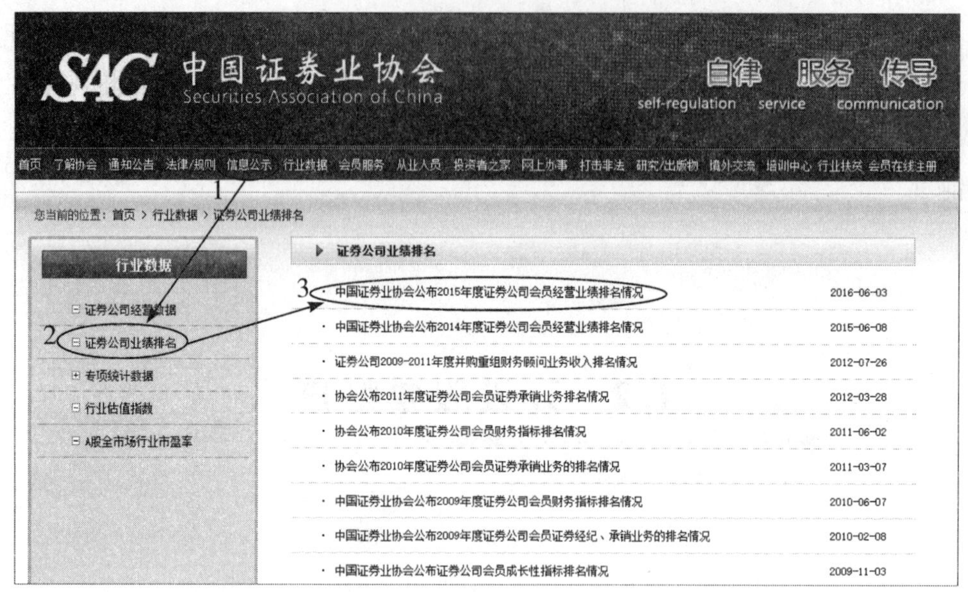

图 1 -4　中国证券业协会网站上的证券公司排名

证券业协会算是一个半官方机构，这个网站上对证券公司的排名要比其他地方的可信度更高。在这个网站上能够排名靠前的公司，业绩肯定差不了。

第二，方便。

每家证券公司在全国各地都会有很多证券营业部。我们选证券公司的时候，最好选一个离家近的营业部，这样以后办理各种业务都方便。而且一些优秀的证券营业部，会定期组织股民进行各种讲座交流活动，给我们提供各种有形和无形的实惠。

第三，佣金低。

交易股票时，每次买入和卖出都要支付一些费用，包括印花税和佣金。不同的证券公司收取佣金的标准不同。就算同一家证券公司，对于不同投资者也会采取不同的佣金标准。我们开户的时候，一定要为自己争取一个相对较低的佣金标准。这样可以帮助我们有效降低以后买卖交易的成本。

通常来说，小型证券公司佣金标准更低一些，大型证券公司的佣金标准要高点。但在一些发达地区，比如北京、上海的证券营业部，因为竞争激烈，有业绩压力，也会给出明显更低的佣金标准。

根据经验来说，我们一般建议新股民尽量选择有实力的公司和方便的营业部来交易，在此基础上再为自己尽量争取更低的佣金标准。因为我们新股民交易股票的规模一般都不大，一年算下来真正能节省的交易费用也没多少钱，如果盲目追求更低的佣金标准，选择了小公司或者外地的营业部开户，到时候办业务遇到麻烦可是得不偿失的。

1.2.2　手机开户

选好一家证券公司和营业部之后，下一步就是要办理开户的业务。一般来说，只要我们选好证券公司的营业部，在证券公司网站上就可以看到这个营业部内很多证券经纪人的联系方式，打电话联系上对方，他就会非常耐心地帮助我们办理开户的整个流程。现在很多证券公司都提供手机开户的渠道，具体的操作方法我们同样可以在证券经纪人的辅助下完成。

在开户的过程中，有几点是需要我们注意的。

第一，银证业务。

所谓银证业务，也就是把证券账户和我们银行卡绑定的业务。绑定以后，在股票软件里就可以自由把银行卡里的钱转入股市，或者把股市的钱

转入银行卡中。需要注意的是，按照目前交易规则，当天刚刚卖掉股票获得的资金，当天能买新的股票，但是不能转到银行卡里，只能下个交易日再转账。

证券公司一般都有指定的资金托管银行，如果我们手里没有相应的银行卡，需要去银行柜台重新办理一张。

第二，安全性。

因为股票账户是跟银行卡绑定的，账户里的钱只能转到绑定的银行卡上，所以证券账户的安全性一般是不用担心的。我们保证账户安全的核心还是要确保所绑定银行账户的安全。因为只要银行账户是安全的，即使股票账户被盗用了，对方也拿不到账户里的钱。

第三，开户数量。

按照目前的规定，每个人最多能够在 20 家证券公司开设 20 个账户。正常情况下，二三个账户已经够使用了，一般人只需要一个就足够用了。我们开户的时候，因为交易量一般都很小，可以先找一家大型证券公司开户，佣金标准稍高一点也没关系。以后等交易量大了，交易越来越频繁了，如果觉得佣金标准过高，可以再找新的证券公司开户。

1.2.3 开通其他账户

开通股票账户的时候，我们也可以选择同时开通其他证券账户，如创业板、股指期货、融资融券等的交易账户。这些账户是高阶股票交易才能用到的，要求的门槛也比较高，如果是老手开户，可以顺带开通了，如果是新手的话，基本没有开通的资格，也就不用考虑了。具体的开户资格如下。

第一，创业板。

拥有两年以上（含两年）股票交易经验的自然人投资者。

第二，融资融券。

开户满6个月以上；

所在券商有融资融券资格；

个人账户资产大于20万元。

第三，股指期货。

申请开户时保证金账户可用资金余额不低于人民币50万元；

具备股指期货基础知识，通过相关测试；

具有累计10个交易日、20笔以上的股指期货仿真交易成交记录，或者最近三年内具有10笔以上的商品期货交易成交记录。

1.3　用炒股软件做交易

开户以后，证券公司会给我们一个股票交易终端，用这个终端就可以进行股票的买卖交易。

虽然每个交易终端的具体界面不同，但是其中基本都包括买入、卖出、撤单、市价委托查询等常用功能，如图1－5所示。

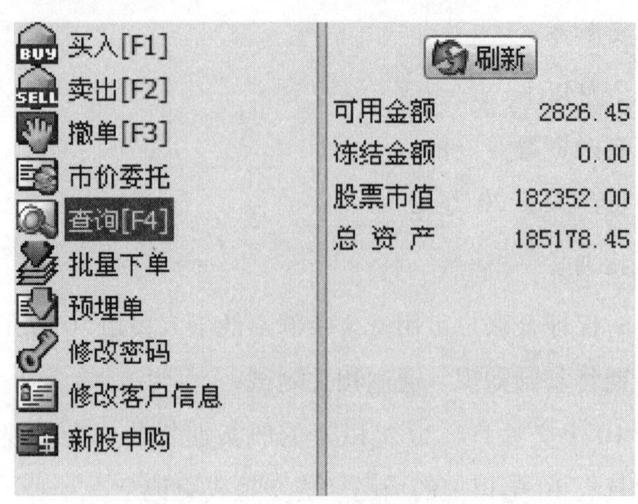

图1－5　软件的交易界面

1.3.1　确定交易代码

买入和卖出是交易软件中最常用的两个功能。在软件的买入和卖出功能中，我们可以依次输入股票代码、买卖价格、买卖数量等信息，完成下单，如图1－6所示。

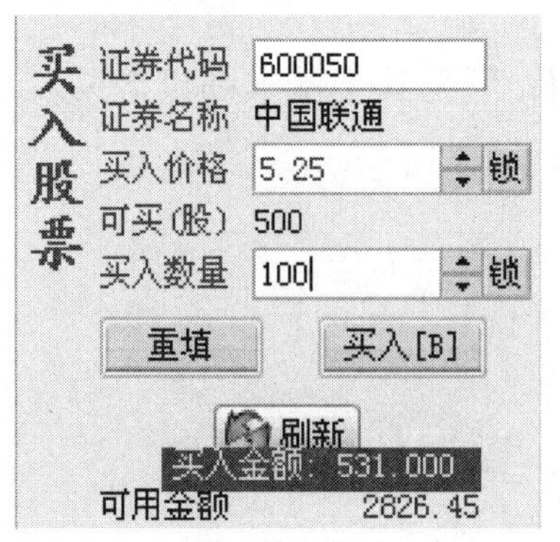

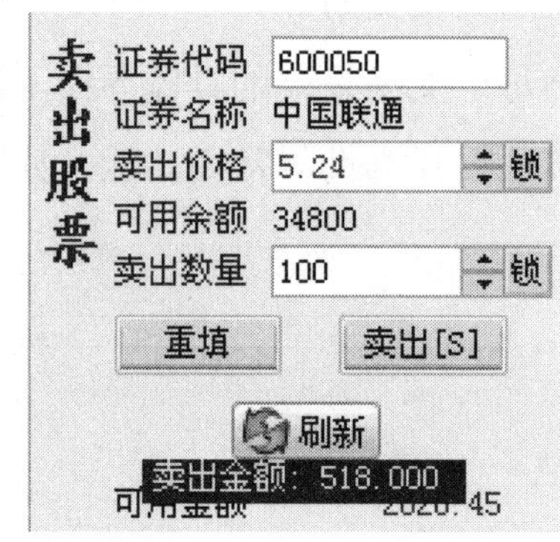

图1－6　买入和卖出

在终端上，首先我们需要填写的是股票代码，填好代码后，对应的股票名称和当前价格就都自动给出来了。之后我们需要确定交易的模式。

1.3.2 限价委托和市价委托

委托买卖的交易模式有两种，一是限价交易，二是市价交易。

限价交易也就是我们指定一个交易价格，如果有合适的对手单等待成交，那么交易就可以马上完成。如果没有合适的交易对手单等待成交，那我们的委托单就会在交易系统中排队等待。

除了限价委托外，还有一种市价委托方式。这种方式下，我们买入和卖出时不用输入买卖价格，交易系统将直接为我们匹配市场上最佳的对手单进行成交。在市价委托方式下，我们可以选择如果买单在当前显示的五档卖单范围内无法成交，或者卖单在当前显示的五档买单范围内无法成交，剩余委托单要撤销还是在盘中继续等待，如图1－7所示。

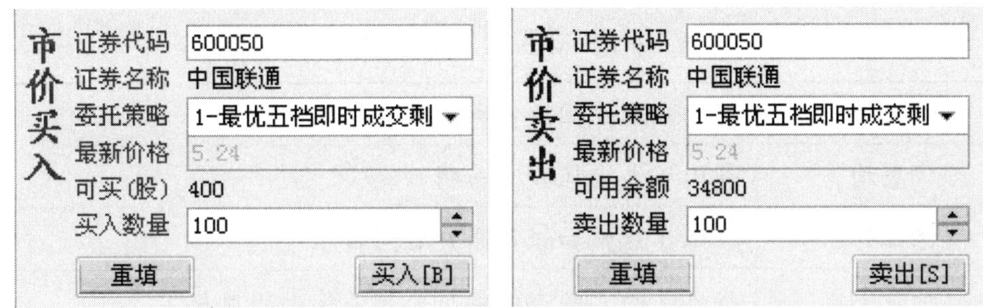

图1－7 市价买入和市价卖出

一般来说，如果我们不着急交易的话，可以用限价委托的方式，等股价达到我们预想中的价位再进行交易。如果我们非常迫切想要交易，不在意交易价格，就可以选择市价交易方式。

1.3.3 交易数量和金额

交易方式确定了，确定了交易价格，我们需要填写的就是交易数量。输入数量和价格，软件就会自动显示出我们买入需要的资金，或者卖出时可以拿回来的资金。

以上各项都确定以后，点“买入”或者“卖出”，之后根据提示确认，我们的交易委托就可以通过证券公司的网络进入到交易所的撮合系统中等待成交了。

1.3.4 交易的其他功能

买卖下单是交易软件中最重要的功能。除了这个功能外，软件中还提供了很多其他功能。股民最常用的功能如表 1－1 所示。

表 1－1　交易软件的其他功能

撤单	将已经委托但没有成交的委托单撤销
查询	查询历史委托和交易明细
银证转账	在证券账户和银行账户之间转账
批量下单	将自己的大额委托单拆分为多笔小额委托单
预埋单	达到预期价格后再下单

第 2 章

炒股需要了解的基础知识

开户只是炒股的第一步。要想在股市上站住脚跟，我们还需要了解一些股市上的基础知识。这一章，我们就来讲这些基础知识。看完这一章以后，炒股赚钱不敢保证，不过下次再跟别人聊起股市的时候，至少不会被当成是外行了。

2.1 股票市场的涨跌规律

股票交易的价格会随时变动，这个变动是由股票买卖交易带来的，我们看到的股票价格走势图上的每次价格变动，都是因为有一个买家和一个卖家，或者几个买家和几个卖家在这个价格上发生了买卖交易。

我们已经知道，股票的买卖交易是由投资者发出买卖交易委托，最后在交易所的系统里撮合成交而产生的。下面我们就详细讲解交易所撮合成交的过程。

2.1.1 集合竞价

交易所的撮合成交分为集合竞价和连续竞价两个阶段。

所谓集合竞价，就是大家把价格都报出来，先不成交。等最后所有人的价格都报齐了，再把所有报价集中到一起，一次性成交的一种模式。

目前上海证券交易所和深圳证券交易所都是用这种方式确定开盘价，接受报价的时间为每个交易日的9:15~9:25。9:25后不再接受新的报价，并且由交易所统一把之前的报价撮合成交，得到最后的开盘价。此外，深圳证券交易所采取 14:57 ~ 15:00 实行集合竞价，确定收盘价。

集合竞价撮合成交的时候，首先会将接受到的所有报价按照价格优先、时间优先的原则排序，并在此基础上确定基准价格。确定基准价格的原则有三点：

第一，保证成交量最大。

第二，高于基准价格的买入申报和低于基准价格的卖出申报全部成交。

第三，与基准价格相同的买卖双方中有一方的申报全部成交。

例如，某股票在开盘前的集合竞价阶段接到的全部委托单，汇总到每个价位上，如表 2 - 1 所示。

表 2 - 1　集合竞价委托单

买入股数	价格（元）	卖出股数
—	10.08	100
100	10.07	600
1200	10.06	1300
1500	10.05	1500
1000	10.04	2000
3000	10.03	1100
1500	10.02	100
600	10.01	100
300	10.00	—

此后，系统会计算出每个价位作为开盘价时的不同成交量，即该价位

以上买入股数之和与该价位以下卖出股数之和中较小的部分。例如以10.05元开盘，原本希望以该价位以上，包括该价位买入股票的投资者肯定乐于成交，总数为2800股；原本希望以该价位以下，包括该价位卖出股票的投资者也肯定乐于成交，总数为4800股。因为买入数量少于卖出数量，所以此时只有2800股能成交。按照这样原则计算出以其他价位作为开盘价的最大可成交数量，如表1－2所示。

表2－2 每个价位上的成交量

假设开盘价格（元）	成交量
10.08	0
10.07	100
10.06	1300
10.05	2800
10.04	3300
10.03	1300
10.02	200
10.01	100
10.00	——

根据表2－2的结果，经过集合竞价确定的成交价格应该为10.04元，该价位的成交量为3300股。此时，卖出委托价格等于或者低于10.04元的委托单可以全部成交，买入委托价格高于10.04元的委托单可以全部成交，买入委托价格为10.04元的委托单只能成交最早进入系统的500股，如表2－3所示。

表 2－3　集合竞价委托单成交情况

买入股数		价格（元）	卖出股数	
——	以 10.04 元成交	10.08	100	等待成交
100	以 10.04 元成交	10.07	600	等待成交
1200	以 10.04 元成交	10.06	1300	等待成交
1500	以 10.04 元成交	10.05	1500	等待成交
1000	以 10.04 元成交最早进入系统的 500 股，剩下 500 股等待成交	10.04	2000	以 10.04 元成交
3000	等待成交	10.03	1100	以 10.04 元成交
1500	等待成交	10.02	100	以 10.04 元成交
600	等待成交	10.01	100	以 10.04 元成交
300	等待成交	10.00	——	以 10.04 元成交

开盘阶段的集合竞价完成后，所有未能成交的委托单会继续保留在系统中，一起进入连续竞价阶段。

2.1.2　连续竞价

连续竞价也就是所有人都可以报价的一个阶段。这个阶段内系统里存在一些等待成交的委托单，等到新的对手单进来，如果合适的话就可以成交，不合适的话就留在系统里继续等待。

连续竞价是正常交易时段内系统撮合成交的方式。上海证券交易所连续竞价交易时间为每个交易日上午 9:30～11:30，下午 13:00 至 15:00；深

圳证券交易所连续竞价交易时间为每个交易日上午 9:30 ~ 11:30，下午 13:00至 14:57（最后 3 分钟需要再通过集合竞价确定收盘价）。

在连续竞价阶段，系统中会有一个由等待成交的买卖委托所构成的报价盘口。继续以上面的例子说明。经过集合竞价后，所有未成交的委托单会形成如表 2－4 所示的报价盘口。

表 2－4　集合竞价后得到的报价盘口

顺序	价格（元）	等待成交数量
卖 4	10.08	100
卖 3	10.07	600
卖 2	10.06	1300
卖 1	10.05	1500
买 1	10.04	500
买 2	10.03	3000
买 3	10.02	1500
买 4	10.01	600
买 5	10.00	300

在连续竞价阶段，如果投资者报出一定数量的买入委托，同时盘口中有足够的低于或等于投资者报价的卖出委托单，则可以马上成交。成交价格以卖方报价为基准。在等待的卖出委托中，会优先成交价位最低的，同价位则会优先成交报价最早的。

如果投资者报出一定数量的卖出委托，同时盘口中有足够的高于或等于投资者报价的买入委托单，则可以马上成交。成交价格以买方报价为基准。在等待的买入委托中，会优先成交价位最高的，同价位则会优先成交报价最早的。

例如，在上面的盘口中，若有投资者以 10.05 元价格委托买入 1000 股，则卖一位置会有 1000 股股票与投资者的买单自动成交，成交后盘口会变成如表 2－5 所示的样子。此时股票价格也会从 10.04 上涨到 10.05 元。

表 2－5　成交 1000 手买单后的报价盘口

顺序	价格（元）	等待成交数量
卖 4	10.08	100
卖 3	10.07	600
卖 2	10.06	1300
卖 1	10.05	500
买 1	10.04	500
买 2	10.03	3000
买 3	10.02	1500
买 4	10.01	600
买 5	10.00	300

如果投资者报出一定数量的买入委托，按照上面的原则只能成交一部分，则剩余部分会自动进入买入盘口中排队等待。如果投资者报出一定数量的卖出委托，按照上面的原则只能成交一部分，则剩余部分会自动进入卖出盘口排队等待。

例如，在表 2－5 的基础上，如果有投资者以 10.03 元的价格委托卖出 5000 股，则只能以 10.04 元成交 500 股，以 10.03 元成交 3000 股，剩余 1500 股不能成交，会自动进入卖出盘口排队。此时股票价格会下跌到 10.03 元，报价盘口会变成如表 2－6 所示的样子。

表 2 - 6　成交 5000 手卖单后的报价盘口

顺序	价格（元）	等待成交数量
卖 5	10.08	100
卖 4	10.07	600
卖 3	10.06	1300
卖 2	10.05	500
卖 1	10.03	1500
买 1	10.02	1500
买 2	10.01	600
买 3	10.00	300

如果投资者报出的买入委托价格低于当前市场上的最低卖出盘口价格，或者投资者报出的卖出委托价格高于当前市场上的追高买入盘口价格，则委托无法成交，会直接进入买卖盘口中排队等待。

整个交易日的交易时间内，交易所的系统会按照上面的这个过程，持续撮合投资者的买卖交易委托成交。股票的价格也会在撮合成交下形成涨跌波动。

对于集合竞价结束后还没有成交的委托单，如果是在上海证券市场上，会在当日晚间被系统自动撤销。最后一分钟内所有交易的加权平均成交价格，就是当日最后的收盘价。

如果是在深圳证券市场上，会在 14:57 ~ 15:00 再进行一次集合竞价，集中撮合。这次集合竞价的成交价就是收盘价。最终还不能成交的委托单，则在晚间会被自动撤销。

因此我们就知道，当天的委托单，无论如何都会在晚上被撤销，不会在第二天继续交易。如果我们想再交易的话，需要重新挂单。

2.1.3　涨停和跌停

涨停和跌停会产生两种特殊的盘口形态。根据交易规则，正常股票每天的涨跌幅限制是前日收盘价上下浮动 10%，ST 类股票则是 5%。超过这个价格的所有买卖委托，交易所都不会受理。

如果某天股价强势上涨，所有人都觉得它能够上涨，纷纷买入股票，同时持股的人又不愿卖出的话，股价会持续上涨。当股价涨到涨停价位时，就没办法再挂更高的价格了，所有想要买进的人最多只能挂到涨停价格上等待买进。这样就会造成盘面上在涨停价位上聚集大量买单。

卖五		
卖四		
卖三		
卖二		
卖一		
买一	13.62	38108
买二	13.61	580
买三	13.60	732
买四	13.59	672
买五	13.58	370

图 2－1　天马股份（002122）分时盘口

如图 2－1 所示，之前一天，天马股份的收盘价是 12.38 元。向上和向下浮动 10%，得到的价格分布是 13.618 元和 11.142 元，四舍五入是 13.62 元和 11.14 元。所以这天天马股份的涨停价就是 13.62 元，跌停价是 11.14 元。盘中股价持续上涨，很多人想要买入，很少有人卖出，所以想要买入股票的人只能以 13.62 元的价位挂单。

这个案例我们还应该注意到，按照 13.62 元计算，相比前一天的收盘价 12.38 元，涨幅是 10.02% 。也就是说股票当天的涨停幅度并不是严格的 10%整，而是多一点。这是因为计算过程中四舍五入造成的。大多数股票的涨跌停幅度，都不是严格的 10% ，而是多一点或者少一点。

卖五	104.43	2
卖四	104.42	1
卖三	104.41	2
卖二	104.25	3
卖一	104.22	170
买一		
买二		
买三		
买四		
买五		

图 2-2　三夫户外（002780）分时盘口

如图 2-2 所示，三夫户外之前一天的收盘是 115.80 元，向上和向下浮动 10% ，得到的价格分布是 127.38 元和 104.22 元，不用四舍五入。所以这天三夫户外的涨停价就是 127.38 元，跌停价是 104.22 元。盘中很多人都认为股价要下跌，于是纷纷卖出股票，后面买入股票的人很少，想要卖出只能挂更低的价格。股价就一路下跌，一直到跌停价位上，不能再挂低价卖出了，想要卖出股票的人就只能在跌停板上排队挂单。

2.1.4　除权和除息

股票市场上，除了投资者的买卖交易能造成股价波动以外，还有一种现象能造成股价下跌，那就是除权和除息。

我们前面已经说过了，上市公司会定期或不定期地给投资者派现、送红股和转增股份。

派现和送红股都算是分红，是上市公司将过去一段时间盈利中的一部分，分给投资者作为红利。

转增是指上市将公司的资本公积金以股票的形式赠送给股东的一种分配方式。转增与送红股形式上是一样的，区别在于转增是将资本公积金转成股本，送红股是利润分配所得，会计处理不一样。对咱们普通投资者来说，最终的结果都一样。

分红或转增后，咱们的股票账户上会多出来一些资金或者股票，同时股票的价格也会被人为调低，即除权除息。其中除权是指因为送红股或者转增，导致上市公司股份数量增加，进而每股价格下降。除息是指因为现金分红导致每股净资产减少，进而每股价格下降。

以上几者的关系如图 2－3 所示。

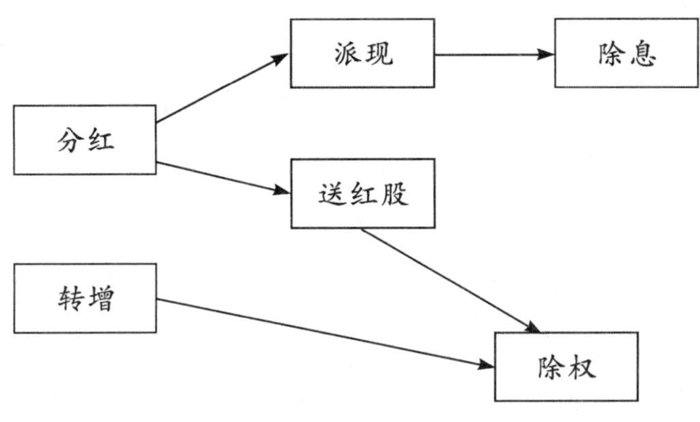

图 2－3　派现、送红股和转增

经过除权和除息后，分红送股的收益会完全被去掉。我们账户的总资产在分红送股之前和之后是完全相等的。我们并不会因为分红送股而真正获得额外的收益，这样就可以避免很多人在分红送股前突击买入股票，分红送股之后大量抛售，造成股价在短时间内剧烈波动。

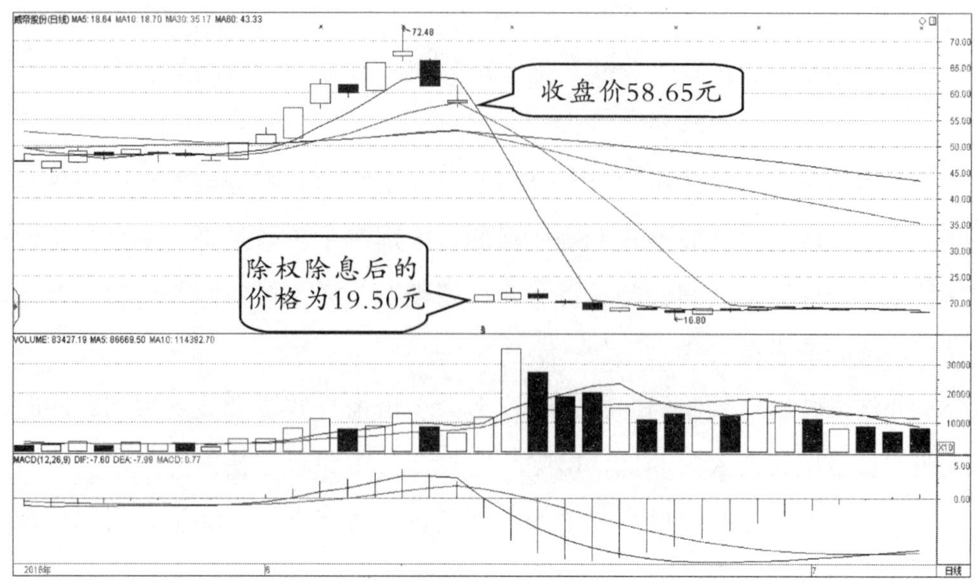

图 2-4　威帝股份（603023）日 K 线图

如图 2-4 所示，2016 年 6 月 14 日收盘后，威帝股份实施 10 股派现金 1.5 元，送红股 5 股，转增 15 股的分红送股方案。6 月 14 日，该股的收盘价是 58.65 元。15 日，股价开盘的基准价变成了 19.50 元。

我们可以算一下，如果 14 日收盘前手里有 1000 股股票，市值是 58650 元。15 日开盘，手里的 1000 股变成 3000 股，并且额外有 150 元现金。按照 19.50 元的开盘价计算，总资产还是 58650 元。

从图中还可以看到，因为除权除息的影响，股价突然大幅下跌。这样就会给我们观察股票走势造成很大影响。图里的很多指标都因为除权除息的影响而失真。为了避免这个影响，股票软件给出了一个“前复权”的功能，也就是以当前价为基准，重新计算过去的股价，剔除掉除权除息对股价造成的影响。

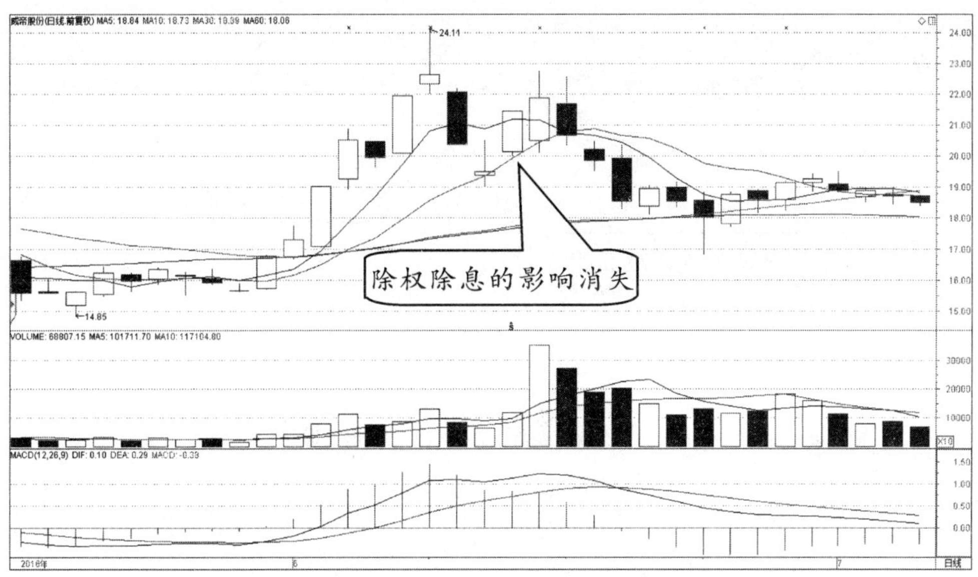

图 2－5　威帝股份（603023）前复权后的日 K 线图

如图 2－5 所示，前复权以后，除权除息的影响消失了，股票的走势也更加明确了。为此，我们本书中以后做技术分析的时候，除非有特别说明，否则都是以前复权以后的走势为例进行说明。

在分红送股这里，还有一个需要注意的地方。虽然股票大比例的分红送股不会对我们的市值产生太大影响，不过却能够说明公司的盈利能力非常强，以后股价持续上涨的潜力巨大。因此，很多股票大比例分红送股之后都会有一段上涨行情。甚至很多股票只是有了大比例分红送股的意向，股价就会被向上炒作。

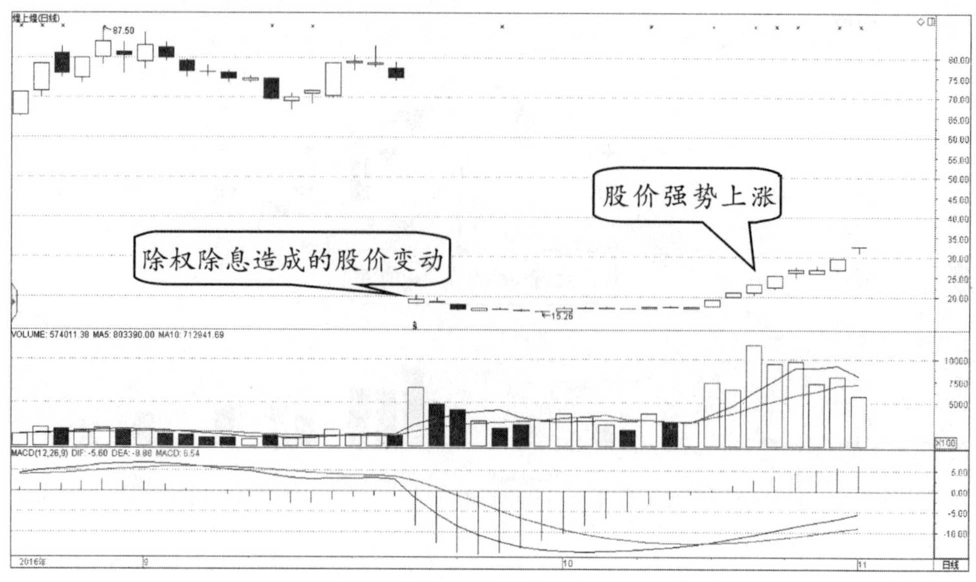

图 2－6　煌上煌（002695）日 K 线图

如图 2－6 所示，煌上煌 2016 年 9 月大比例分红送股以后，股价被除权除息到低位。随后到 10 月下旬，股价开始强势被向上拉升。

类似这种大比例除权除息后，股价连续上涨，企图回到原来价位上的走势，有个专门的术语，叫作“填权行情”。每年年报和半年报公布以后，都是公司集中大比例分红送股的时候，填权行情在每年的这两段时间也都会成为市场热点，我们可以多加关注。

2.2　一些基础的炒股术语

在股票市场上，有些术语是我们必须了解的。这些术语我们在跟别人聊股票或者看网上的股评文章的时候经常能够听到或看到。学会这些术语，炒股就基本脱离了外行的阶段了。

2.2.1　A 股、B 股、H 股、N 股和 S 股

A 股是以人民币计价，面对中国公民发行且在境内上市的股票。

B 股是以美元或港元计价，面向境外投资者发行，但在中国境内上市的股票。

H 股指注册地在内地、上市地在香港的股票。

N 股是在纽约上市的国内企业。

S 股是在新加坡上市的国内企业。

2.2.2　主板、中小板、创业板

主板是指最主要的股票市场。目前上海证券交易所和深圳证券交易所分别有一个主板。上海证券交易所的主板还在接受新的股票上市，深圳证券交易所的主板已经不再接受新股上市。主板是大型公司上市发行股票并组织投资者交易这些股票的市场。

因为主板市场对上市公司要求较高，因此那些具备高成长性，又不符合主板要求的企业，只能在中小板和创业板发行股票上市。目前只有深圳证券交易所有中小板和创业板，上海证券交易所并没有。因为深圳证券交易所的主板已经不接受新股上市，所以目前所有在深圳证券交易所上市的新股都是中小板或者创业板股票。

通过上市公司的股票代码，投资者可以分清楚主板、中小板、创业板股票，如表 2－7 所示。

表 2－7　主板、中小板、创业板的股票代码

代码开头的三位数字	股票类型
600、601、603	上海证券交易所主板 A 股
900	上海证券交易所主板 B 股
000、001	深圳证券交易所主板 A 股
200	深圳证券交易所主板 B 股
002	中小板 A 股
300、301	创业板 A 股

2.2.3　一级市场、二级市场

一级市场是指新股发行的市场，是公司将股票销售给投资者的过程。

二级市场是指已经上市的股票在投资者之间交易的市场。

2.2.4　ST 股、*ST 股

ST 股是指股票名称前带有“ST”标记的股票。根据交易所的规定，如

果上市公司连续两年亏损，或者存在其他风险事项，股票名称前需加“ST”标记，用来向投资者提示交易风险。

＊ST 股是指股票名称前带有“＊ST”标记的股票。根据交易所的规定，如果上市公司连续三年亏损，或者存在其他风险事项，股票名称前需加“＊ST”标记，用来向投资者提示比 ST 股票更高一级的交易风险。

ST 股和＊ST 股每天的涨跌停限制都是在 5% 以内。

历史上，我们国家还曾经有过 PT 股，和＊ST 股的概念差不多。另外还有一种 S 股，是股改时期的产物。

2005 年起，我国的上市公司都开始进行股权分置改革。从 2006 年 10 月 9 日起，对于尚未进行股权分置改革的股票，在股名前加“S”，即俗称的 S 股。目前，我国股市上的 S 股仅剩两只，分别是 S 佳通（600182）和 S 前锋（600733）。

2.2.5　指数

在交易时间内，市场上所有股票的价格都在不断变化。为了统计整个市场的涨跌情况，股票价格指数被编制出来。股票价格指数是统计多只股票整体涨跌情况的指标。目前国内最有代表性的股票价格指数包括上证指数、深证指数、沪深 300 指数、创业板指数四个。我们常说的大盘指数一般是指上证指数。

根据计算方式不同，股票价格指数可以分为两种。

一种是综合指数，是将市场上所有的股票全部作为统计对象，以它们的价格涨跌为基础计算出来的股票价格指数。

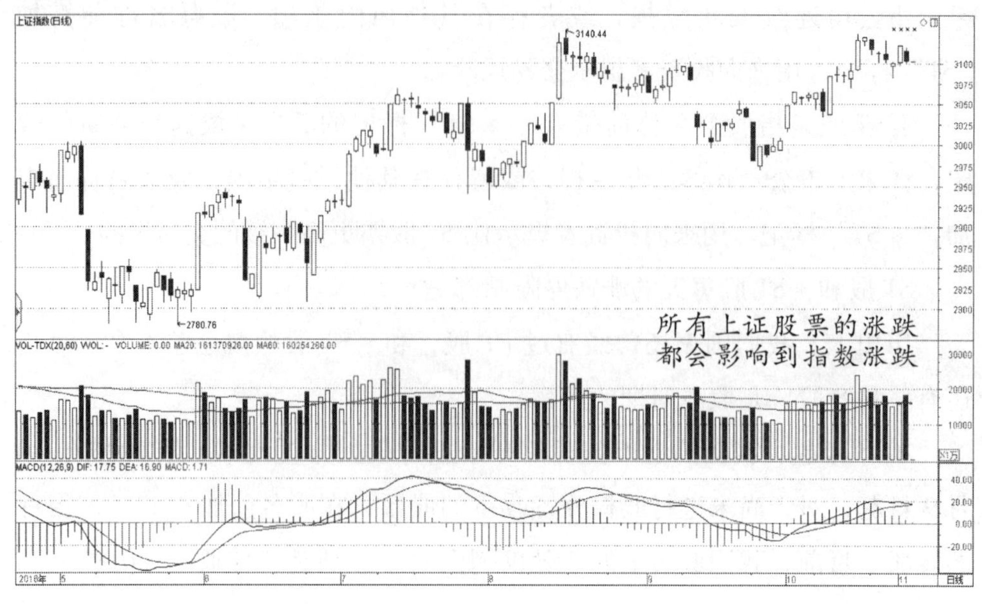

图 2-7　上证指数日 K 线

如图 2-7 所示，上证指数的全称为“上海证券综合指数”，是将在上海证券市场上市的所有股票作为统计对象，计算出来的价格指数。上海证券市场上所有股票的涨跌都会在不同程度上影响到上证指数的涨跌情况。

另一种是成分指数，是从市场上所有股票中挑选出最具代表性的一部分为统计对象，以它们的价格涨跌为基础，计算出来的股票价格指数。

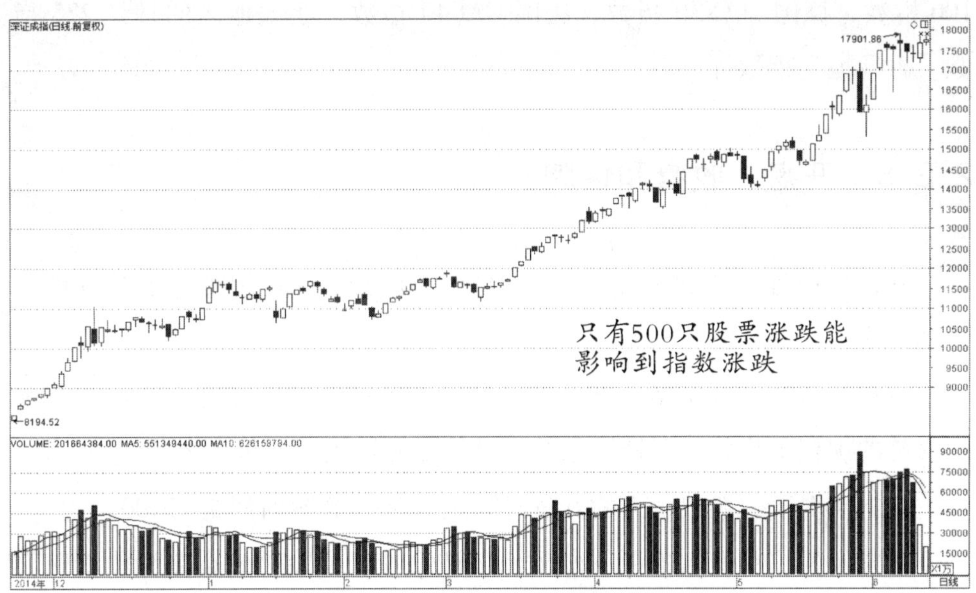

图2-8　深证成指日K线

如图2-8所示，深证成指的全称为“深证成分指数”，是在深圳证券市场上挑选出500只最有代表性的股票，以它们为基础计算出来的价格指数。深圳证券市场上其他股票的涨跌不会直接影响到深证成指。

除深证成指外，沪深300指数也属于成分指数，是在沪深两市中，挑选出最有代表性300只股票，以它们为基础计算出来的价格指数。

创业板指数同样是成分指数，是在创业板上挑选了100只最有代表性的股票，以它们为基础计算出来的价格指数。

除了以上四种最常用的股票价格指数外，投资者经常见到的指数还包括上证50指数、上证180指数、深证综合指数、中小板指数等。

值得一提的是，经过多年发展，上证指数已经成为国际上最有影响力的股票价格指数之一。除上证指数外，国际上知名的股票价格指数还包括美国的道琼斯工业指数、标准普尔指数、纳斯达克指数，欧洲的英国富时

100 指数、德国 DAX30 指数、法国 CAC40 指数，亚太地区的日经 225 指数、香港恒生指数等。

2.2.6 开盘、收盘和停牌

开盘是指每天股票开始交易的时间。开盘价一般是通过集合竞价产生的。

收盘是指每天股票结束交易的时间。上证股票的收盘价是最后一分钟内交易的加权平均价。深证股票的收盘价是通过集合竞价产生的。

正常情况下，股票每天的开盘时间是 9:30，收盘时间是 15:00。

股票发生一些重大事项的时候，会被停牌。可能是公司自身原因向交易所申请停牌；也可能是因为公司出现问题，被交易所强制停牌。

第 3 章

分析方法之一：盘面分析

通过以上两章，我们已经对股票市场有了一个大致的认识，知道了什么是股市，股价为什么会变化，还了解了一些股票术语。这让我们至少已经不像个外行了，不过距离炒股赚钱还很远。

我们已经知道，炒股赚钱最有效的办法就是低买高卖。判断一只股票要上涨的时候，马上买进，等到股价上涨到高位，感觉要下跌，就果断卖出，赚到中间的差价。这中间判断正确就是个关键因素。只有判断正确才能赚钱。如果对行情的判断错误，难免会一买就跌，一卖就涨，炒股总是亏钱。

因此，炒股就是拿钱去验证自己判断的过程。这种判断是需要建立在一些详细的分析方法基础上的。从这章开始，包括后面几章，我们就介绍一些常用的股票价格的分析方法。这本书里所讲的这些方法，只是起到抛砖引玉的作用，你不要指望自己看完这些方法以后，拿到股市上马上就能赚大钱。任何技术方法都需要我们在实际交易的过程中不断领悟，同时磨炼自己的交易技巧，最终才能变成炒股获利的工具。

这一章，我们首先要讲的是盘面分析方法，也就是对股票价格走势在一天内的变化进行预测的方法。这是一种最基础的分析方法，无论买进还是卖出股票，我们在寻找一天内的最佳买卖时机时，都要用到这种方法。

3.1 分时图走势

我们在股票软件里打开一只股票以后，首先看到的就是它的分时走势图，如图3－1所示。

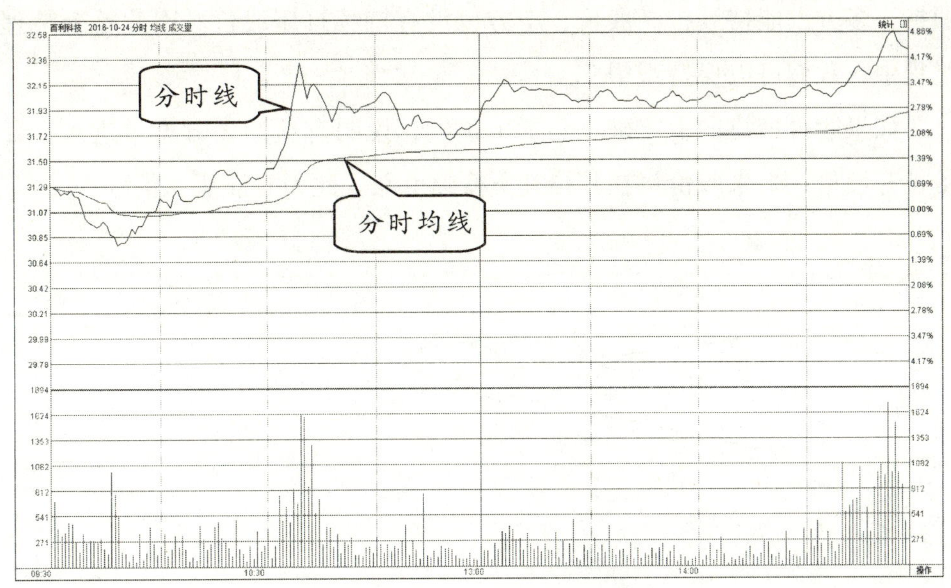

图 3－1　分时走势图

图中有两条线，一条波动很频繁的是分时线，另一条相对平缓的是分时均线。分时线代表股票每一分钟最后一笔交易的成交价格，分时均线则表示从开盘至当前时刻，所有交易的平均价格。

这一节，我们就讲解怎样利用这两条线的一些特殊形态，来判断未来走势的方法。

3.1.1　三角形形态

在分时线持续震荡的过程中，如果我们把波动的高点和低点分别用直线连接起来，得到一个上边向下倾斜，下边向上倾斜，顶点在右侧的三角形，就形成了三角形形态。

三角形态说明市场上买进和卖出股票的力量几乎相当。我们通常把买进力量叫作多方，卖出力量叫作空方。在三角形形态里，多方和空方持续

僵持，多方没能持续拉高股价，空方也没有持续打压股价。因此整个整理过程中，我们可以保持观望。

如果股价最终向上突破三角形上边线，说明有新的多方力量进入，开始拉升股价，未来股价将在其拉升下持续上涨。此为看涨买入信号。

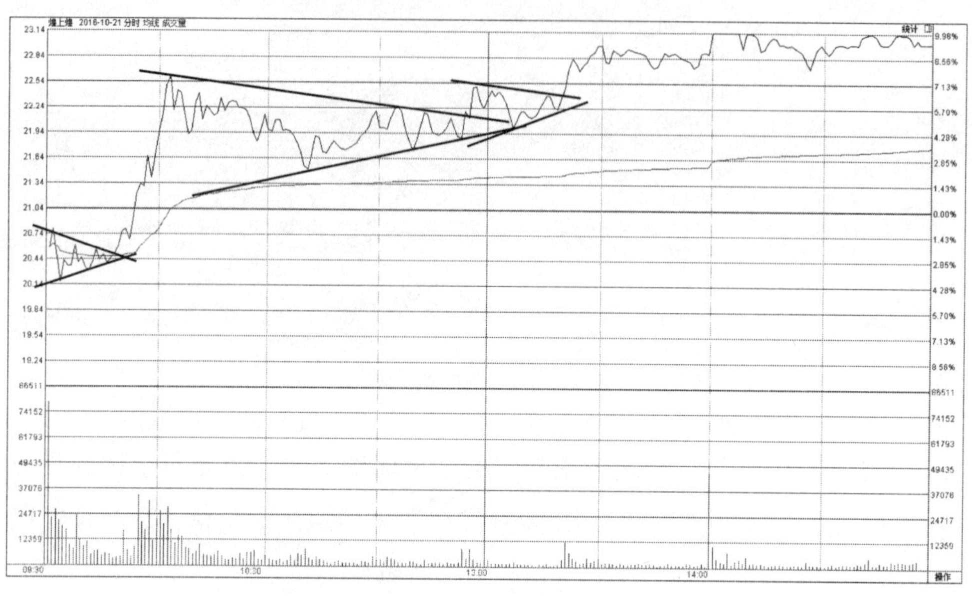

图3－2　煌上煌（002695）分时走势图

如图3－2所示，2016年10月21日，煌上煌在盘中形成了几个三角形形态。每次股价突破三角形上边线的时候，都是我们买进股票的时机。

与向上突破相反，如果经过整理以后股价向下跌破三角形下边线，说明有新的空方力量进入，开始打压股价，未来股价将在其打压下持续下跌。此为看跌卖出信号。

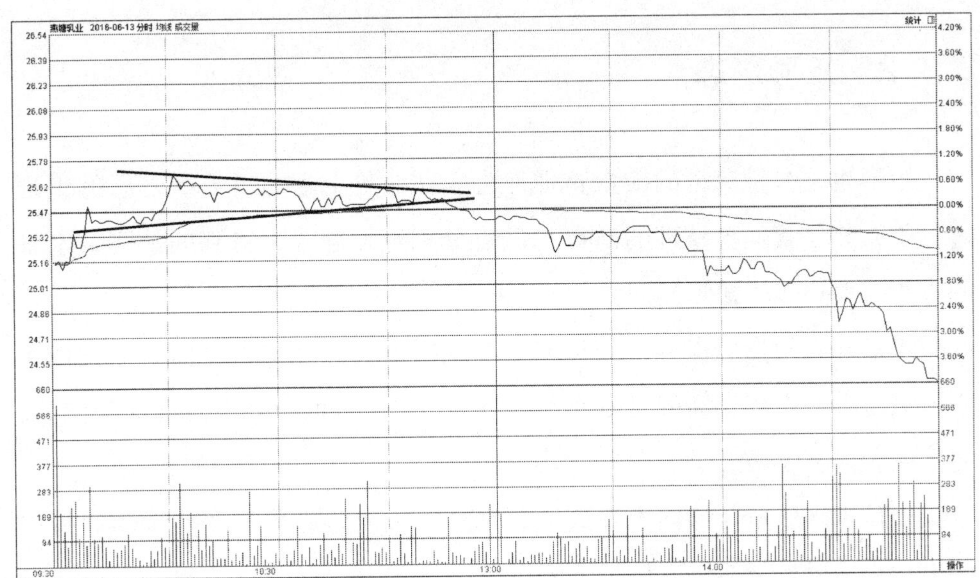

图 3－3　燕塘乳业（002732）分时走势图

如图 3－3 所示，2016 年 6 月 13 日，燕塘乳业上涨至高位横盘时，形成了一个三角形形态。当股价跌破三角形下边线的时候，就是向我们发出卖出股票的信号。

三角形形态在盘中非常常见，准确性也很高。这个形态的应用关键在于画出来上下两条边线。一般只要有连续两个高点或者低点，就可以画出来边线。一旦这条线被第三次验证，就非常可靠了。

分时图下边的柱线表示成交量，也就是对应每一分钟内有多少数量的股票被交易。柱线越长，成交量越大。如果股票价格突破三角形上边线的时候，伴随着成交量大幅放大，则这个形态就更加可靠。例如图 3－2 煌上煌的走势里，连续三次突破，每次突破成交量都放大。当股价跌破时，则不需要有成交量配合。其实不仅是三角形，下面讲到的各种形态的突破，只要有成交量配合，可靠程度都大大增加，我们可以积极参与交易。

3.1.2 矩形形态

矩形也是一种典型的横盘整理形态。在股价上涨或者下跌之后的整理过程中，如果我们把整理的高点和低点分别连接起来，得到的是两条水平的直线，就形成了矩形形态。

矩形和三角形的市场含义类似，都说明市场上多空正在僵持，谁也无法占据主动。直到有新的多方或者空方力量进入，股价才会打破这种僵持，向上或者向下突破。

一旦未来股价能够向上突破矩形通道，说明多方力量在持续的僵持中胜出，未来股价将会进入持续上涨行情。

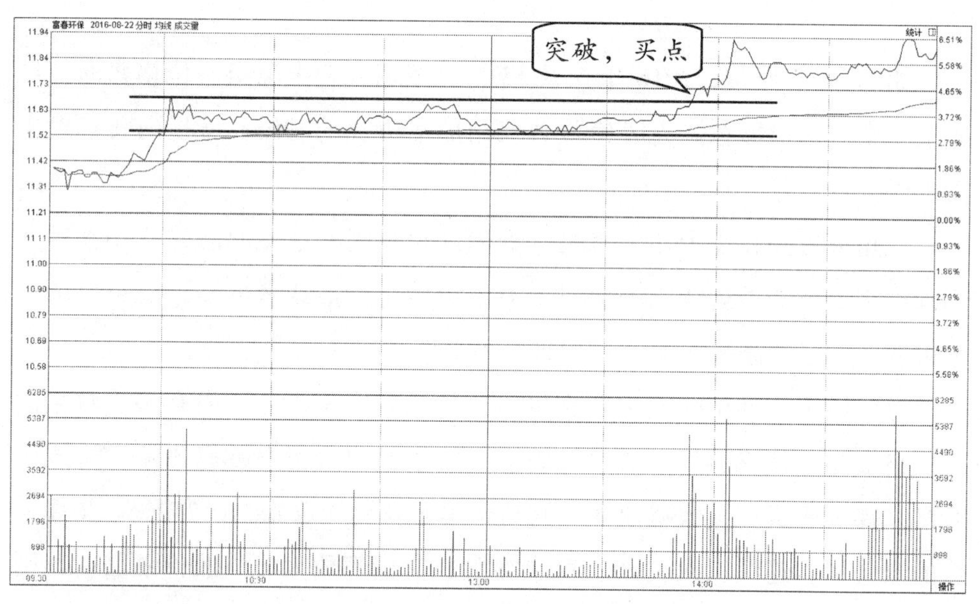

图 3－4 富春环保（002479）分时走势图

如图 3－4 所示，2016 年 8 月 22 日，富春环保上涨至高位，横盘整理的过程中形成了一个矩形形态。最终股价突破矩形上边线的时候，就是买入股票的时机。

如果未来股价向下跌破了矩形通道，就说明空方在这次僵持中胜出，未来股价将会进入持续下跌行情。

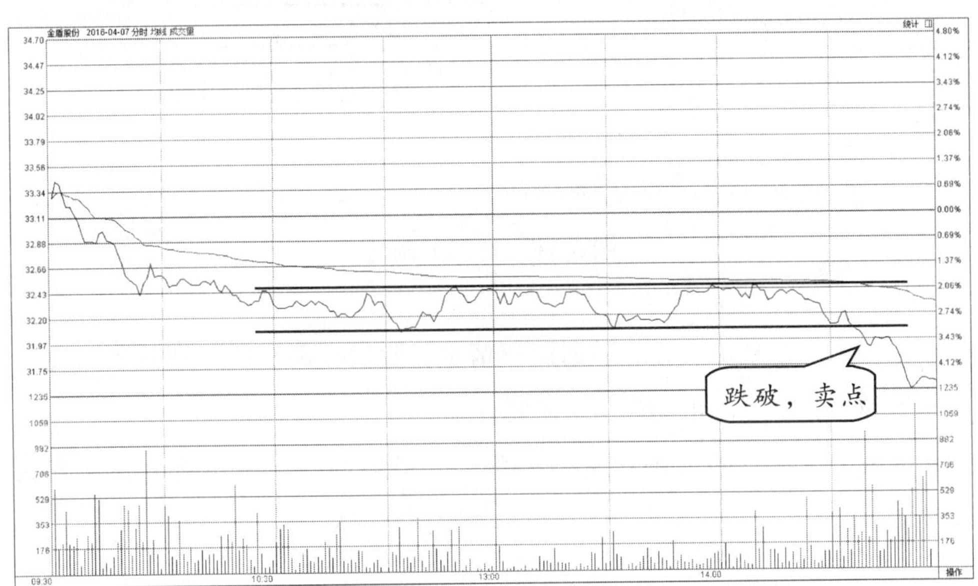

图 3 –5　金盾股份（300411）分时走势图

如图 3 –5 所示，2016 年 4 月 7 日，金盾股份低开后，在底部震荡的过程中形成了一个矩形形态。收盘前，当股价跌破矩形下边线的时候，就是我们卖出股票的时机。

理论上说，画一个矩形至少需要有两个高点和两个低点才能确定，但在实际交易的时候，并不用那么严格，只要有两个水平低点加一个高点，或者两个水平高点加一个低点就可以了。即用两个水平点画直线，然后穿过另一个点画平行线，就可以得到矩形形态，如图 3 –6 所示。

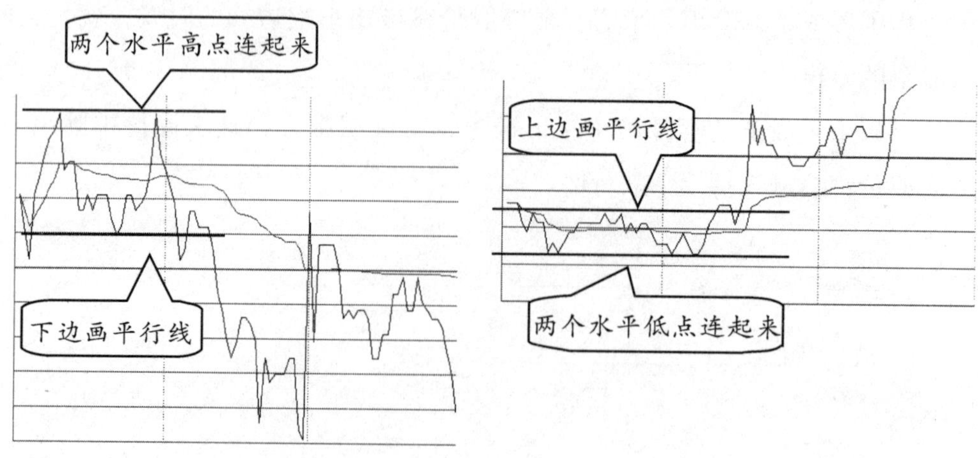

图3－6　矩形的画法

画出来一个矩形以后，随后的行情里，股价在两条线上遇到阻力支撑的次数越多，形态的市场含义也就越强。

实战中，矩形的市场含义与三角形是类似的，不过没有三角形那么常见。

3.1.3　分时均线的支撑

分时图里，那条比较平缓的线，叫作分时均线，表示当天至当前时刻，所有买进交易的平均买价，同时也是所有卖出交易的平均卖价。

“平均”这种算法，在股市上有重要的含义，后面我们还要讲到均线、MACD 指标，都是利用平均算法得到的重要技术指标。

分时均线代表了当日无论买方还是卖方，都比较认可的一个交易价格。当股价从上往下下跌到这条线的时候，就接近了买方比较认可的价格。这时候会有人买进股票。有人买进，股价自然就能够获得支撑。因此，分时均线首先是股价从上方下跌回来的一个支撑线。

如果在一天之内，股价已经连续几次下跌到这条线上获得支撑，那么它的支撑力量就得到了验证，以后股价再次下跌到这里获得支撑的时候，就是我们买进股票的机会。

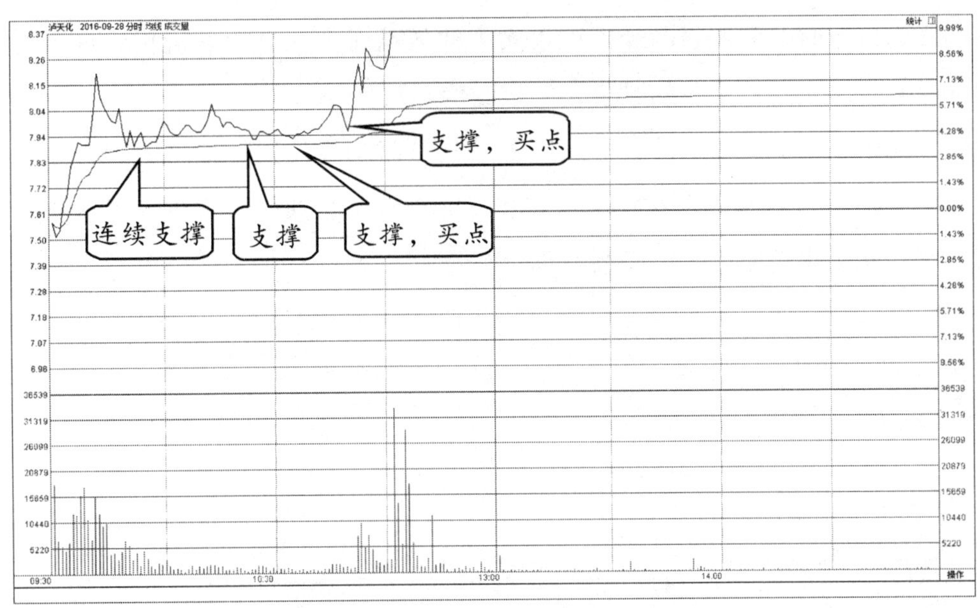

图3－7　泸天化（000912）分时走势图

如图3－7所示，2016年9月28日，泸天化几次下跌到分时均线的位置都获得了支撑。通过前几次的验证以后，随后股价再回落获得支撑的时候，我们就可以积极买进股票。

这里我们应该注意的是，最好等到分时均线的支撑反复获得验证以后再买入，至少要在第三次支撑的时候才买入股票。而且一定要是在股价获得支撑并开始上涨以后才买入。因为在很多时候，股价下跌到分时均线会直接向下跌破，是有风险的。

3.1.4 分时均线的阻力

分时均线除了是支撑线，还是阻力线。当股价从下向上，上涨到分时均线的位置时，就代表已经接近了卖方比较认可的一个交易价格。这个时候会有很多人抛售手里的股票，导致股价下跌。

如果在一个交易日内股价多次上涨到分时均线位置便遇到阻力，则验证了分时均线是重要的阻力线。未来股价再次上涨到分时均线位置遇到阻力时，就是我们逢高卖出股票的机会。

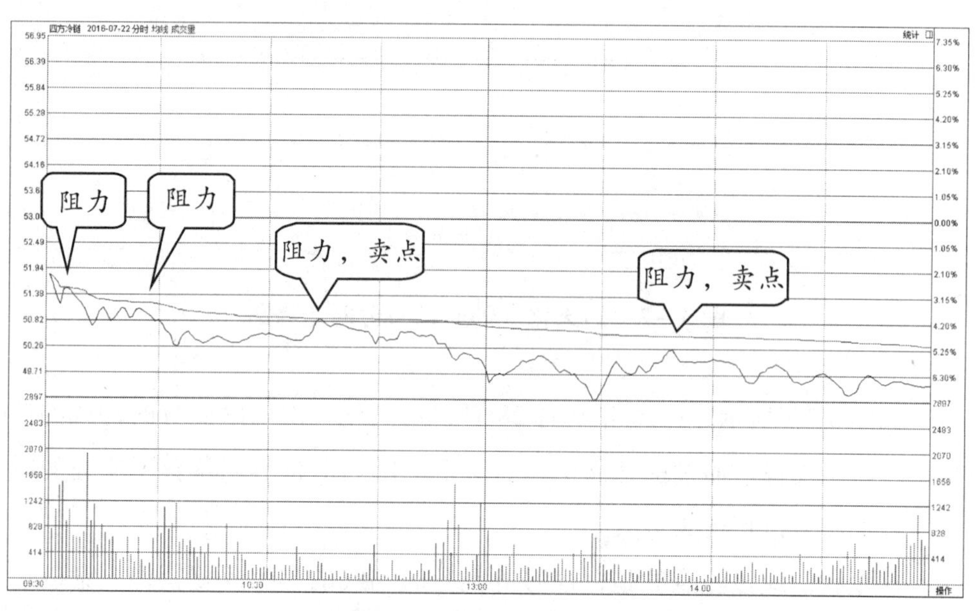

图 3-8　四方冷链（603339）分时走势图

如图 3-8 所示，2016 年 7 月 22 日，四方冷链低开后持续下跌的过程中，多次反弹到分时均线附近遇阻。前两次反弹将阻力位置确认以后，随后每次反弹遇阻时，都是我们逢高卖出股票的机会。

3.1.5 跌破分时均线的支撑

股票分时均线的支撑作用在盘中得到验证以后，如果股价持续下跌，跌破分时均线，就说明股价开始被持续向下打压，而且这种打压的力量很强，导致支撑股价的买入力量溃败，未来股价将会持续下跌。这时我们就应该尽快将手中的股票卖出。

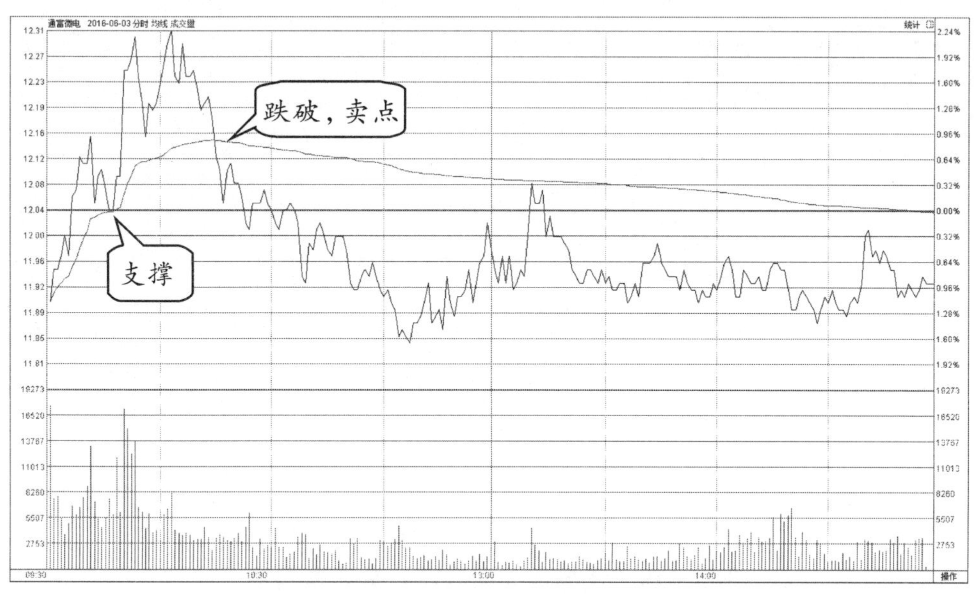

图 3－9　通富微电（002156）分时走势图

如图 3－9 所示，2016 年 6 月 3 日，通富微电股价先是在分时均线位置获得支撑。随后股价见顶下跌，并跌破了分时均线的支撑位。这时我们应该尽快将手中的股票卖出。

有支撑作用的分时均线被跌破以后，就会变成阻力线。从图中可以看到，随后股价反弹的时候，又在这条线上遇到了很强的阻力作用。

3.1.6 突破分时均线的阻力

跟上面的情况相反，如果股价在盘中上涨时，能够突破前期对其有阻力作用的分时均线，就说明多方力量开始强势将股价向上拉升，未来股价有望进入持续的上涨行情。这种突破是我们买进股票的时机。

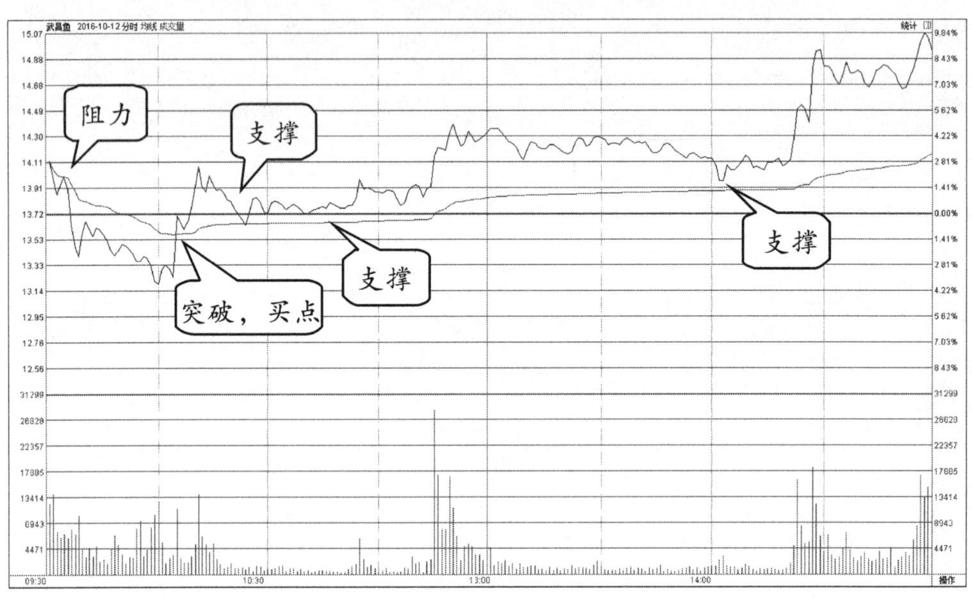

图 3－10 武昌鱼（600275）分时走势图

如图 3－10 所示，2016 年 10 月 12 日，武昌鱼开盘后回落，遇到了分时均线的阻力。随后，股价见底反弹。当股价成功突破分时均线的阻力时，就是我们买进股票的机会。

股价突破后，分时均线就变成了支撑线。从图中可见，随后的行情中，股价多次回落都是在这条线上获得了支撑。

以上的内容，主要讲了股价走势和分时均线之间纠缠的关系。总结起来有四条：

①如果股价下跌 3 次以上都获得分时均线支撑，这种支撑就很难跌破了。以后每次回落获得支撑都是买点。

②如果股价下跌获得了 1 ~2 次支撑，随后下跌时跌破了分时均线，就是卖出信号。

③如果股价上涨 3 次以上都遇到分时均线阻力，这种阻力就很难突破了。以后每次上涨遇到阻力都是卖点。

④如果股价上涨遇到了 1 ~2 次阻力，随后上涨时突破了分时均线，就是买进信号。

3.2　放量和缩量

分时图里的成交量也就是走势图下边的那组柱线。它代表了一分钟内有多少股票被交易，同时也代表了买卖双方的交易活跃程度。

成交量有放量和缩量两种形态。放量是指柱线越来越长，缩量是指柱线越来越短。无论是放量还是缩量，在不同行情里，其市场含义是不同的，我们需要区别对待。

3.2.1 上涨中放量

如果股价上涨的同时成交量也持续放大，说明随着行情上涨，成交越来越活跃。此时上涨行情得到了市场上投资者的普遍认可，越来越多的投资者追高买入股票，而这些投资者的买入又会推动股价持续上涨。此时该股进入了良性的上涨周期，未来股价将会持续上涨。在这个过程中，我们可以积极追高买入股票。

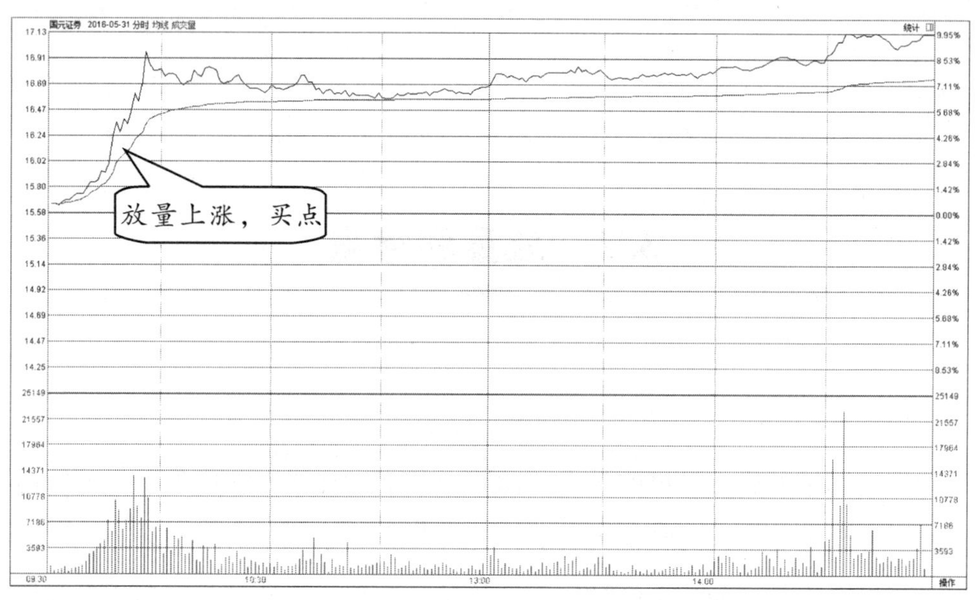

图 3－11 国元证券（000728）分时走势图

如图 3－11 所示，2016 年 5 月 31 日，国元证券开盘以后就持续上涨，同时成交量也大幅放大。这是上涨行情能够持续的信号。在这个过程里，我们可以积极追高买进。

3.2.2　上涨后缩量

如果股票连续上涨，但在上涨行情进行到尾端的时候，成交量出现萎缩的迹象，那么说明投资者普遍不再看好后市发展，追高买入股票的投资者越来越少，股价上涨动能不足，有见顶下跌的风险。一旦股价下跌，就会彻底摧毁投资者的看涨信心，导致未来股价持续下跌。看到这样的形态时，我们应该逢高卖出股票，回避风险。

图 3－12　苏州设计（300500）分时走势图

如图 3－12 所示，2016 年 8 月 22 日，苏州设计开盘后冲高。一开始上涨的时候成交量还在放大，不过几分钟后成交量就有萎缩的趋势。这是上涨行情难以继续的信号。看到缩量上涨，我们应该卖出股票。

3.2.3 上涨中缩量回落

在持续上涨的过程中，股价可能会有回调整理的行情。在整理的过程中，如果成交量持续萎缩，就说明这只是短暂的整理，经过整理后股价还是能够继续上涨。反过来，如果整理时成交量持续放大，就说明在整理过程中卖出股票的投资者越来越多，这种整理很可能无法在短期内结束，甚至会演变成高位反转的走势。

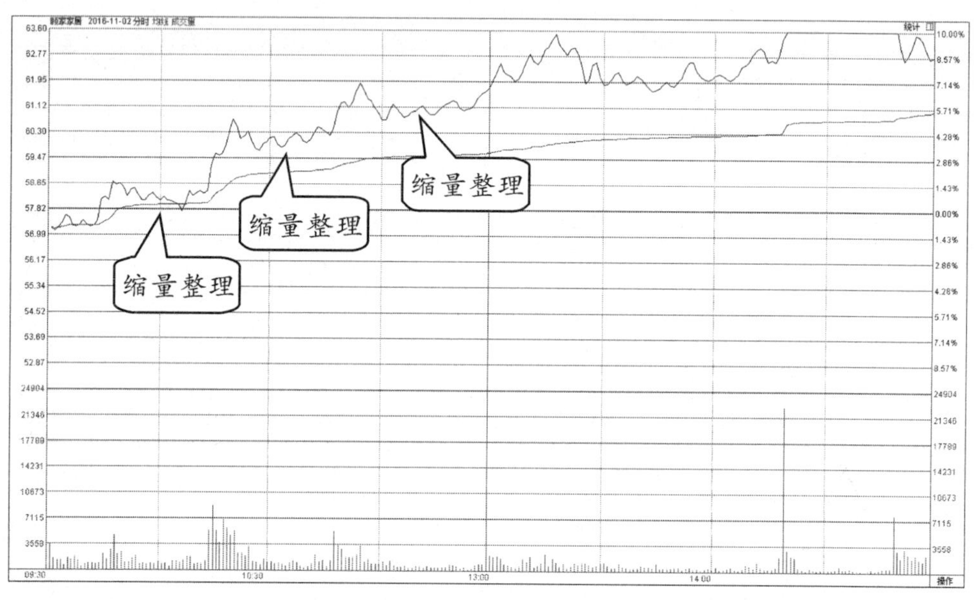

图 3－13 顾家家居（603816）分时走势图

如图 3－13 所示，2016 年 11 月 2 日，顾家家居在上涨的过程中不断横盘整理。每次整理时，成交量都明显萎缩。这就说明上涨的过程非常健康，未来上涨行情能够持续下去。

股价上涨后调整时，如果放量，很可能是一轮持续下跌趋势的开始，行情可能会演变成 3.2.4 所讲的情形。

3.2.4　下跌时放量

当股价见顶下跌时，如果成交量持续放大，说明股价下跌引起了投资者的普遍恐慌，大量投资者看到下跌行情后都失去了持股信心，抛出股票。而他们的卖出又导致股价继续下跌，造成更大的恐慌。此时股价已经进入了恶性的下跌周期，未来将会持续下跌。看到这样的形态时，我们应该尽快将手中的股票卖出。

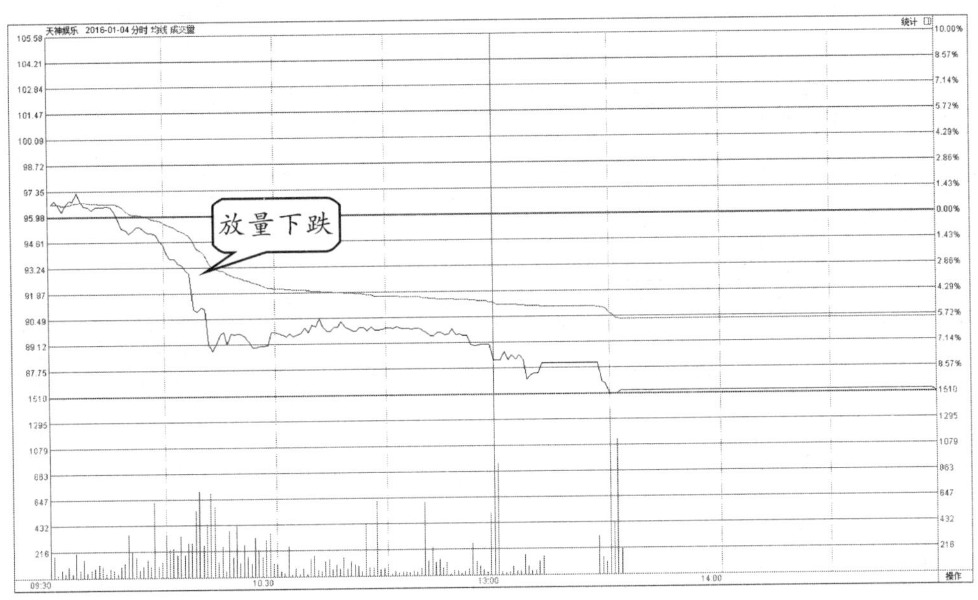

图3－14　天神娱乐（002354）分时走势图

如图3－14所示，2016年1月4日，天神娱乐开盘后迅速下跌，成交量也快速放大，这就是个非常危险的信号。下跌过程中，我们应该果断卖出股票。

实战交易的过程中，放量下跌的行情是比较少见的，不过每次出现杀伤力都非常大，我们一定要注意。一旦看到这样的形态就应该果断卖出。

3.2.5 下跌后缩量

如果股价持续下跌的同时，成交量也持续萎缩，说明在下跌途中抛出股票的投资者越来越少，股价下跌动能正在减弱，未来有见底反弹的可能。此时我们可以重点关注股价后市走向。一旦股价见底反弹，就可以积极买入。

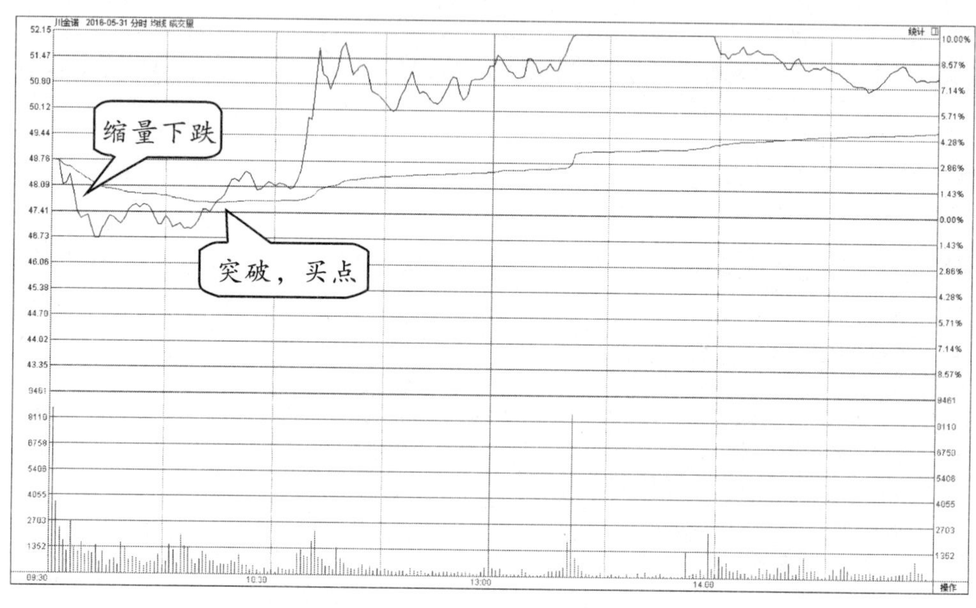

图3－15 川金诺（300505）分时走势图

如图3－15所示，2016年5月31日，川金诺开盘后股价迅速下跌，但在下跌的过程中，成交量也持续萎缩。这说明股价有见底的迹象。随后股价见底反弹，突破了分时均线。这个时候我们就可以买进股票。

3.2.6 下跌中缩量反弹

在股价持续下跌的过程中，可能会有反弹的行情出现。如果反弹的时候成交量持续萎缩，说明这只是下跌中途的一次小幅反弹行情，经过短暂反弹以后，股价还会持续下跌。

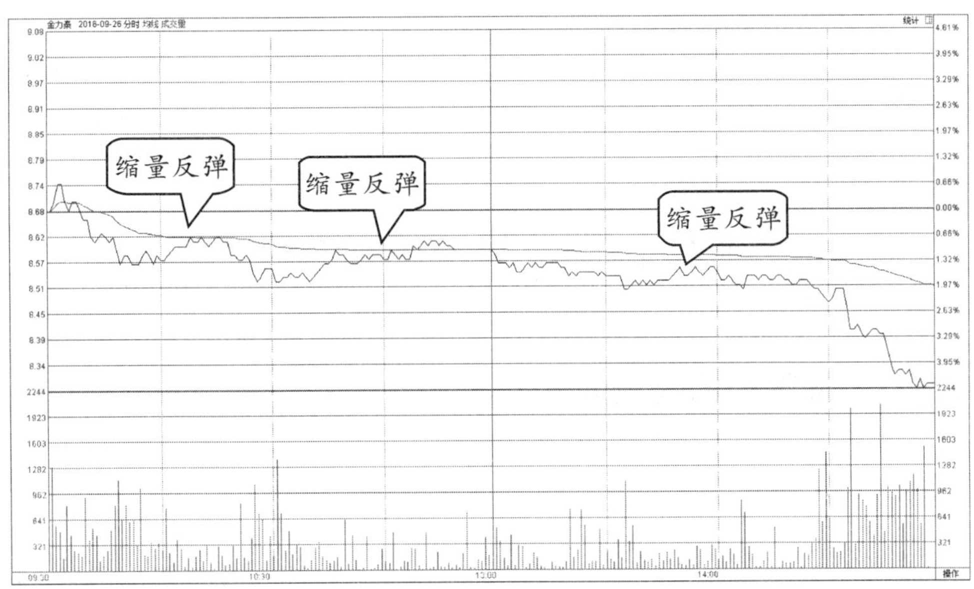

图 3－16　金力泰（300225）分时走势图

如图 3－16 所示，2016 年 9 月 26 日，金力泰下跌的途中出现多次反弹行情。每次反弹成交量都萎缩，并且在短暂反弹后，股价都会持续下跌。

以上我们总结了上涨和下跌过程中，六种不同成交量变化趋势的市场含义，总结起来就是两句话：

放量趋势能继续，缩量趋势要结束。

中途调整要缩量，放量调整是反转。

如果把股价涨跌和成交量变化的关系用图形表示出来，大致如图3－17所示。

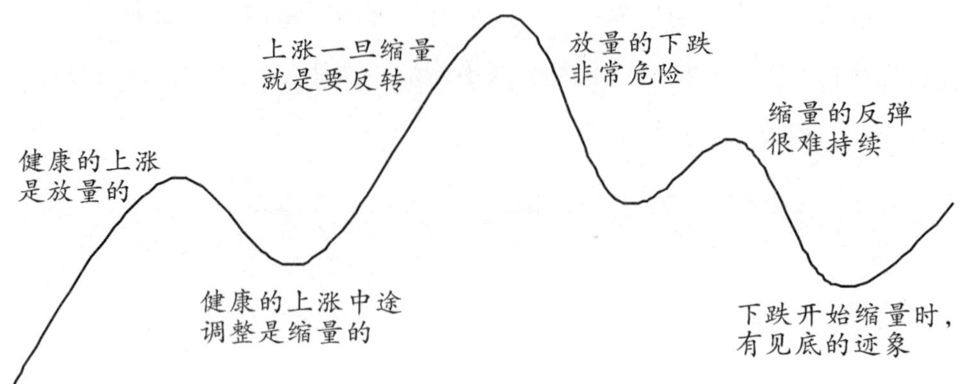

图3－17　股价涨跌和成交量变化的关系

3.2.7　涨停时的成交量水平

分时图里的成交量还有一种特殊情况，就是涨停和跌停时候的成交量。一般来说，股票涨停以后，几乎所有人都看好后市行情，想要买的人只能在涨停板上排队，想要卖的人极少。这个时候涨停封单很多，但是成交量却很小。所以正常情况下，股票封上涨停以后的成交量会是极度萎缩的水平。

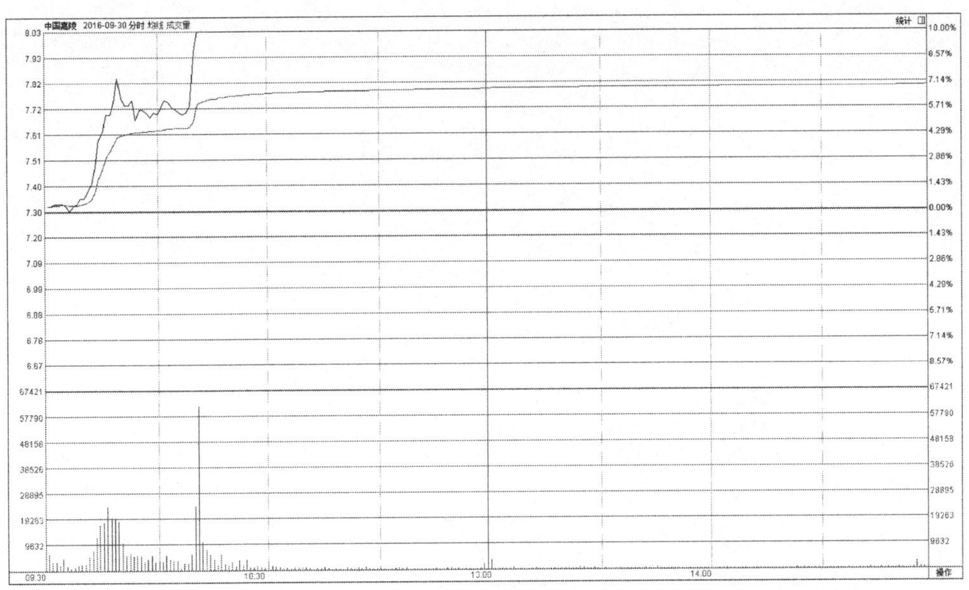

图 3－18　中国嘉陵（600877）分时走势图

如图 3－18 所示，2016 年 9 月 30 日，中国嘉陵涨停封板以后，成交量极小。这个交易日的涨停封板也十分牢固。

如果在涨停板上成交量大幅放大，就说明持股的投资者要么不再看好未来行情，要么认为自己已经获得了足够的收益，开始大量抛售股票。此时就算涨停板能够继续封住，也只是靠着跟风买盘的支撑，很难支撑太长时间。因此，股票封涨停板以后，一旦开始大幅放量，就是一个危险的信号。这个时候我们需要注意涨停板打开的风险。

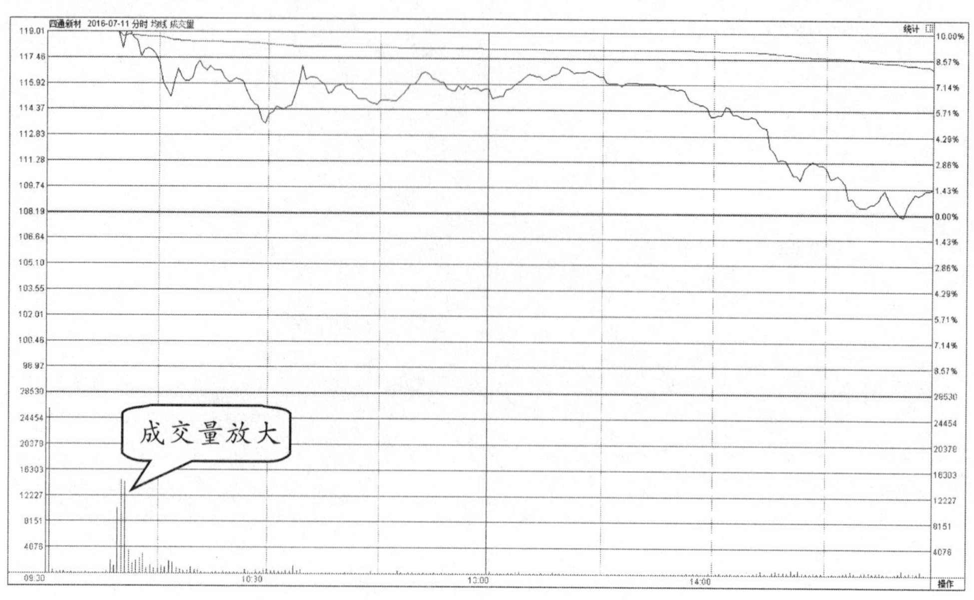

图 3－19　四通新材（300428）分时走势图

如图 3－19 所示，2016 年 7 月 11 日，四通新材以涨停价开盘后，一开始成交量也很小。不过上午 9:50 左右，成交量就开始大幅放大。这个时候我们就应该注意涨停板打开的风险，如果手里有股票的话，可以先卖出。

股票跌停时的封板也是类似的道理。如果跌停板上成交量持续萎缩，就说明短期内很难打开跌停板；如果成交量大幅放大，则说明有打开跌停板的可能性。不过需要注意的是，在跌停板上买股风险非常大，就算是看到有开板的可能性，我们最好也不要买进股票。

3.3　分时盘口的动向

分时盘口包括两部分内容，一是分时图右上角的五档买卖盘口，二是右下角的分时成交明细。五档买卖盘口显示了当前市场上有多少买单和卖单正在等待成交，分时成交明细则显示刚有多少买单或者卖单成交。

通过分时盘口数据，我们可以了解一些行情变化的蛛丝马迹。盘口的分析，在整个分析过程中基本属于“配菜”的角色，多看看最好，但是我们不要指望仅凭盘口信息就给行情定性。所以这一节的内容，我们只要了解一下就可以了。

3.3.1　大买单的支撑

如果某只股票的五档买入盘口中出现很大数量的买入委托单，远远超过其他价位上的买入或卖出委托单一个数量级，就说明当前有大量投资者正排队准备买入，未来股价会有很强的支撑力量。看到有这么多买入委托单的支撑力量，市场上的其他投资者也会看好后市，纷纷买入股票，推动股价持续上涨。

这种大买单可能是单个价位上出现的大买单，如图 3－20 所示。

601128 常熟银行

卖盘	5	12.28	121	
	4	12.27	94	
	3	12.26	16	
	2	12.25	80	
	1	12.24	57	-10
买盘	1	12.22	18	-274
	2	12.21	480	-651
	3	12.20	1509	
	4	12.19	109	+1
	5	12.18	477	

图 3-20　单个价位上的大买单

也可能是几个价位上出现的大买单，如图 3-21 所示。

R 002355 兴民智通

卖盘	5	17.48	20	
	4	17.47	85	
	3	17.46	42	
	2	17.45	95	
	1	17.44	33	+9
买盘	1	17.43	28	
	2	17.42	104	
	3	17.41	319	
	4	17.40	792	
	5	17.39	53	

图 3-21　多个价位上的大买单

3.3.2　大卖单的阻力

跟大买单相反，如果股票的五档卖出盘口中出现很大数量的卖出委托单，远远超过其他价位上的买入或卖出委托单一个数量级，就说明当前有大量投资者正排队准备卖出该股，未来股价上涨的阻力巨大。

这会导致很多投资者丧失信心，纷纷抛售手里的股票，造成股价持续下跌。

大卖单同样有可能只是在单个价位上出现，如图 3－22 所示。

002618 丹邦科技

卖盘	5	30.55	3903	
	4	30.54	200	
	3	30.51	1	
	2	30.50	10	
	1	30.49	296	−6
买盘	1	30.48	9	
	2	30.47	3	
	3	30.46	7	
	4	30.45	55	
	5	30.43	4	

图 3－22　单个价位上的大卖单

也有可能是在几个价位上同时出现，如图 3－23 所示。

HR 300 002202 金风科技

卖盘	5	16.65	2892	
	4	16.64	500	
	3	16.63	1338	
	2	16.62	4288	−5
	1	16.61	553	−800
买盘	1	16.60	595	
	2	16.59	44	
	3	16.58	82	+44
	4	16.57	852	
	5	16.56	50	

图 3－23　多个价位上的大卖单

我们这里讲的所谓大买单和大卖单，都没有明确的数量或者金额限制，而是跟其他价位上的买卖单对比得到的。如果其他价位上买卖单只有几手，那么几十手的买卖单就能算是大单。

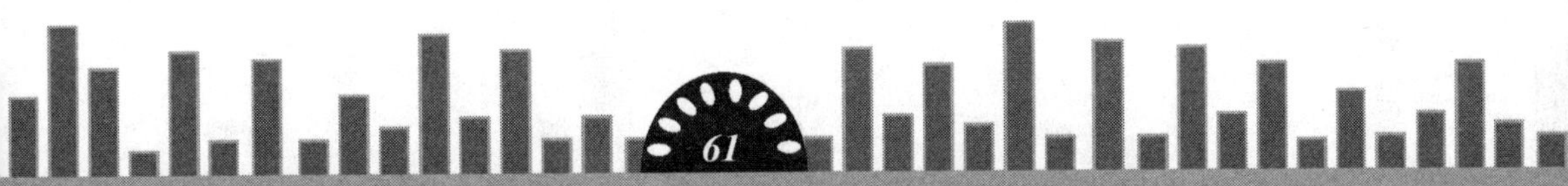

3.3.3 大买单的拉升

在分时图右下角的分时成交明细里，数据会不断更新，显示过去的时间内股票的成交数量、价格、成交方向等信息，如图 3－24 所示。

14:22	10.95	364	B
14:22	10.96	250	B
14:22	10.95	31	S
14:22	10.96	502	B
14:23	10.97	722	B
14:23	10.97	104	S
14:23	10.97	776	S
14:23	10.98	617	B
14:23	10.98	1685	S
14:23	10.99	1372	
14:23	11.01	526	B
14:23	10.99	105	S

图 3－24　分时成交明细

其中字母 B，或者红色数字，表示该笔交易为主动性买盘，也就是新进入市场的买单，与上方已经存在的卖单之间发生了交易。

反过来，字母 S，或者绿色数字，表示该笔交易为主动性卖盘，也就是新进入市场的卖单，与下方已经存在的买单之间发生了交易。

如果既没有 B 也没有 S，就表示买卖双方都是新进入市场的委托单。

通过这样的数据，我们可以分析出来市场上短时间内买卖力量的强弱。如果连续出现几笔大买单，将股价迅速抬高多个价位，那么这样的形态会给投资者带来“上涨趋势很强”的感觉。看到这样的情形，很多投资者会追高买入股票，推动股价持续上涨。

10:46	25.20	208	B	22
10:46	25.21	524	B	69
10:46	25.21	30	B	2
10:46	25.21	61	B	8
10:46	25.21	28	B	6
10:46	25.22	7	B	2
10:46	25.26	563	B	62
10:46	25.25	155	S	3
10:46	25.26	140	B	13
10:46	25.28	86	B	24

10:48	25.58	73	B	21
10:48	25.58	5	B	3
10:48	25.58	87	B	13
10:48	25.59	50	B	12
10:48	25.64	550	B	51
10:48	25.64	136	S	14
10:48	25.63	25	S	4
10:48	25.68	165	B	26

10:52	25.90	479	B	26
10:52	25.99	141	B	13
10:52	25.99	58	B	9
10:52	26.00	118	B	23
10:52	26.00	89	B	8
10:52	25.99	151	S	12
10:52	26.00	590	B	66
10:52	26.00	98	S	13
10:52	26.05	215	B	25

图 3－25　大买单拉升

如图 3－25 所示，就是出现了连续大买单将股价向上拉升的情况。

3.3.4　大卖单的打压

如果股票的分时成交明细中出现连续多笔大卖单，迅速将股价向下打压多个价位，就出现了大卖单砸盘的走势。这种走势会在投资者中造成恐慌的气氛，导致大量投资者抛出股票，未来股价将会在投资者的抛盘压力下持续下跌。因此看到这样的形态时，我们应尽快卖出股票，回避风险。

10:00	15.59	128	S
10:00	15.59	93	S
10:00	15.60	18	B
10:00	15.57	272	S
10:00	15.50	1680	S
10:00	15.50	54	B
10:00	15.50	46	B
10:00	15.50	18	B
10:00	15.44	349	S
10:03	15.40	55	S
10:03	15.40	20	S
10:03	15.42	168	B
10:03	15.27	1134	S
10:03	15.27	368	B
10:03	15.27	44	B
10:03	15.27	10	B
10:03	15.27	54	B
10:05	14.92	167	S
10:05	14.92	43	S
10:05	14.80	703	S
10:05	14.90	32	B
10:06	14.90	122	B
10:06	14.94	21	B
10:06	14.90	47	S
10:06	14.90	120	B
10:06	14.94	115	B
10:06	14.85	811	S
10:06	14.88	101	B
10:06	14.80	602	S
10:06	14.80	153	B
10:06	14.80	166	B

图 3－26　大卖单砸盘

如图 3－26 所示，这只股票刚开盘就被连续的大卖单向下砸盘。这是一个非常危险的信号。

以上我们讲了股票分时盘面的几个要素，包括分时线、分时均线、分时成交量、五档盘口和分时成交明细。通过这些内容，我们就可以对股票在一日内的走势有一个全面认识。

3.4　大盘的分时图

在分时图分析中，除了以上对于个股的分时图分析外，还有一部分重

要的内容，那就是对大盘的分时图进行分析。大盘分时图和个股分时图几乎是一样的，很多分析方法都能通用，例如对分时线形态的分析，对分时成交量的分析等。

除此之外，大盘分时图还有一些具有自己特色的东西，具体包括领先分时线、红绿柱线和涨跌家数几个。

3.4.1　领先分时线

大盘走势图里，跟大盘分时线显示在一起的不是分时均线，而是一条叫作领先分时线的曲线，如图3-27所示。

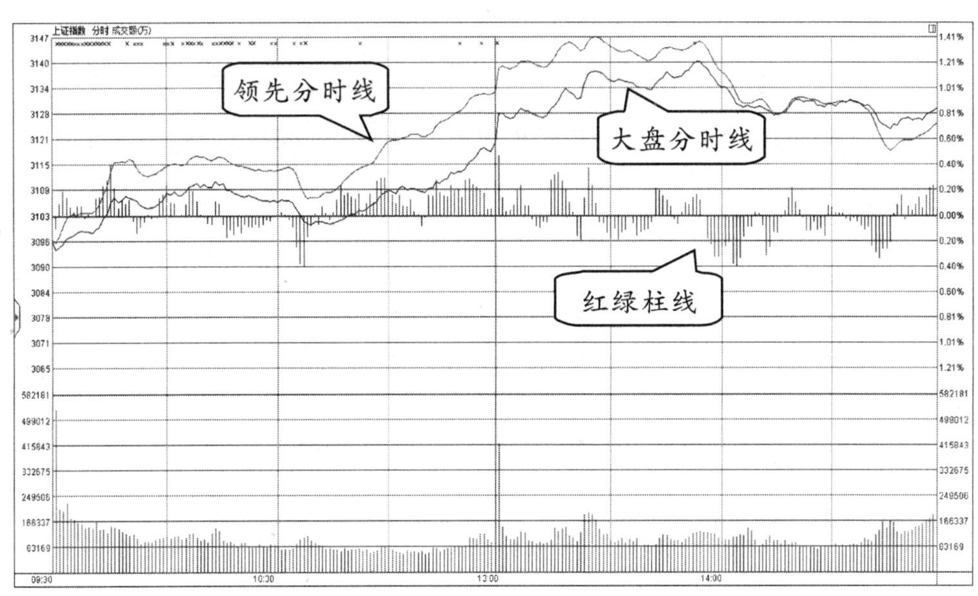

图3-27　上证指数分时走势图

要想弄清楚这条曲线是干什么的，需要从大盘指数的计算方法开始讲起。

我们之前已经讲过了，大盘指数是统计市场上所有股票，或者有代表性的一部分股票涨跌的曲线。在计算的时候，如果按股票的市值来分配权重，那么不同股票涨跌对指数的影响是不同的。例如中国石油的总市值有1万亿元，承德露露的市值只有100亿元，两者的市场影响力有巨大差别。同样是一个涨停板，中国石油涨停绝对是市场上的大事件，承德露露涨停就没那么大的影响力。

也就是说，中国石油市值是承德露露的100倍，它的涨跌对指数的影响力，也是承德露露的100倍。中国石油上涨0.1%，和承德露露上涨10%，对大盘指数的拉动作用基本是一样的。

而领先分时线在计算的时候，就不考虑权重的影响，在这种算法下，中国石油和承德露露同样上涨10%，对领先分时线的拉动作用是一样的。

简单点说，对于大盘分时线，大盘股的影响力要远远大于小盘股；对于领先分时线，大盘股和小盘股的影响力是一样的。所以我们通常将大盘分时线理解为偏重计算大盘股涨跌的曲线，将领先分时线理解为偏重计算小盘股涨跌的曲线。

从图3-27里可以看到，上午指数上涨的时候，领先分时线一直在大盘分时线上面，说明这个阶段小盘股领涨大盘。到了下午，整个市场回落调整，领先分时线从高位跌下来和大盘分时线纠缠在一起，说明下午小盘股回落的幅度更深，大盘股则要更加坚挺一些。

3.4.2 红绿柱线

大盘分时图里，还有个明显的要素是红色和绿色的柱线。

这些红绿柱线可以表现当前市场上买卖双方的力量对比情况。红色柱线越长，说明买方力量越强。绿色柱线越长，说明卖方力量越强。

当指数上涨时，如果红色柱线越来越长，往往预示着上涨趋势能够持

续下去；如果红色柱线开始变短，则预示着上涨很难再继续。

反过来，当指数下跌的时候，如果绿色柱线越来越长，下跌往往就会持续；等到绿色柱线变短的时候，下跌很可能就要见底了。

3.4.3　涨跌家数对比

大盘分时图中还有个需要特别注意的地方，那就是涨跌家数对比情况。

当上涨家数多于下跌家数时，说明整个市场上的大多数股票都处于上涨行情中。如果此时指数持续上涨，就说明市场整体十分强势，未来上涨行情将会持续。如果此时指数持续下跌或者横盘，则说明市场上的大盘股表现较弱，小盘股普遍上涨。因为小盘股的数量很多，所以上涨家数很多，不过大盘股对指数的影响较大，所以指数表现较弱。

当上涨家数少于下跌家数时，也是同样的道理。如果同时指数持续下跌，就说明下跌趋势很强，未来整个市场将会持续下跌。如果指数持续上涨，则说明小盘股表现较弱，少量大盘股在拉动指数持续上涨。

第4章

分析方法之二：K线分析

在整个股票分析体系里，分时图分析只是一个辅助工具。我们上一章的内容都属于开始学习股票分析之前的热身工作。这一章，我们要讲的就是整个股票分析中最核心也是最重要的内容——K线分析。

4.1 K线走势的强弱

K线图是我们最常见的一种股票价格走势图。图里有很多红色和绿色，上下带有线段的矩形，这些带有线段的矩形，就是K线。

K线中间的矩形叫作实体，上边的线段叫上影线，下边的线段叫下影线。正常情况下，这样一个矩形和两根线段，可以反映股价在一个交易日内的走势。它代表了四个价格，即开盘价、收盘价、最高价和最低价。其中实体的两端分别是开盘价和收盘价，上影线的高点和下影线的低点分别是最高价和最低价。

按照颜色不同，K线可以分为阳线和阴线两种。当股价上涨，收盘价高于开盘价时，K线就显示为红色或者空心，称为阳线。当股价下跌，收盘价低于开盘价时，K线就显示为绿色或者实心，称为阴线。

阳线实体下边是开盘价，上边是收盘价，阴线正好反过来。一根K线显示的四个价格如图4-1所示。

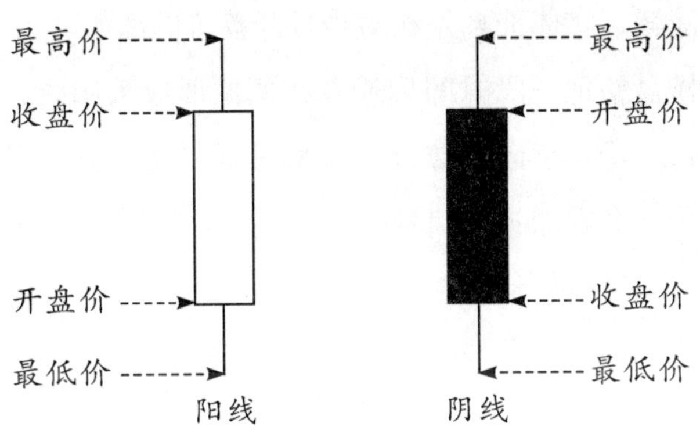

图 4－1　阳线和阴线

每根 K 线代表股价在一个交易日内的涨跌情况。如果将连续多个交易日的 K 线组合起来，我们就可以了解到股价在多个交易日内的涨跌变化，并从这种涨跌变化中，对未来股价的走向做出判断。

一些特殊的 K 线组合形态会在股价走势图中反复出现，表达类似的市场含义。有投资者将其总结出来，归纳为特殊的 K 线组合形态定式，还起了一些非常形象的名字。每次在 K 线图中看到这类形态时，我们都可以直接对未来行情做出预测。这是后文要讲的内容。

如果我们将很长时间内的大量 K 线组合起来，每根 K 线的具体走势就不太重要了。这时需要关注的是这些 K 线共同组合成的股票运行的涨跌趋势。通过涨跌趋势，我们可以了解市场行情的长期变化方向，对未来的行情做出预测。

接下来，我们先从一根 K 线入手，初步认识 K 线。

4.1.1　大阳线

当一根阳线的实体部分涨幅超过 5% 时，我们叫它大阳线。这里说的是实体部分涨幅，而不是当日涨幅，二者还是有区别的。当日涨幅是相对昨日收盘价的涨幅，实体涨幅是相对当日开盘价的涨幅。

如果股价横盘整理一段时间后或者在低位形成大阳线，说明市场上多方力量极强，将股价持续向上拉升，未来股价将在多方力量的拉升下持续上涨。因此这是一个看涨买入信号。

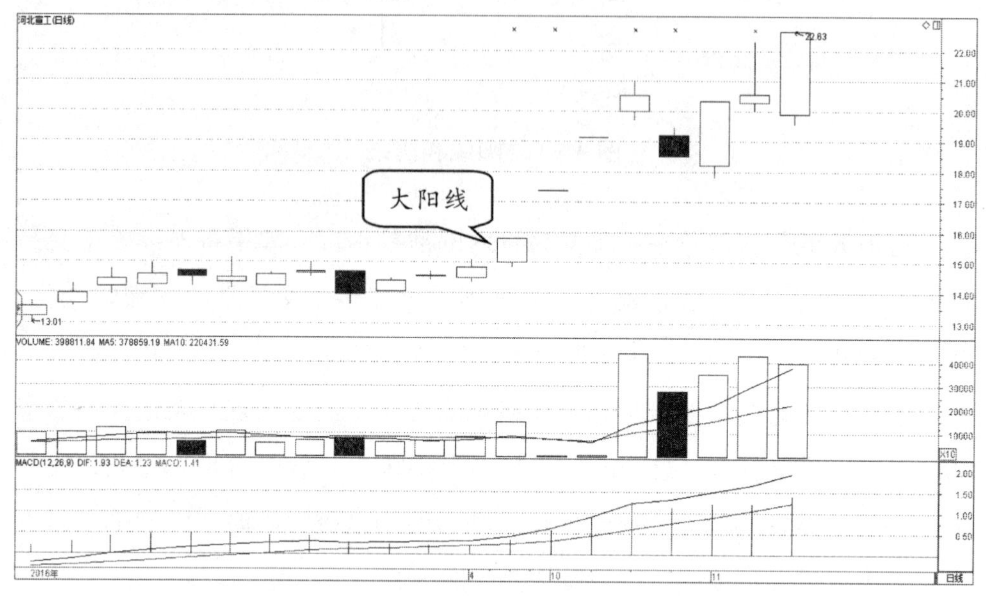

图 4-2　河北宣工（000923）日 K 线

如图 4-2 所示，2016 年 4 月 5 日，河北宣工股价经过持续横盘后大幅上涨，形成一根大阳线。这个形态预示着未来股价将被持续拉升。

需要注意的是，大阳线只有出现在横盘之后才是看涨信号。如果在上涨后的高位或者下跌中途有大阳线，并没有什么特殊的市场含义。实际上，无论什么 K 线形态或者组合，都是只有出现在特殊的位置上才有特殊的市场含义。这本书里讲到每个形态的时候，都会说明它应该出现的位置。大家阅读的时候应该多加注意。

4.1.2　大阴线

大阴线是指实体部分跌幅超过5%的阴线。

当股价经过横盘整理后或者或者在高位出现大阴线，说明市场上的空方力量极度强势，将股价持续向下打压，而且股价在持续下跌过程中并没有获得支撑。这样的形态预示着未来股价会持续下跌，是看跌卖出的信号。

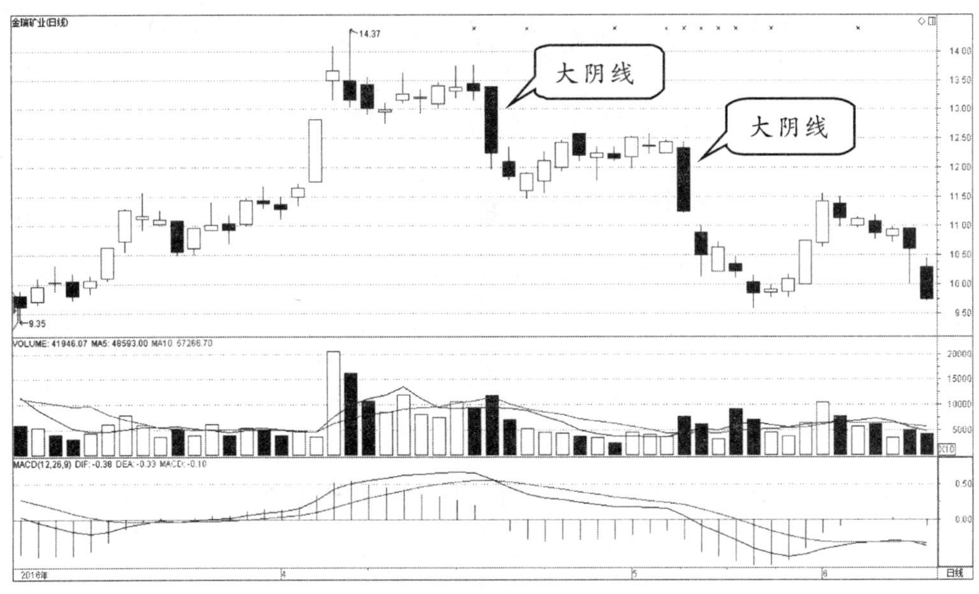

图4-3　金瑞矿业（600714）日K线

如图4-3所示，2016年4月20日，金瑞矿业股价经过高位横盘整理后，大幅下跌，形成一根大阴线。这个形态是未来股价会持续下跌的信号。

股价下跌后，略为横盘整理，在5月6日又形成了一根大阴线。这又是一个看跌卖出信号。

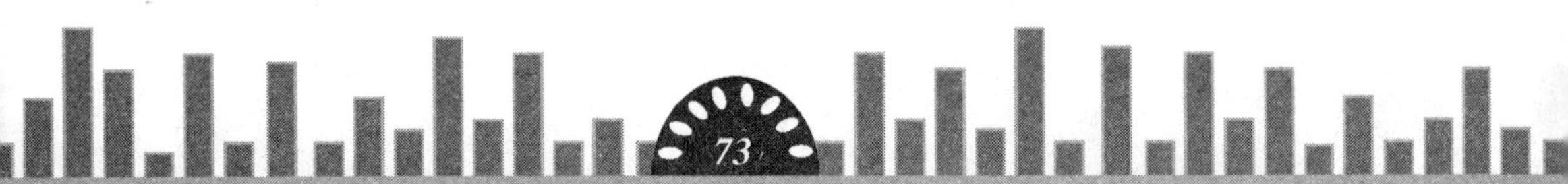

我们这里讲的大阳线和大阴线，最好都不要有太长的影线。如果影线部分太长，形态的市场含义就没那么强了。

4.1.3 影线

如果一根K线的影线很长时，那么说明股价在盘中经历了大幅波动。可能是大幅上涨后又被向下打压，即上影线；也可能是大幅下跌后又被向上拉升，即下影线；还可能在盘中上下反复波动，最后收盘价和开盘价几乎相等，即十字线。这些形态在不同行情里，具有不同的市场含义。

流星线

如果一根K线的上影线很长，同时这根K线出现在一段上涨行情后的顶部区间，就叫作流星线。这根K线可能是阳线也可能是阴线，实体长度很短，下影线也很短，不过上影线很长，长度超过实体长度的二倍。

流星线说明股价在当日盘中曾大幅上涨，但随后就遇到了巨大阻力，上涨的后续力量不足，最终被空方向下打压。这个形态预示着未来股价将在空方力量的打压下持续下跌。

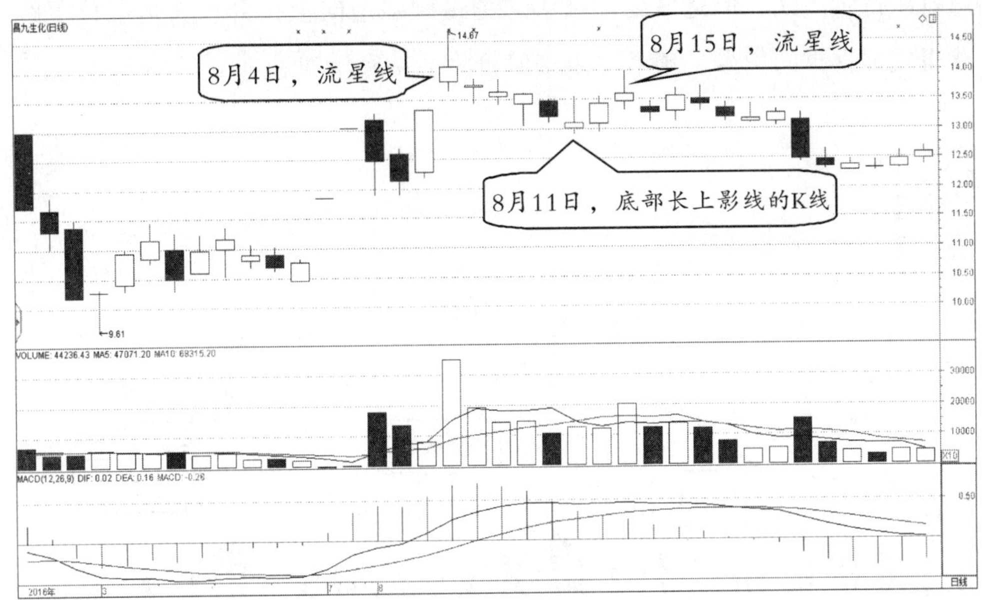

图 4-4　昌九生化（600228）日 K 线

如图 4-4 所示，2016 年 8 月 4 日，昌九生化股价上涨至高位后，形成了一根带有长上影线的流星线。这样的形态是看跌信号。8 月 15 日，股价再次在高位形成一根流星线，也是看跌信号。

中间的 8 月 11 日，同样是一根带有长上影线的 K 线。不过这根 K 线处于一段下跌行情的尾端，这样的情况下，它就不能算是流星线了，也没有看跌含义。

锤头线

如果一根 K 线的下影线很长，实体很短，同时出现在一段下跌行情的尾端，就叫作锤头线。这根 K 线是阳线或者阴线都有可能，下影线很长，几乎没有上影线，下影线长度超过了实体部分的二倍。

锤头线出现在股价下跌一段时间之后的底部区域，说明股价在盘中遭遇打压持续下跌，但是最终却被多方力量顽强地向上拉升。这是股价下跌获得较强支撑的信号，预示着未来股价将会见底反弹。

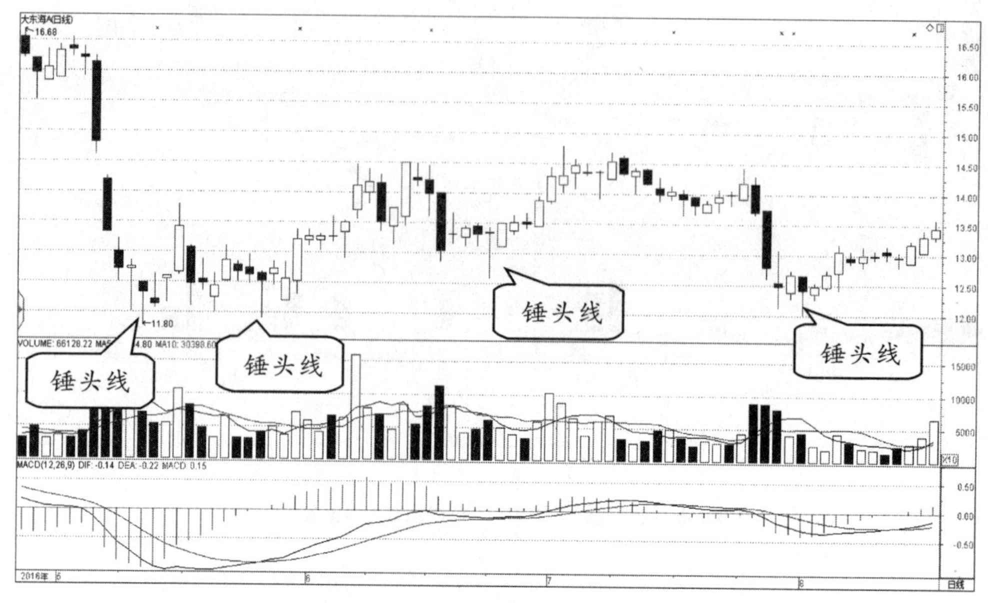

图4-5　大东海A（000613）日K线

如图4-5所示，2016年5月至8月，大东海A股价多次下跌至底部以后，都形成一根带有长下影线的锤头线。每次锤头线完成以后，股价都能见底反弹。

十字线

流星线带有长上影线，只有出现在上涨以后才有见顶的含义。锤头线带有长下影线，只有出现在下跌以后才有见底的含义。如果一根K线同时带有长上影线和下影线，并且实体很短的话，就被称为十字线，或者是星线。这种线是一个典型的反转信号，无论在上涨还是下跌行情尾端，都预示行情将要反转。

十字线说明市场上的多空双方在盘中激烈争夺，过去的趋势行情出现停顿，方向有反转的可能。也就是说，该形态出现在股价下跌后的低位时，是股价将会见底上涨的信号；该形态出现在股价上涨后的高位时，是股价将见顶下跌的信号。

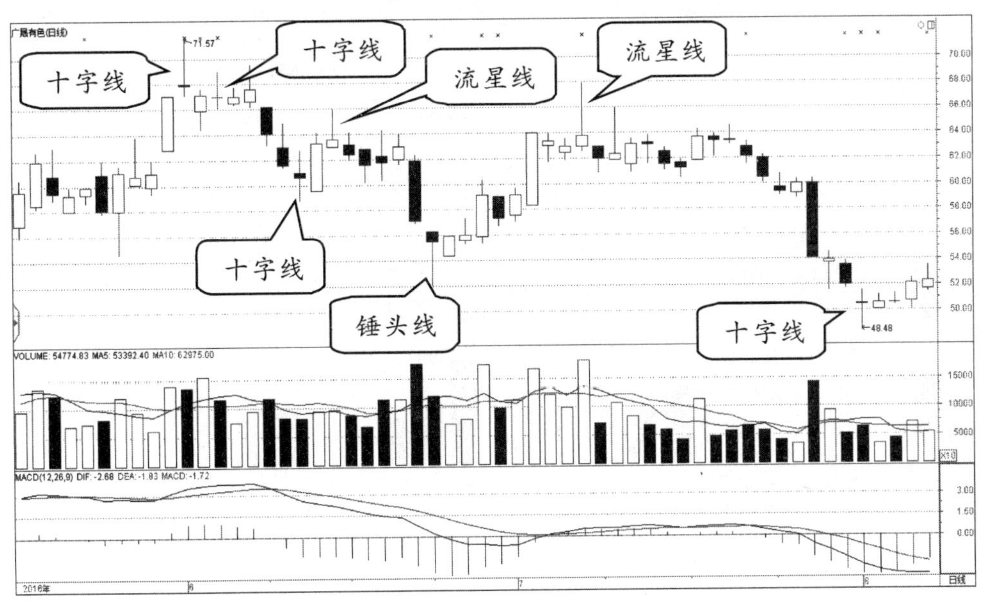

图4-6 广晟有色（600259）日K线

如图4-6所示，2016年5月至8月，广晟有色股价反复波动的过程中，形成了多个十字线的形态。每个十字线出现时，都形成了行情即将反转的信号。

此外在波动过程中，还出现了多个锤头线和流星线，也都是走势将要反转的信号。

我们需要注意的是，十字线出现以后，只是说明过去的趋势停顿，会不会出现新的趋势还有一定的不确定性。我们经常能看到，经过十字线的整理以后，股价还是沿着原来的趋势继续运行。

所以十字线并不是一个合理的买点或者卖点。看到十字线以后，我们要警惕反转的可能性，并且继续观望。如果结束整理后股价朝反方向运行，那么反转才能够被确认，我们才可以进行具体的操作。相反，如果行情继续朝原来的方向运行，我们最好保持观望。

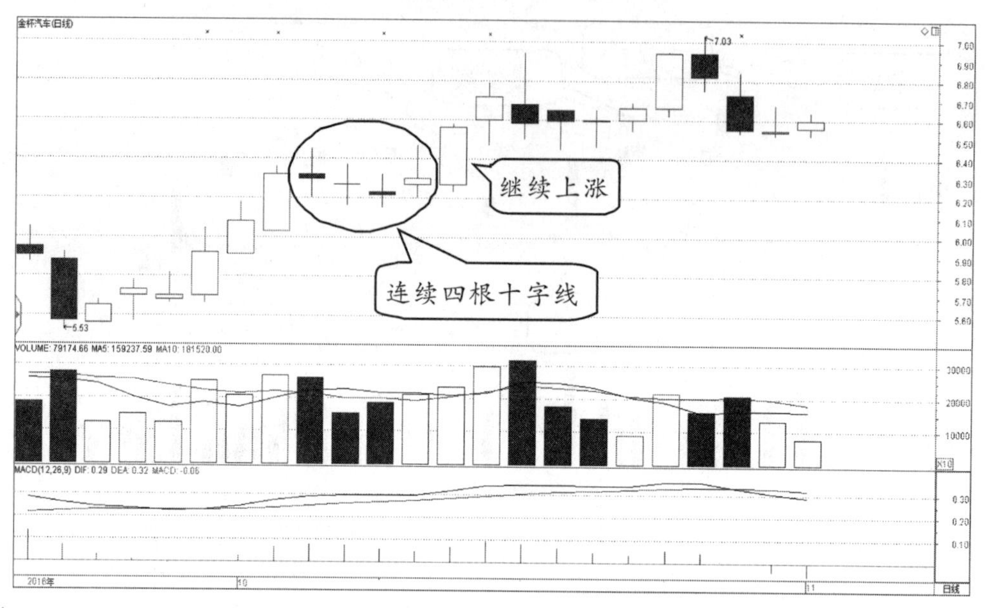

图 4－7　金杯汽车（600609）日 K 线

如图 4－7 所示，2016 年 10 月 12 日开始，金杯汽车上涨至高位以后，连续形成 4 根十字线。这说明行情上涨遇阻，我们需要警惕风险。不过因为行情还没开始转向，我们先不用卖出股票。第五天，股价突破十字线区域开始上涨，说明上涨行情还会持续，我们可以继续持股。

4.1.4　缺口

缺口并不是某种 K 线，而是两根 K 线中间的一段价格空白区域。

如果当日最低价高于前一日的最高价，或者当日最高价低于前一日的最低价，就形成了缺口。前一种叫向上跳空缺口，后一种叫向下跳空缺口，如图 4－8 所示。

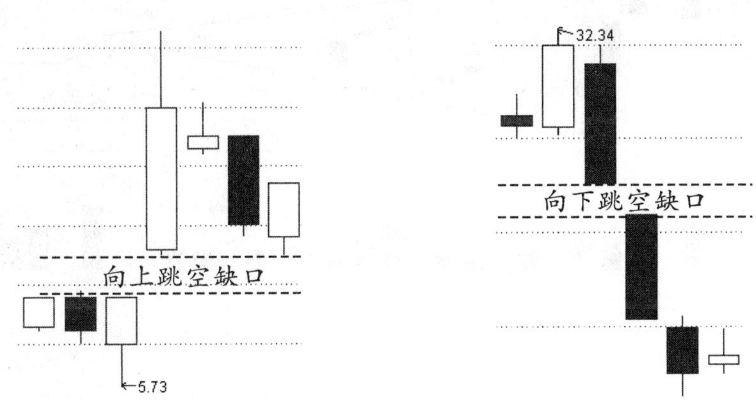

图 4－8　两种缺口

缺口具有特殊的市场含义。根据缺口所代表的市场含义的不同，缺口形态可以分为突破型缺口、持续型缺口和衰竭型缺口三类。下面我们以向上跳空缺口为例，说明这三类缺口的不同。向下跳空缺口的市场含义可以以此类推。

突破型缺口出现在股价突破重要的价位时。当股价以缺口的形态完成对均线、趋势线、整数位等重要价位的突破时，说明市场上的多方力量很强，并在短期内集中爆发，将股价快速向上拉升。这是股价将会持续上涨的信号。

关于均线和趋势线的内容，后面会有专门的章节来讲。这里只要知道缺口的意义就可了。

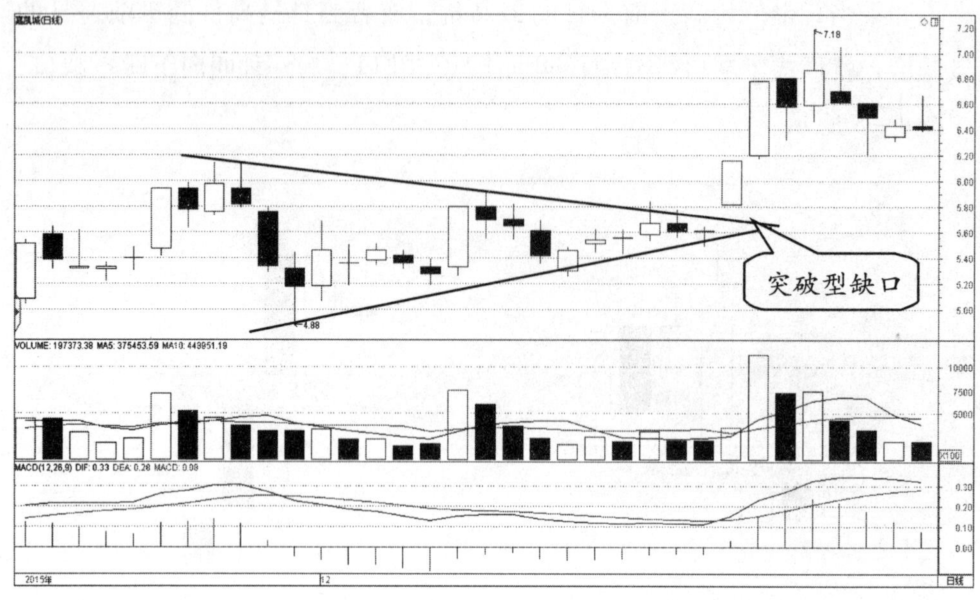

图4-9　嘉凯城（000918）日K线

如图4-9所示，2015年12月22日，嘉凯城以向上跳空缺口的形态突破了三角形区间。这个突破型缺口就是一个非常强的买入信号。

持续型缺口出现在股价持续上涨过程中。在上涨过程中出现持续型缺口后，股价在随后几个交易日内都不会回补这个缺口造成的价格空白区间。

这里需要注意一个术语，叫作“回补”。缺口代表了一段快速上涨或者快速下跌的行情。如果向上跳空后股价下跌，完全跌破了缺口的涨幅，或者向下跳空以后股价上涨，完全突破了缺口的跌幅，就叫作“回补”缺口。回补必须是完全补住才可以，哪怕是差一分钱，都算是没有回补缺口。

持续型缺口出现在上涨趋势中，说明市场上的多方力量仍然强势，上涨趋势还在继续。一旦确认这个缺口形态不会被回补，我们就可以继续追高买入股票。未来如果股价下跌，还有可能在这个缺口位置获得较强支撑。股价获得支撑上涨时，也是一个逢低买点。

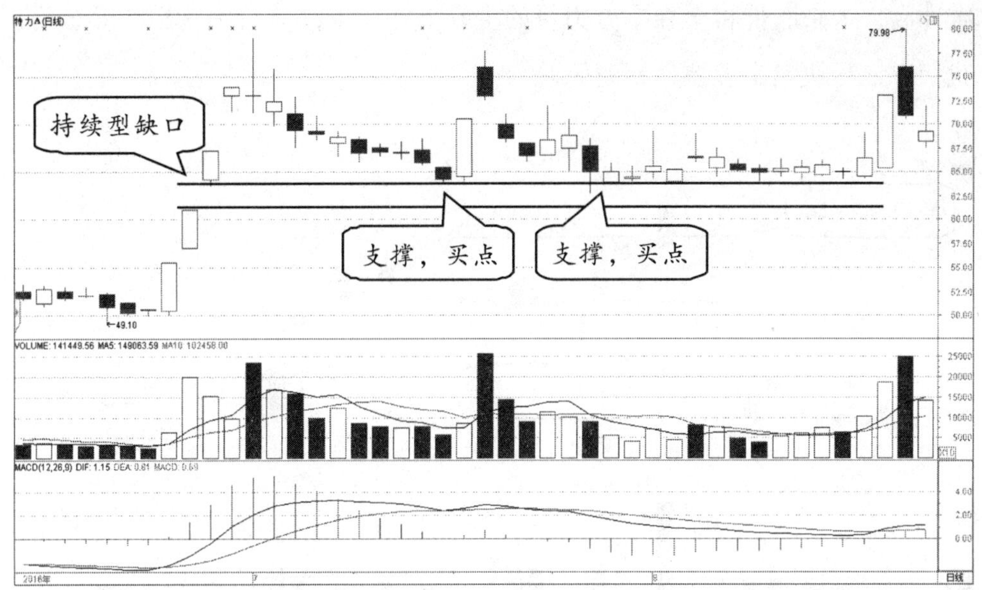

图 4－10　特力 A（000025）日 K 线

如图 4－10 所示，2016 年 6 月 27 日，特力 A 股价大幅上涨，形成跳空缺口。这是该股上涨的第二个缺口。第一个缺口是突破型缺口，突破了底部横盘区间。这个缺口属于持续性缺口。因为这个缺口形成后很久都没有回补，而且随后股价多次回落至此都获得支撑。每次回落获得支撑的时候，都是我们的逢低买点。

这个持续型缺口的下个交易日，该股继续上涨，还形成了第三个缺口。这个缺口属于衰竭型缺口，也就是我们下面要讲的第三种缺口类型。

衰竭型缺口是在股价已经上涨一段时间后形成的跳空缺口。在衰竭型缺口出现之前，股价往往已经形成了多个突破型或持续型缺口形态。衰竭型缺口出现后，股价很快就回落，完全回补了缺口形成的价格空白区间。

这样的形态说明股价上涨遭遇到了很强的阻力，之前拉升股价形成向上跳空缺口很可能已经耗尽了多方最后的力量，这次上涨是股价的最后一

次冲高，未来股价将会在空方力量的主导下持续下跌。看到这样的形态后，我们应该尽快卖出股票，回避风险。

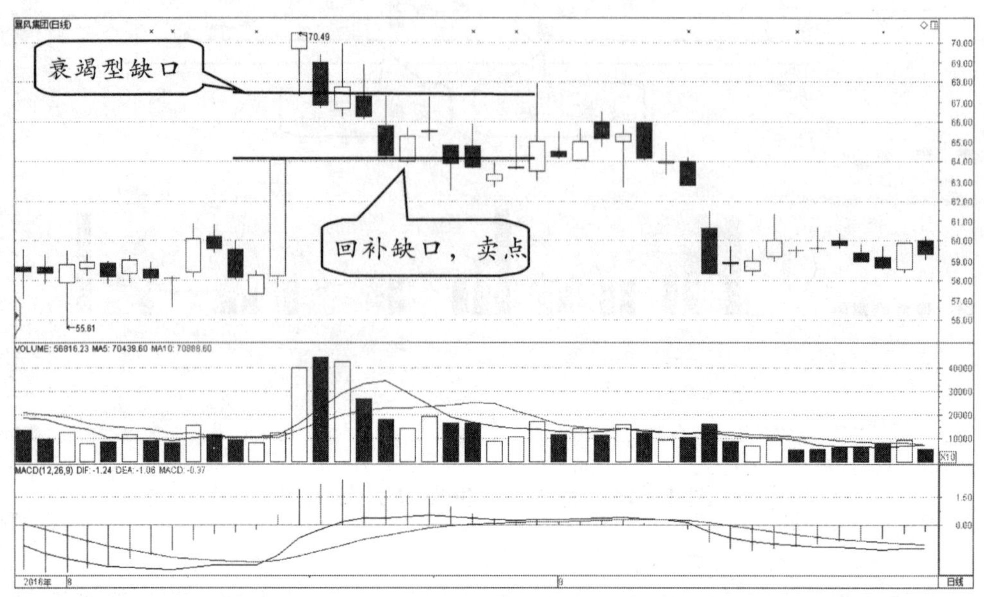

图 4-11　暴风集团（300431）日 K 线

如图 4-11 所示，2016 年 8 月 16 日，暴风集团大幅上涨，形成了跳空缺口。不过随后股价持续下跌，到 8 月 25 日，缺口就被完全回补。这里就形成了看跌卖出信号。

对于缺口回补的界定，我们有必要再次确认一下：以这个向上跳空缺口为例，只要是价格回到了缺口下方的价位上，或者是低于这个价位，就算是完全回补了缺口。无论是开盘价跌破，还是下影线跌破，都算是回补缺口。就算以一个新的向下跳空缺口形态跌破，也算是回补了原来的缺口。

4.1.5　K 线的周期

正常情况下，每根 K 线代表一个交易日内的股票走势，但我们也可以根据自己的需要，调整每根 K 线所代表的不同周期。每根 K 线代表一日内走势的 K 线图叫作日 K 线图，代表一分钟内走势的叫作 1 分钟 K 线图，代表一周内走势的叫作周 K 线图，以此类推。

具体调整方法是在股票软件里按【F8】，K 线图就会在各种不同的周期间切换。当然也可以用快捷键，像是输入股票代码一样。不同软件的快捷键是不一样的。例如通达信软件，输入“9”开头的一些固定代码，就可以切换到对应周期的 K 线图里。

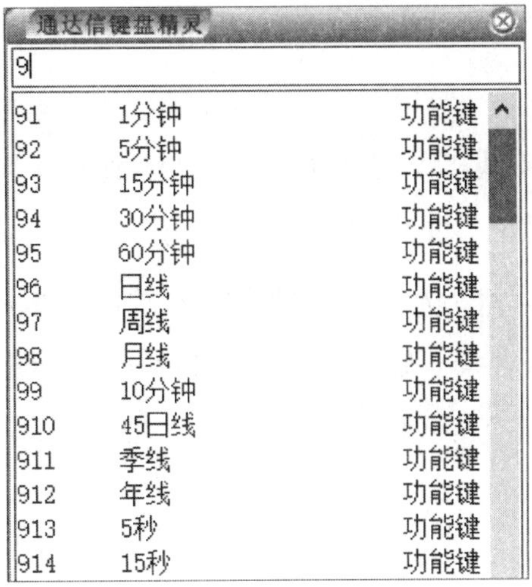

通达信键盘精灵

9

91	1分钟	功能键
92	5分钟	功能键
93	15分钟	功能键
94	30分钟	功能键
95	60分钟	功能键
96	日线	功能键
97	周线	功能键
98	月线	功能键
99	10分钟	功能键
910	45日线	功能键
911	季线	功能键
912	年线	功能键
913	5秒	功能键
914	15秒	功能键

图 4－12　K 线图周期切换

4.2　K 线的组合形态

咱们已经讲过几种 K 线形态了——大阳线、大阴线、流星线、锤头线和十字线。这些 K 线形态都是单一 K 线的形态。接下来要讲的这些 K 线形态，都是由两根或者更多 K 线组合形成的。更多的 K 线蕴含了更多的市场信息，对未来行情的判断也要更加准确一些。

4.2.1　深入线

深入线是两根 K 线的组合，可以表示行情的反转。在持续下跌行情里，K 线多数都是阴线。如果出现一根阳线，同时这根阳线大幅上涨，收复了前一根阴线大部分的跌幅，收盘价深入到前一根阴线内部，就形成了代表下跌后见底的深入线。这样的 K 线组合叫作“曙光初现”。反之，先阳后阴的深入线叫作“乌云盖顶”。

曙光初现

曙光初现形态出现在股价下跌一段时间后的底部区域，由两根 K 线组成。首先是一根阴线。之后一个交易日股价低开高走，收出一根阳线。这根阳线的开盘价虽然低于阴线的收盘价，但是其收盘价已经深入到阴线实体的 1/2 以上处。

曙光初现形态说明股价在低位获得多方力量的强力支撑，有见底反弹的趋势。因此这是一个看涨买入信号。看到这个形态后，我们可以积极买入股票。

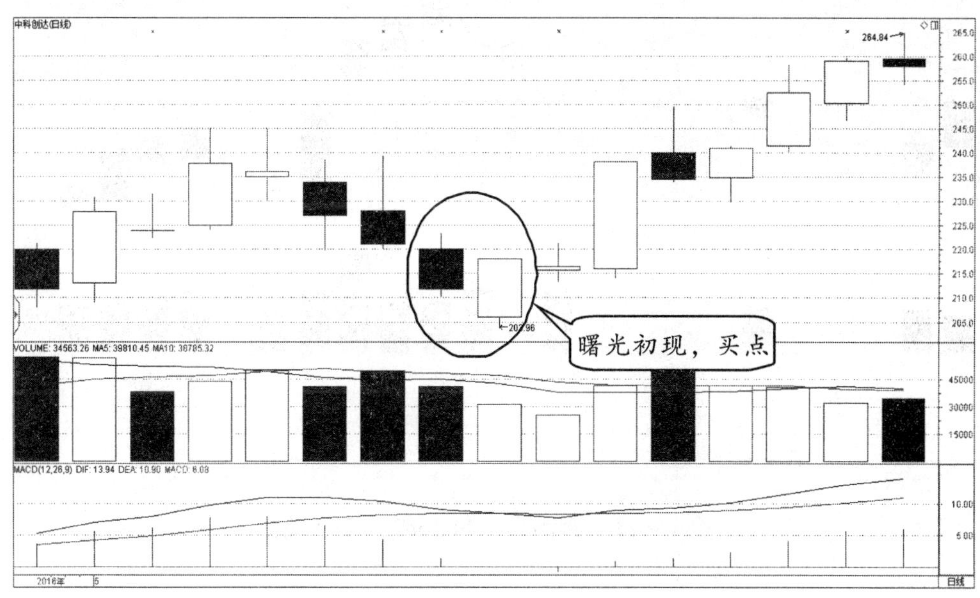

图 4-13　中科创达（300496）日 K 线

如图 4-13 所示，2016 年 5 月 11 日，中科创达股价下跌后，在底部出现了曙光初现形态。这样的形态就是看涨买入信号。

乌云盖顶

乌云盖顶形态出现在股价上涨一段时间后的顶部区域，由前阳后阴两根 K 线组成。首先是一根阳线。随后一个交易日，股价虽然高开，但盘中持续下跌，最终收出阴线，且这根阴线的收盘价深入到前边阳线实体的 1/2 以下。

乌云盖顶形态说明多方将股价向上拉升的能量不足，股价上涨后，遭遇到空方力量的强力打压，未来股价将会在打压的力量下持续下跌。看到这样的形态后，我们应该尽快卖出手中的股票。

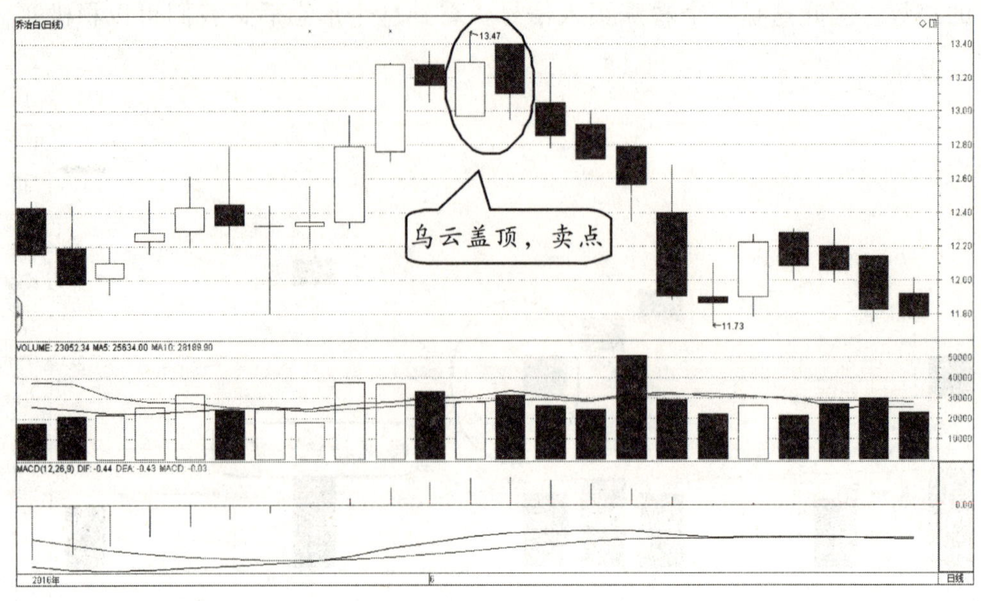

图 4－14　乔治白（002687）日 K 线

如图 4－14 所示，2016 年 2 月 2 日和 3 日，乔治白股价上涨至高位后形成乌云盖顶形态。这样的形态是一个看跌卖出信号。

对于深入线形态，收盘价深入到前日 K 线实体的 1/2 以上是一个硬性的条件。1/2 处可以看成是一个临界点，超过了，行情就要反转，没超过的话，行情就很难有所突破。

4.2.2　包线

这一节要讲的包线，可以看成是深入线的一种变形，是一种更强的深入线。如果深入线中，收盘价不仅超过了前日实体的 1/2，而且超过了前日的开盘价，也就是后一根 K 线将前一根 K 线完全包住，就形成了包线。包线根据方向不同，分为底部包线和顶部包线两种。

底部包线

底部包线出现在下跌后的底部，由前阴后阳两根 K 线组成。前一根是一根阴线，跌幅并不大。随后一根阳线低开后持续上涨，收盘价突破了阴线的开盘价。这根阳线的实体将前日阴线的实体完全覆盖住。

底部包线说明股价下跌后，获得了非常强的支撑，强势上涨。未来股价有望在这种强势力量的拉升下持续上涨。看到这样的形态，我们可以积极买进股票。

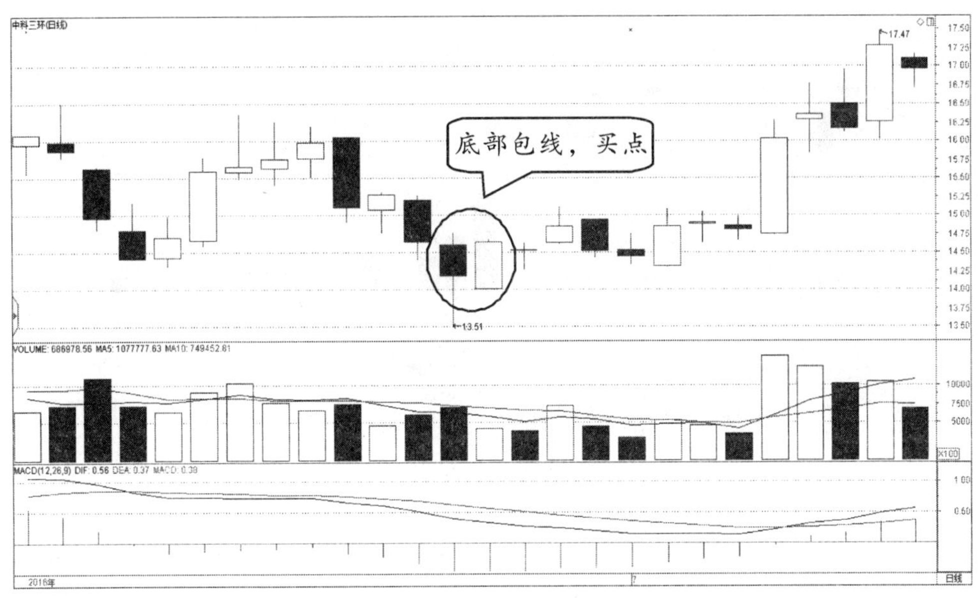

图 4－15　中科三环（000970）日 K 线

如图 4－15 所示，2016 年 6 月 24 日和 27 日，中科三环下跌至底部以后，连续两根 K 线形成底部包线组合。这是一个看涨买入信号。

顶部包线

顶部包线出现在股价上涨后的顶部，由前阳后阴两根 K 线组成。前一根是阳线。随后一根阴线高开后持续下跌，收盘价已经跌破了阳线的开盘

价。这根阴线的实体将前日阳线的实体完全覆盖住。

顶部包线说明股价上涨至高位后，遭遇到了非常强的抛盘压力，未来股价可能会在巨大的抛盘压力下持续下跌。看到这样的形态，我们应该尽快卖出手里的股票。

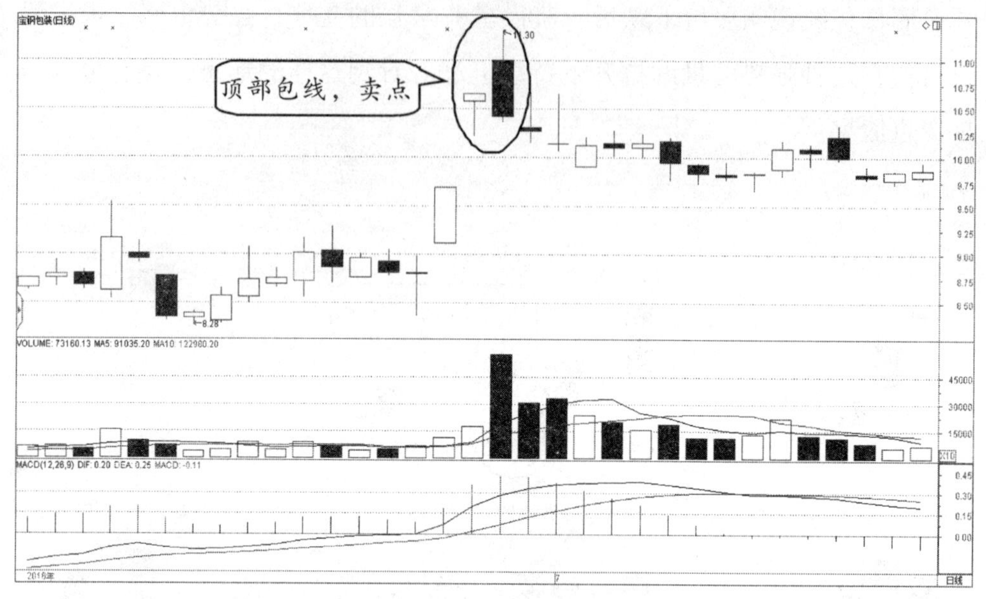

图 4－16　宝钢包装（601968）日 K 线

如图 4－16 所示，2016 年 6 月 28 日和 29 日，宝钢包装上涨至高位以后，连续两根 K 线组成了顶部包线。这是一个看跌卖出信号。

在包线里，对于前一根 K 线的形态并没有特殊要求。底部包线中前一根可以是十字线或者小阳线。顶部包线中前一根可以是十字线或者小阴线。

4.2.3　孕线

孕线从形态上看，与包线完全相反。包线的两根 K 线是前小后大，孕线的两根 K 线是前大后小，后一根 K 线完全被前一根 K 线孕育。股价经过连续的上涨或者下跌后，出现孕线说明原来的趋势发生了停滞，有反转的可能性。

根据方向不同，孕线也分为底部孕线和顶部孕线两种。

底部孕线

底部孕线出现在股价下跌一段时间后的底部区域。首先出现一根大阴线。随后一个交易日，股价高开高走。虽然收盘价没能超过前一日的开盘价，但也没有继续下跌。这天的 K 线实体被完全包含在前一天 K 线的实体内部，可能是小阳线或者十字线，但不能是小阴线。

在股价下跌一段时间之后的底部区域出现底部孕线，说明市场上空方力量逐渐减弱，已经由空方完全主导的局面转变为多空僵持。未来只要有新的多方力量进入，股价就将被向上拉升。因此这是一个看涨买入信号。该形态完成后，当股价能继续上涨时，我们就可以积极买入股票。

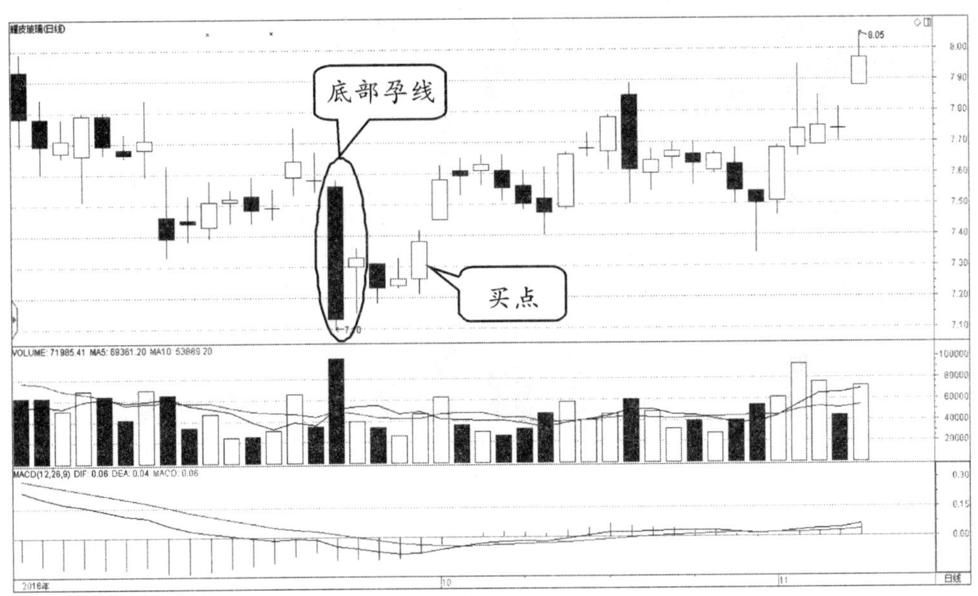

图 4－17　耀皮玻璃（600819）日 K 线

如图4－17所示，2016年9月26日和27日，耀皮玻璃股价下跌至底部后形成看底部孕线组合。这个形态是看涨买入信号。几个交易日后，当股价开始上涨的时候，我们可以买进股票。

孕线的市场含义与十字线是类似的。这样的形态只能表示之前的趋势已经发生了停滞，未来往哪个方向走还不确定。看到这样的形态，我们最好等到走势确认以后，再进行交易。

顶部孕线

顶部孕线出现在股价上涨一段时间后的顶部区域。首先出现一根大阳线。之后一个交易日，股价低开低走，收盘时没有跌破之前阳线的开盘价，也未能突破阳线的收盘价。这根K线的实体完全依附在前一日的阳线实体内部，可能是小阴线也可能是十字线，但不能是小阳线。

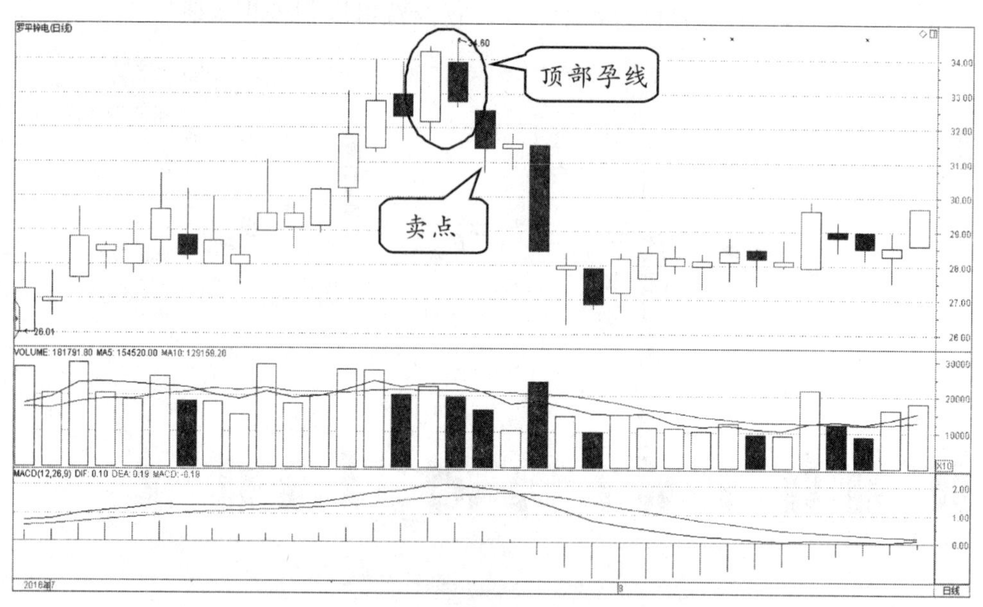

图4－18 罗平锌电（002114）日K线

这种孕线形态说明市场已经由多方主导的上涨行情进入多空僵持的行

情。未来空方一旦占据主动，股价将遭到持续打压。这是股价可能见顶下跌的信号。该形态完成后，当股价继续下跌时，我们应该尽快卖出手中的股票。

如图 4 - 18 所示，2016 年 7 月 21 日和 22 日，罗平锌电在高位出现顶部孕线形态。这是看跌信号。随后一日，股价继续下跌。这时候我们就应该尽快卖出手里的股票。

4.2.4　启明星

启明星和下面要讲的几种形态，都是由三根 K 线组成的 K 线组合。

启明星形态可以看成是一个变形的底部深入线或者底部包线，只是在两根 K 线中间有一根十字线。这个形态出现在股价下跌一段时间后的底部区域。

股价下跌后，出现一根阴线，说明空方主导的下跌行情还在继续。

之后一个交易日，股价在前日阴线的收盘价附近反复震荡，最终收出实体很短的十字线。说明空方力量减弱，市场进入多空僵持行情。

第三个交易日，股价持续上涨，至收盘时已经基本收复了之前那根阴线的跌幅。说明多方力量增强，开始占优势并将股价向上拉升。

启明星形态就是这样一个由阴线、十字线和阳线构成的组合。这个组合说明了一个空方力量持续变弱，多方力量持续增强的过程。这是行情即将由下跌趋势转为上涨趋势的看涨买入信号。

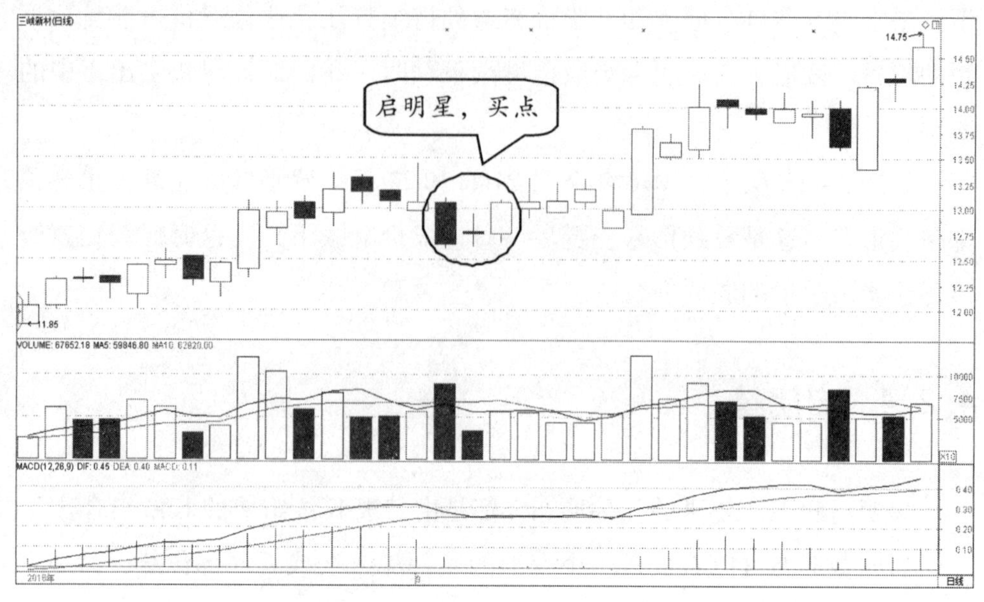

图 4－19　三峡新材（600293）日 K 线

如图 4－19 所示，2016 年 9 月 2 日至 6 日，三峡新材股价在经过几个交易日的调整后，依次出现了阴线、十字线和阳线，组成启明星形态。这个形态就是股价会见底反弹的信号。

4.2.5　黄昏之星

黄昏星和启明星相反，出现在股价上涨一段时间后的顶部区域。

首先出现一根阳线。说明股价正在多方力量的拉升下持续上涨。

之后又出现了一根十字线。说明多方后续力量不足，市场进入多空僵持阶段。

第三个交易日股价下跌，收出一根阴线，且这根阴线实体深入到第一根阳线实体的内部。说明空方力量逐渐增强，开始将股价持续向下打压。

这样的阳线、十字线和阴线的组合，构成了黄昏之星形态。这样的形态说明市场由多方主导的上涨行情转为空方主导的下跌行情，是股价见顶下跌的信号。

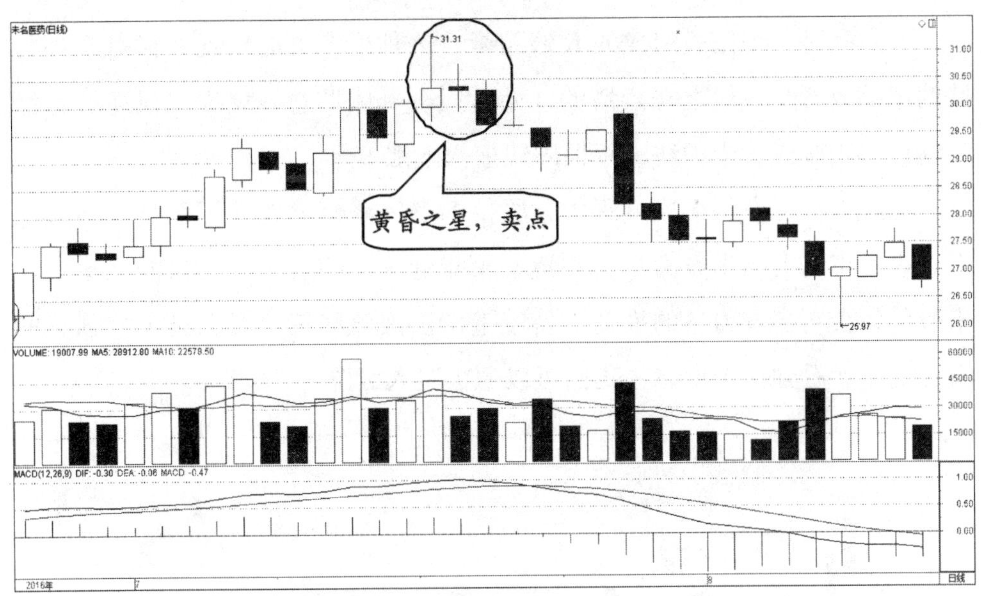

图 4－20　未名医药（002581）日 K 线

如图 4－20 所示，2016 年 7 月 18 日至 20 日，未名医药上涨至高位后，依次形成了阳线、十字线和阴线，组成黄昏之星形态。这个形态预示着未来股价将会持续下跌。

启明星和黄昏之星中间如果没有星线，就是深入线、包线或者孕育线的组合。因此这几个形态的市场含义都是非常类似的，都是行情有可能反转的信号。启明星和黄昏之星中间的星线，只是代表了反转中间的一个震荡调整过程。就算中间有两到三根星线，市场含义也是不会变的。

4.2.6 红三兵

红三兵是三根阳线组成的K线组合。这种形态可能出现在横盘整理行情的尾端或者是一段上涨行情的开始阶段。具体形态表现为三根连续上涨的红色小阳线或者中阳线，每根阳线依次上涨。

在红三兵形态的形成过程中，股价的整体涨幅可能并不明显。不过该形态表示市场上的多方力量正在逐渐聚集起来。随着多方力量的聚集，未来股价将会在多方力量的推动下持续上涨。因此红三兵形态是十分强势的看涨信号。看到这个形态，我们可以积极买入股票。

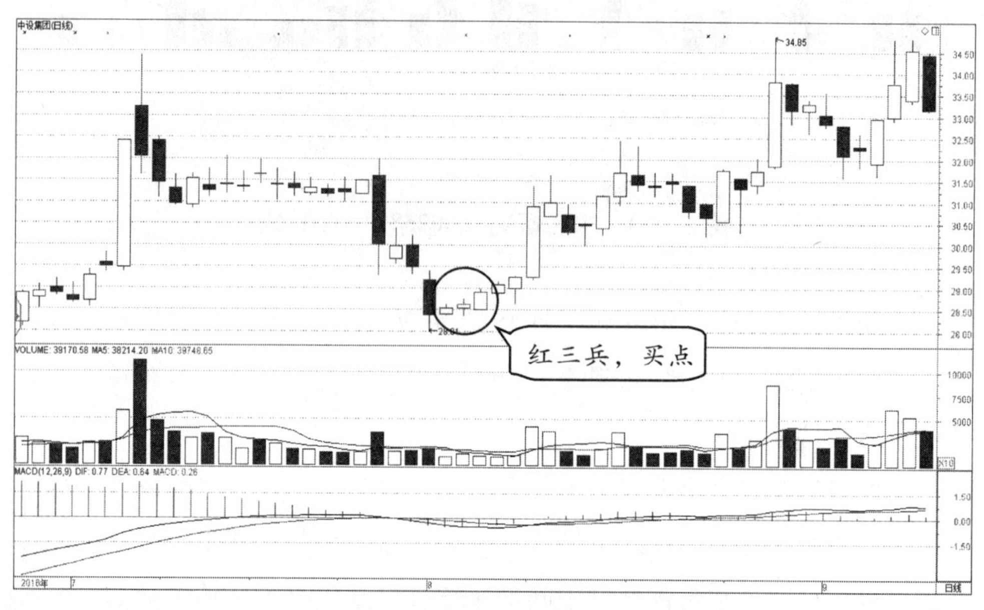

图4－21　中设集团（603018）日K线

如图4－21所示，2016年8月2日至4日，中设集团下跌至底部以后连续三天上涨，形成了红三兵形态。这个形态涨幅并不大，却可以说明多方力量在底部区域逐渐聚集起来，是未来股价会持续上涨的信号。

4.2.7　三只乌鸦

三只乌鸦与红三兵正好相反，是连续三根阴线。这样的形态可能出现在上涨行情的尾端或者横盘整理行情之后。具体的形态表现为连续三根依次下跌的小阴线或者中阴线。这三根阴线的实体部分较短，可能有上下影线，也可能没有。

三只乌鸦形态本身的跌幅可能并不大，不过其背后的市场含义非常可怕。这样的形态说明市场上的空方力量正在逐渐聚集，未来股价可能会遭到持续打压。因此这是十分强烈的看跌信号。看到这个信号，我们应该尽快卖出手中的股票。

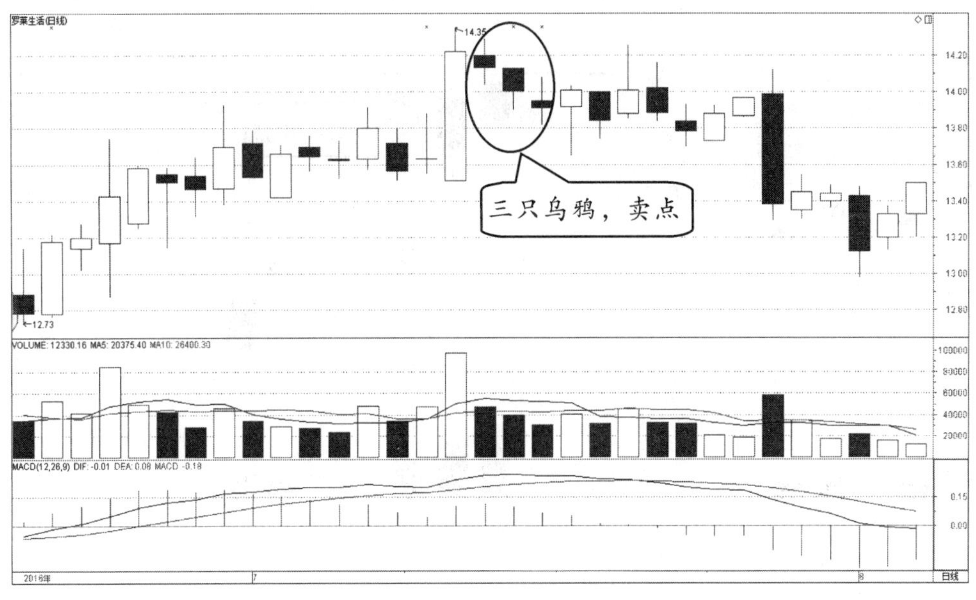

图 4 – 22　罗莱生活（002293）日 K 线

如图 4 – 22 所示，2016 年 7 月 13 日至 15 日，罗莱生活股价连续三个交易日下跌，形成了三只乌鸦形态。这样的形态是股价将见顶下跌的信号。

4.2.8 共顶线和共底线

共顶线和共底线是连续两至三根最高价或者最低价基本相同的K线构成的组合形态。这种形态表示市场上有非常强的阻力或者支撑力量。

共顶线

当股价上涨至高位以后，如果连续两至三根K线最高价基本相等，就构成了共顶线。这些K线说明股价上涨后遇到了非常强的阻力作用，以后行情很难向上突破，而且有见顶回落的风险。看到这样的形态，我们应该卖掉手里的股票。

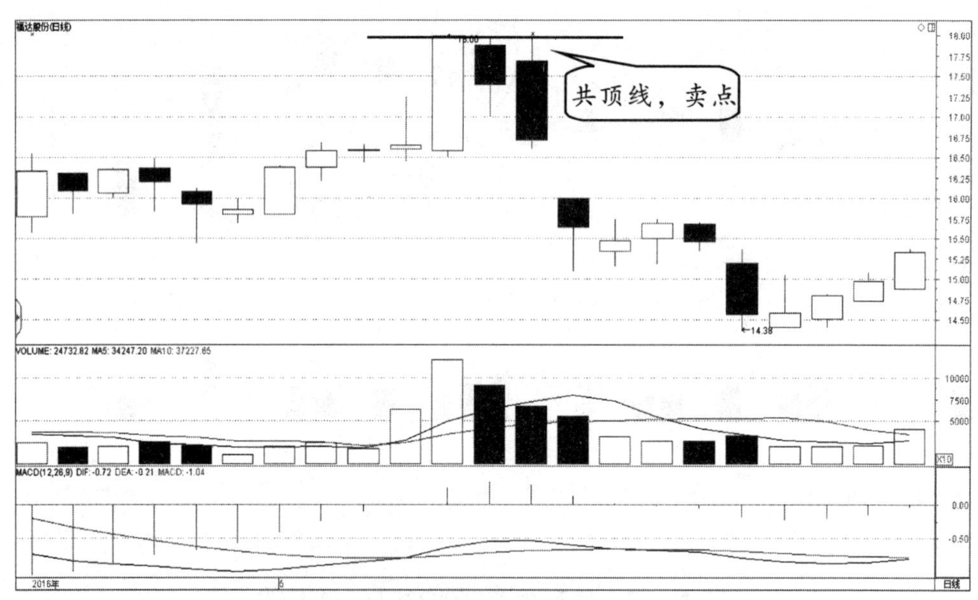

图4－23　福达股份（603166）日K线

如图4－23所示，2016年5月9日至11日，福达股份上涨至高位后，连续三根 K 线最高价几乎一样，组成了共顶线。这是未来行情会遇阻下跌的信号。

共底线

当股价下跌至低位以后，如果连续两至三根 K 线最低价基本相等，就构成了共底线。这些 K 线说明股价下跌以后获得了很强的支撑力量，以后很可能不会继续向下跌，而是会获得支撑上涨。在这样的情况下，我们可以积极买进股票。

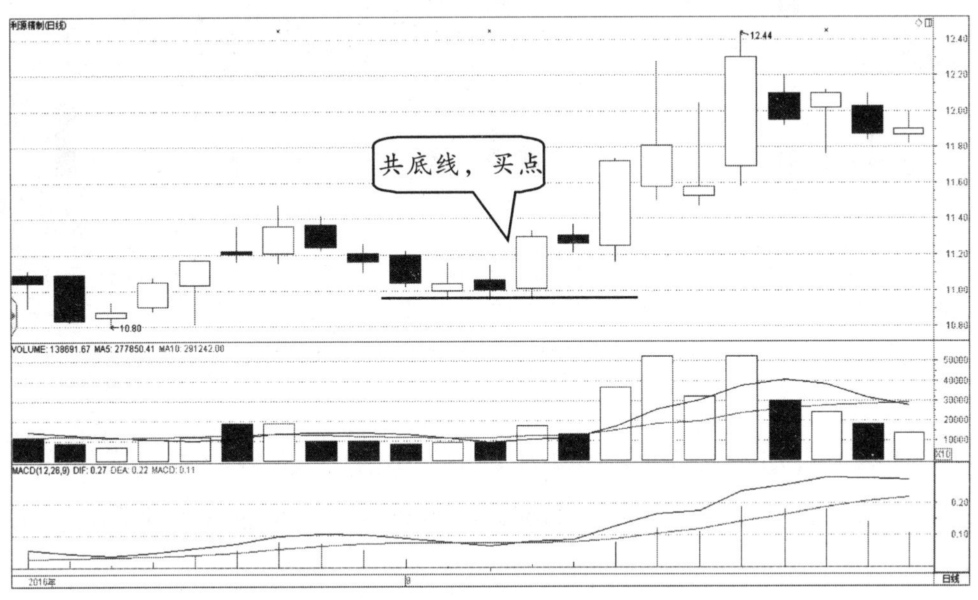

图 4－24　利源精制（002501）日 K 线

如图 4－24 所示，2016 年 9 月 2 日至 6 日，利源精制股价在上涨中途回调以后，连续三个交易日的最低价完全一样，形成了共底线。这是行情将会见底反弹的信号。

这两个形态只是限制了 K 线的最高价和最低价，至于 K 线是阳线还是

阴线，并没有限制。有时候，组成共顶线或者共底线的几根 K 线，同时也组成了其他几种典型的看涨或者看跌 K 线形态。一旦这种情况出现，信号强度更强，我们可以积极进行交易。

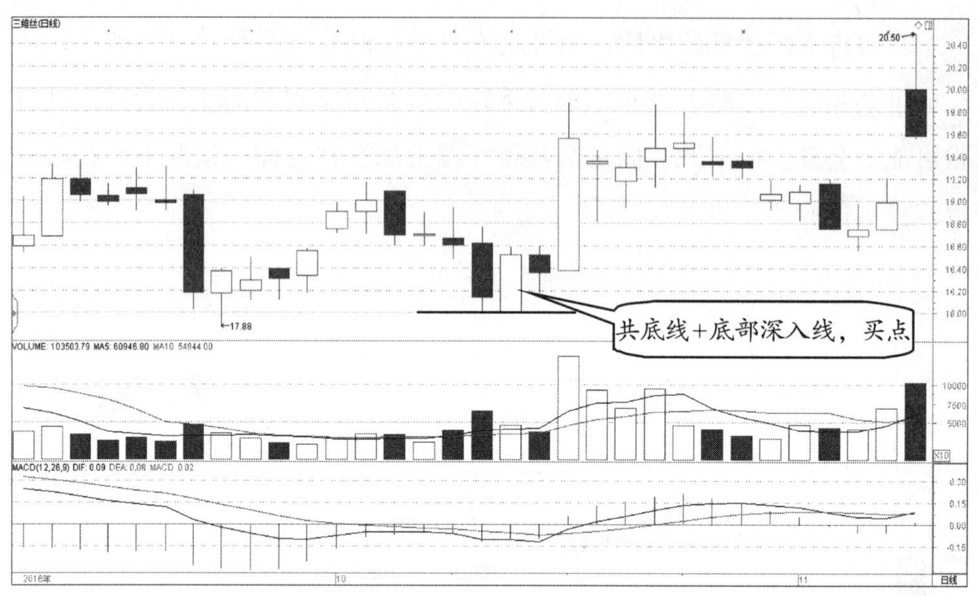

图 4 －25　三维丝（300056）日 K 线

如图 4 －25 所示，2016 年 10 月 17 日和 18 日，三维丝下跌至底部后的两根 K 线既是共底线，又是底部深入线组合。这就是非常强的看涨买入信号。

4.3　K 线的趋势

K 线的趋势是指一段比较长的行情里，很多根 K 线表现出来的整体涨跌方向。想要了解 K 线的趋势，要同时看很多 K 线。这个时候，某一根 K 线的具体形态或者颜色就不那么重要了，我们需要看的是整个股价运行的轨迹。

根据方向不同，K 线的趋势可以分为上涨趋势、下跌趋势和整理趋势三种。

4.3.1　上涨趋势和下跌趋势

在股价波动的过程中，如果每次上涨都能够创出新高，同时每次回落的低点都高于前次回落的低点，形成高点和低点都持续抬高的走势，那么这样的走势就被称为上涨趋势。

在上涨趋势里，如果我们将股价上涨过程中连续两个或两个以上的低点相连画一条直线，就可以得到上升趋势线。

上升趋势线是股价上涨过程中的支撑线。未来股价上涨过程中，还有可能在这条趋势线位置获得支撑上涨。并且，股价在趋势线获得支撑的次数越多，该趋势线的支撑力度也越强。因此，每次股价回调到上升趋势线位置获得支撑时，都是我们买入股票的机会。

只要股价运行在上升趋势线之上，就说明股价处于持续的上涨趋势中。

未来的行情中，如果股价跌破上升趋势线，说明上涨行情结束，此时我们应该注意行情见顶下跌的风险。

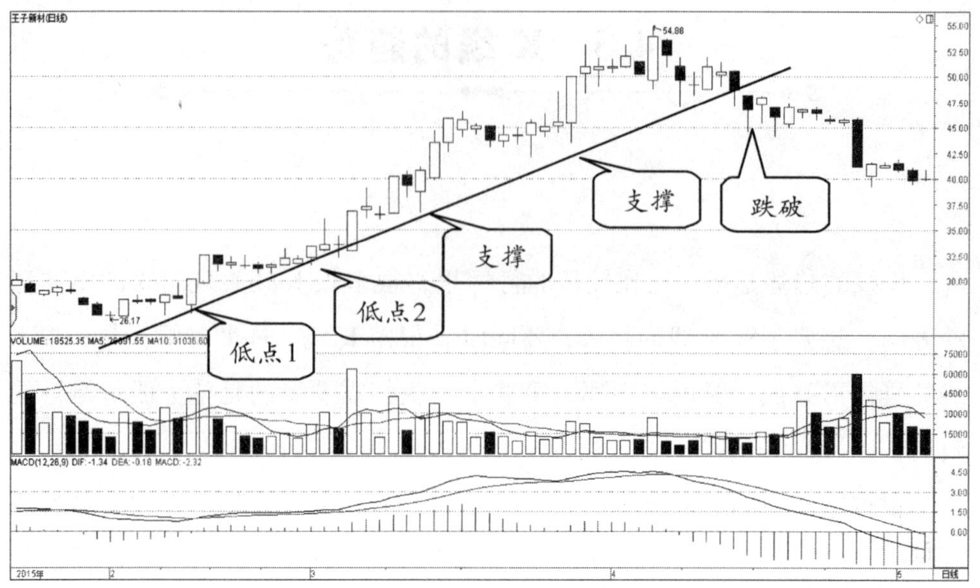

图4－26　王子新材（002735）日K线

如图4－26所示，2015年2月至4月，王子新材进入上涨趋势。根据一开始的两个低点画出来上涨趋势线以后，每次股价回落获得支撑的时候，我们都可以买进股票。最后当股价跌破上涨趋势线的时候，说明这轮上涨趋势结束。

在股价波动的过程中，如果每次下跌都创出了新低，同时每次反弹的高点都低于前次反弹的高点，形成高点和低点都持续降低的行情，那么这样的走势就被称为下跌趋势。

在股价的下跌趋势中，我们将连续两次反弹的高点用直线连接起来，可以得到一条下跌趋势线。

下降趋势线是股价下跌过程中重要的阻力线。未来股价反弹时，还会在这条趋势线位置遇到较强阻力。而且股价遇到阻力的次数越多，这条趋势线的阻力作用也就越强。每次股价反弹到趋势线附近遇到阻力时，都是我们逢高卖出股票的机会。

只要股价还在趋势线下运行，就说明下跌行情还在持续，我们应该尽量保持谨慎操作。如果股价能突破下降趋势线，则说明持续下跌的行情已经结束，我们可以做好抄底买进的准备。

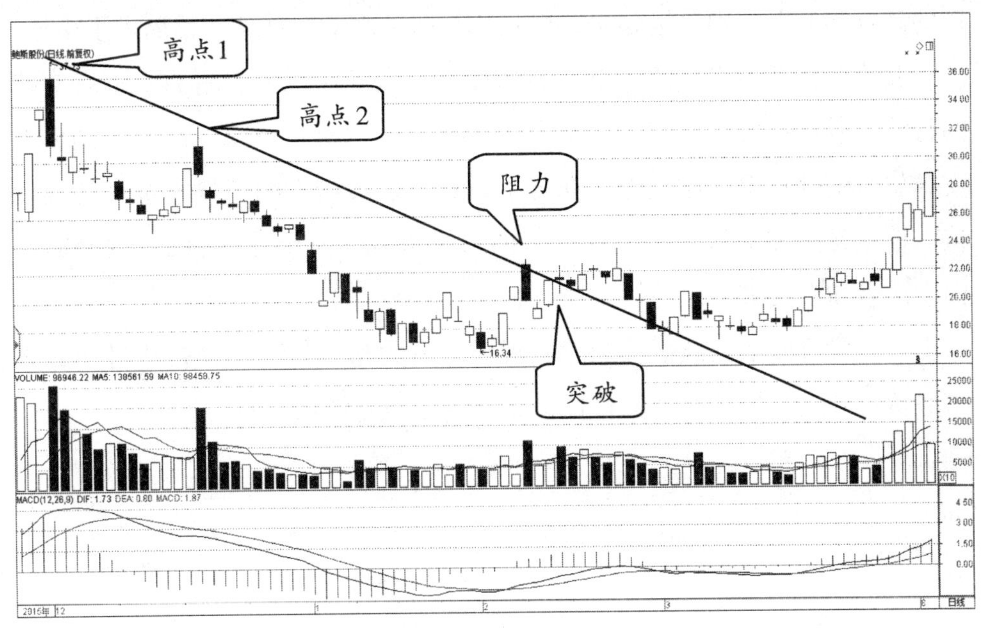

图 4－27　鲍斯股份（300441）日 K 线

如图 4－27 所示，2015 年 12 月至 2016 年 1 月，鲍斯股份下跌的过程中，多次遇到一条下跌趋势线的阻力。最后股价向上突破下跌趋势线的时候，是下跌趋势即将结束的信号。

4.3.2　整理趋势：矩形、旗形、三角形

当股价在某个价位区间内反复震荡，没有形成明确的上涨或者下跌趋势的时候，就是处于整理趋势中。在整理趋势中，股价可能形成几种特殊

的形态，包括矩形、旗形、三角形。

矩形

矩形形态我们在讲分时形态的时候已经提到过了。K 线图里的矩形和分时图里的矩形画法是一样的。在股价整理过程中，如果我们用直线将整理的高点和低点分别连接起来，得到的是两条水平的直线，就形成了矩形。

股价在整理过程中形成矩形表示市场进入了一段上有阻力、下有支撑的行情。股价每次上升到上方阻力位时都会遇到阻力下跌，而回落到下方支撑位时就会获得支撑上涨。在这个过程中，市场上的多空力量会持续僵持，谁也无法推动行情。直到有新的力量进入，股价才会打破这种僵持，向上或者向下突破。

一旦股价向上突破矩形通道，说明多方力量在持续的僵持中胜出，未来股价将会进入持续的上涨行情。突破矩形的点就是我们的买点。

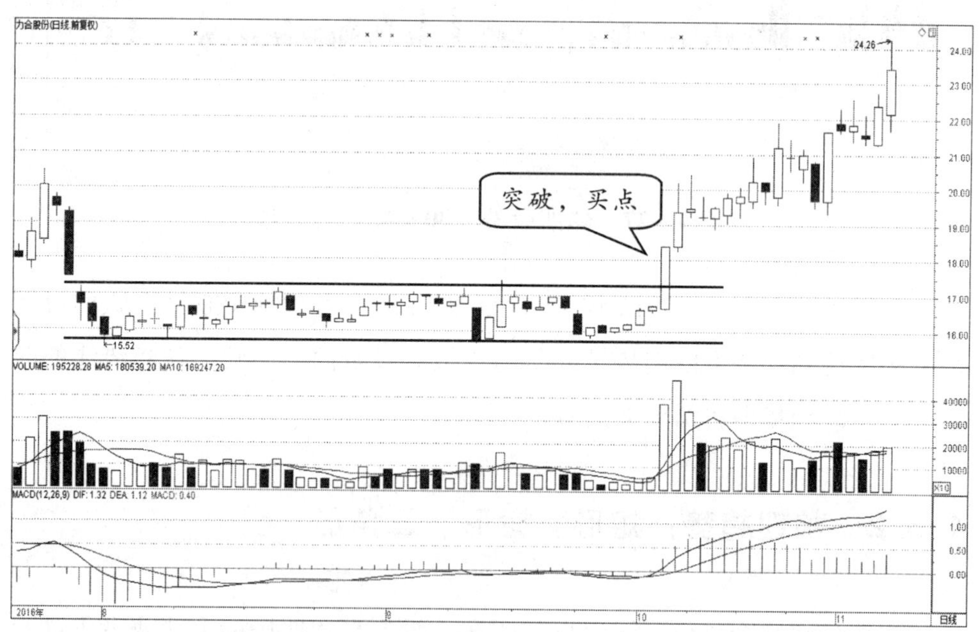

图 4-28　力合股份（000532）日 K 线

如图4－28所示，2016年8月至9月，力合股份股价在横盘整理的过程中形成了矩形形态。10月12日，当股价突破矩形上边线时，就是买进股票的机会。

一旦股价向下跌破矩形通道，说明空方力量在持续的僵持中胜出，未来股价将会进入持续的下跌行情。跌破矩形的点就是我们的卖点。

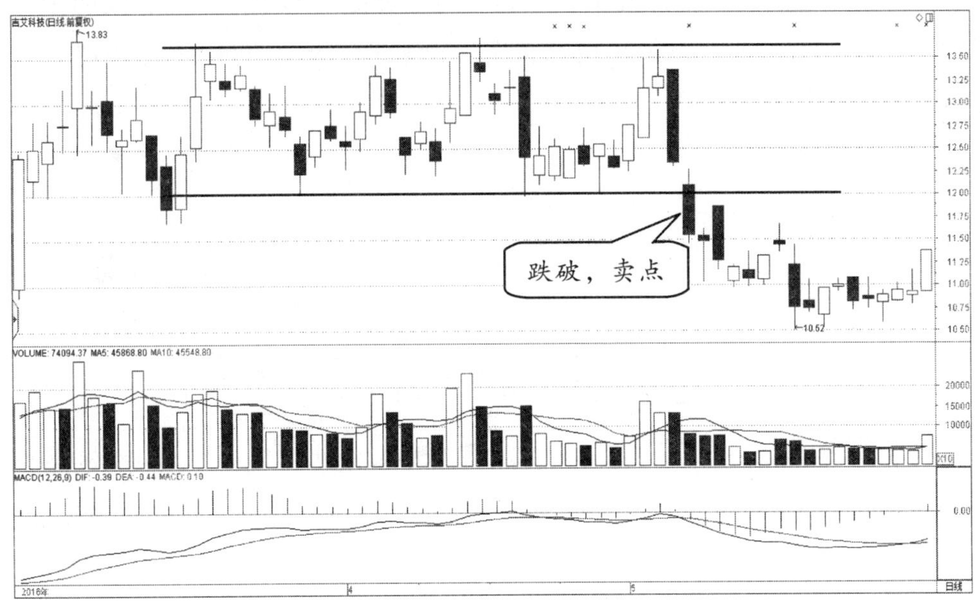

图4－29　吉艾科技（300309）日K线

如图4－29所示，2016年3月至5月，吉艾科技股价在高位横盘整理的过程中，形成了一个矩形形态。最终当股价跌破矩形下边线时，就是我们的卖点。

旗形

旗形可以看成是一个倾斜的矩形形态。根据倾斜的方向不同，旗形又分成上涨旗形和下跌旗形两种。

上涨旗形形态出现在股价上涨一段时间之后的整理过程中。股价在整理过程中不断波动，如果将每次波动的高点和低点分别用直线连接起来，可以得到两条基本水平且向右下方倾斜的直线。

上涨旗形形态说明股价上涨一段时间后，遇到一定的抛盘压力。不过这种打压股价的压力比较温和，没有引起整个市场上的普遍恐慌，股价处于一个相对稳健的调整区间中。当股价向上突破旗形上边线时，说明抛盘压力已经消除，未来股价将重新进入上涨行情。此时我们可以积极买入股票。

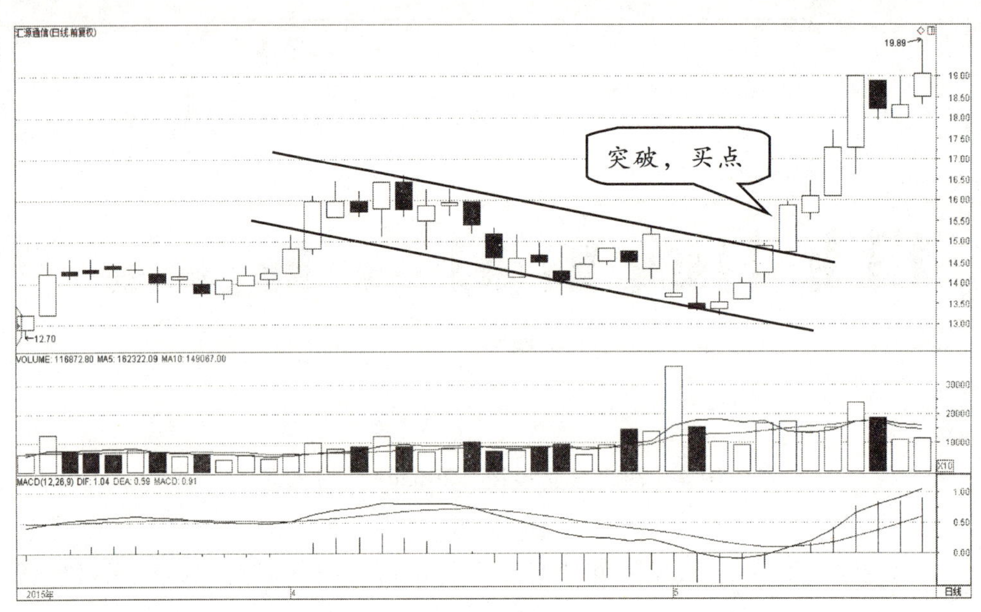

图4－30　汇源通信（000586）日K线

如图4－30所示，2015年4月至5月初，汇源通信股价上涨过程中遇阻回调，形成了上升旗形通道。5月12日，股价突破了旗形上边线，形成看涨买入信号。

下跌旗形形态出现在股价下跌一段时间之后的整理过程中。股价在整理过程中不断波动，如果将每次波动的高点和低点分别用直线连接起来，可以得到两条基本平行且向右上方倾斜的直线。

下跌旗形形态说明股价下跌一段时间后，有少量抄底资金进入，推动股价上涨。不过这些抄底资金力量不强，股价上涨幅度有限。当股价跌破下降旗形下边线时，说明抄底资金耗尽，未来股价将继续下跌。此时是我们卖出股票的时机。

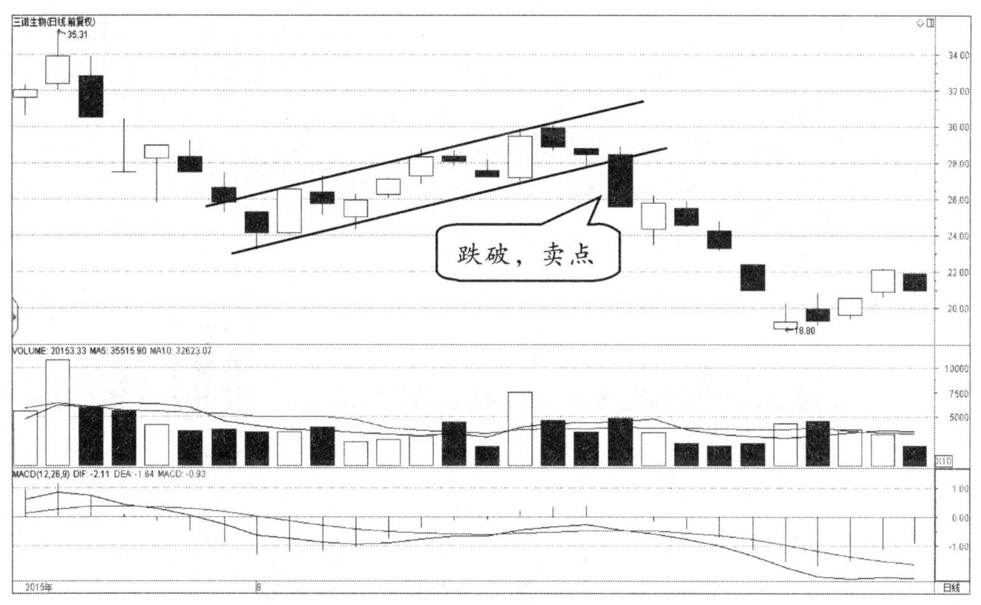

图 4－31　三诺生物（300298）日 K 线

如图 4－31 所示，2015 年 8 月，三诺生物股价在下跌中途反弹，形成下跌旗形形态。8 月 18 日，股价跌破了旗形下边线，形成卖出信号。

旗形属于一种中继形态，和矩形有很大不同。矩形可能出现在上涨趋势或者下跌趋势之中，矩形完成后股价可能向上突破，也可能向下跌破。而上涨旗形只出现在上涨趋势里，完成后股价向上突破的可能性更大；下跌旗形只出现在下跌趋势里，完成后股价向下跌破的可能性更大。因此，

旗形只是上涨或者下跌行情的一个中继站，行情在这里暂停，之后还会继续沿着原来的方向发展。

在旗形中，还有一种变形形态，上下两条线并不是平行的，而是开口逐渐收窄，叫作楔形形态。这种楔形形态同样也是一种中继形态，其应用方法跟旗形是一样的。

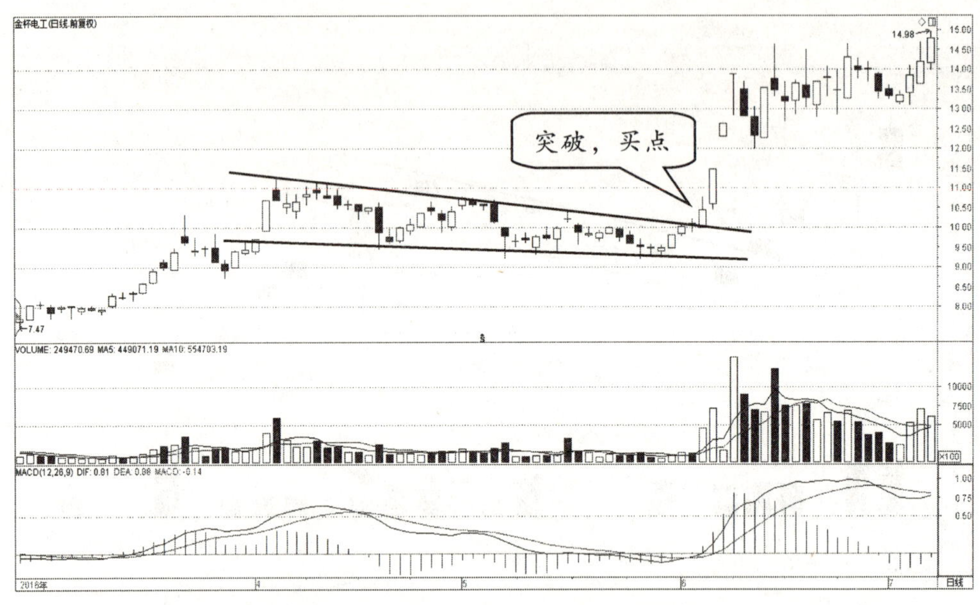

图 4－32　金杯电工（002533）日 K 线

如图 4－32 所示，2016 年 4 月至 5 月，金杯电工在上涨中途形成了一个开口逐渐收窄的楔形形态。6 月 3 日，当股价向上突破楔形上边线的时候，就是买进股票的时机。

三角形

三角形也是我们的"老熟人"了。当股价持续横盘整理时，如果我们将股价波动的高点和低点分别用直线连接起来，得到一个上边向下倾斜，下边向上倾斜，顶点在右侧的三角形，就形成了三角形形态。

如果股价向上突破三角形上边线，就形成看涨买入信号。如果股价向下跌破三角形下边线，就形成看跌卖出信号。

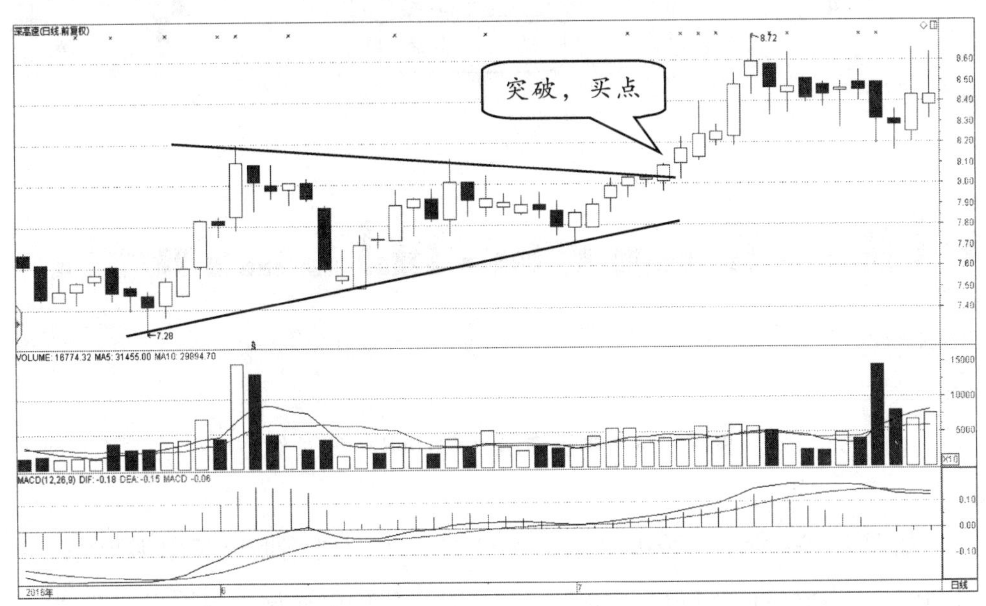

图 4－33　深高速（600548）日 K 线

如图 4－33 所示，2016 年 6 月至 7 月初，深高速横盘过程中形成了一个三角形形态。7 月 5 日，当股价向上突破三角形的上边线时，我们可以积极买入股票。

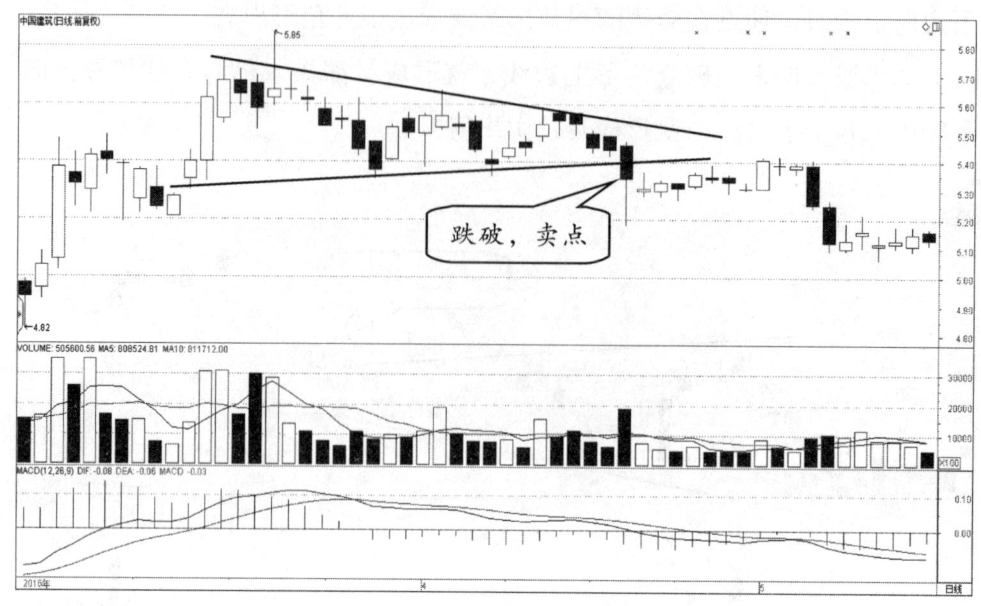

图 4 - 34　中国建筑（601668）日 K 线

如图 4 - 34 所示，2016 年 3 月至 4 月，中国建筑形成三角形形态。4 月 20 日，当股价向下跌破三角形下边线时，我们就应该卖掉手里的股票。

4.3.3　反转形态：三山和三川

股票价格会在上涨趋势、下跌趋势和横盘整理间不断切换。很多时候，当股价从上涨趋势向下跌趋势转变，或者从下跌趋势向上涨趋势转变的时候，反转并不会马上完成。中间会形成一些特殊的反转形态。

当我们在下跌趋势尾端发现底部反转形态，或者在上涨趋势尾端发现顶部反转形态时，要警惕行情的反转，提前制定操作策略。在实战中，最常见的反转形态是三山和三川形态。三山出现在从上涨到下跌的顶部反转中，三川出现在从下跌到上涨的底部反转中。

三川

三川出现在一段下跌行情之后的底部区域，是股价连续三次下跌到几乎同一位置获得支撑所形成的形态。这样的形态说明股价下跌后获得较强支撑，连续三次都没有跌破下边的价位，以后再跌破的可能性已经很小，未来有见底反弹的趋势。

在三川形态中，用直线将股价前两次反弹的高点连接起来，可以得到一条线，叫作颈线。随后的行情中，一旦股价向上突破颈线，就说明多方已经占据主动，开始将股价向上拉升。此时我们可以积极买入股票。

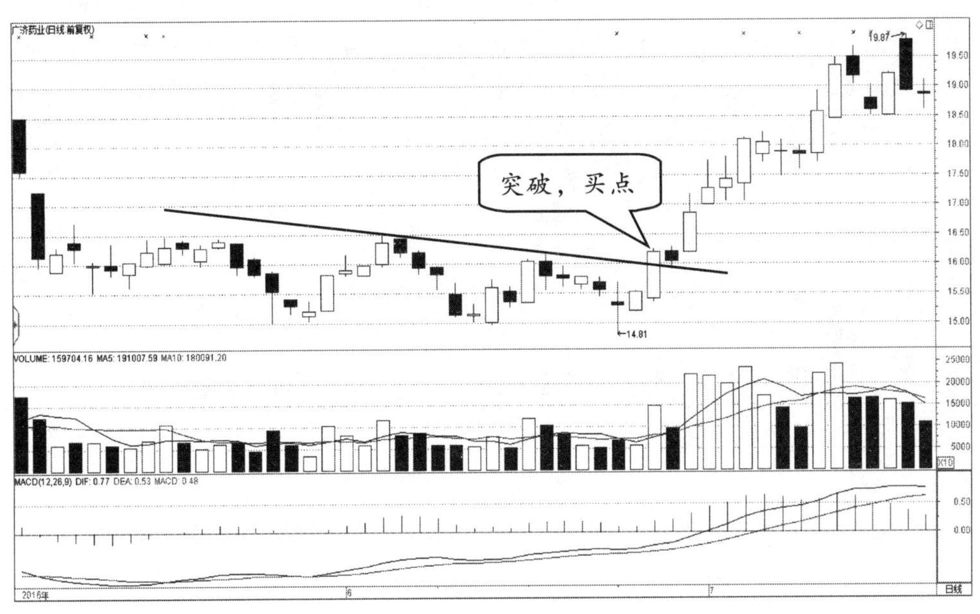

图4－35　广济药业（000952）日K线

如图4－35所示，2016年5月底至6月，广济药业股价下跌至底部后连续三次下跌到同一价位获得支撑，形成三川形态。把三个底部中前两次回升的高点连接起来，可以得到该形态的颈线。6月28日，股价向上突破颈线，这时就是买点。

在实战中，三川还有一种变形形态，即三个底部并不是水平的，而是中间的更低，两边的要高一些。这样的形态叫作头肩底或者三尊底。

头肩底的三个底部从左到右依次叫作左肩、头部、右肩。左右两个肩部的最低价基本相同，中间头部的最低价略低。这样的形态说明股价虽然还没有上涨，不过打压股价的空方力量已经有所减弱。

在头肩底中，我们同样可以连接两个高点画一条颈线。一旦股价突破颈线，就是看涨买入信号。

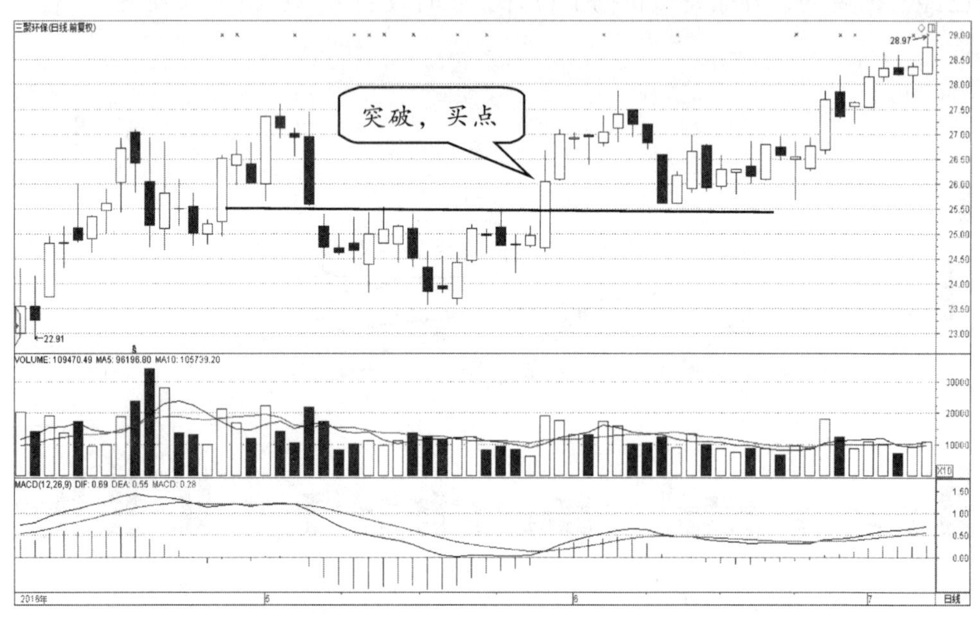

图4－36　三聚环保（300072）日K线

如图4－36所示，2016年5月底，三聚环保下跌至底部后形成了一个头肩底形态。5月30日，股价突破颈线时，就是我们买进股票的机会。

三山

三山与三川正好相反。在顶部区域，股价上涨遇到较强阻力，连续三

次上涨到几乎同一价位都遇阻下跌，从而形成了三个高点基本水平的顶部。这样的形态说明多方拉升股价的力量不足，空方力量逐渐增强，上涨行情遇到较强阻力。

三山形态中，我们用直线将前两次回调的低点连起来，可以得到颈线。第三个顶完成后，一旦股价跌破颈线，就标志着行情已经反转，是卖出股票的信号。

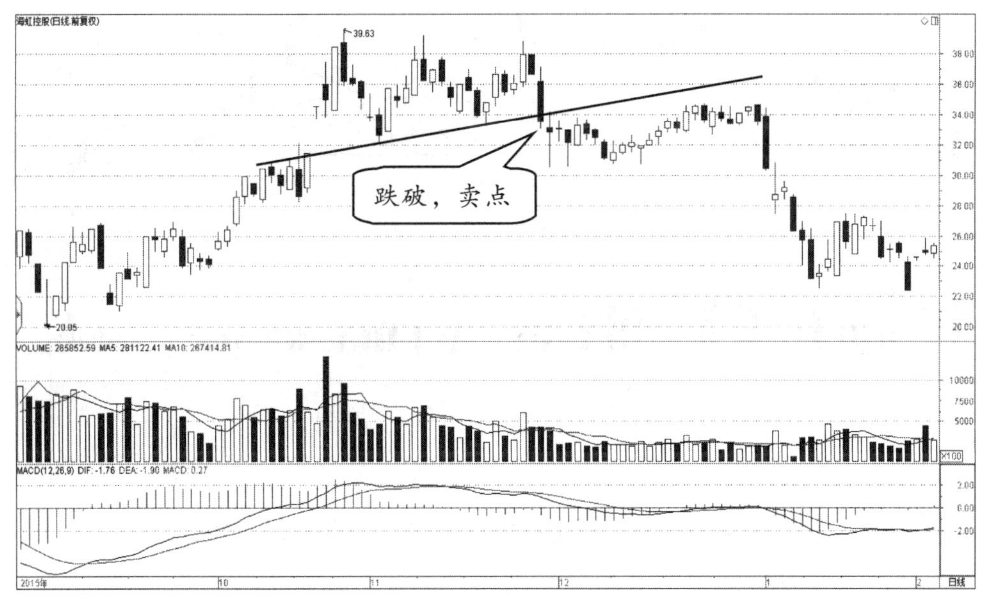

图 4－37　海虹控股（000503）日 K 线

如图 4－37 所示，2015 年 10 月底至 11 月，海虹控股上涨至高位后连续三次遇阻，形成了三山形态。11 月 27 日，当股价跌破颈线时，就是卖出股票的时机。

三山也有变形形态，即中间的高点明显比两边的高点都高一些，叫作头肩顶或者三尊顶。

头肩顶形态中，左右两边的顶点基本水平，中间的顶点略高。三个顶部从左到右依次叫作左肩、头部、右肩。这样的形态说明拉升股价的多方力量已经在逐渐减弱。

连接头肩顶中两个回落的低点可以得到一条颈线。最终当股价跌破颈线时，说明空方已经开始在持续打压股价，此时是我们卖出股票的机会。

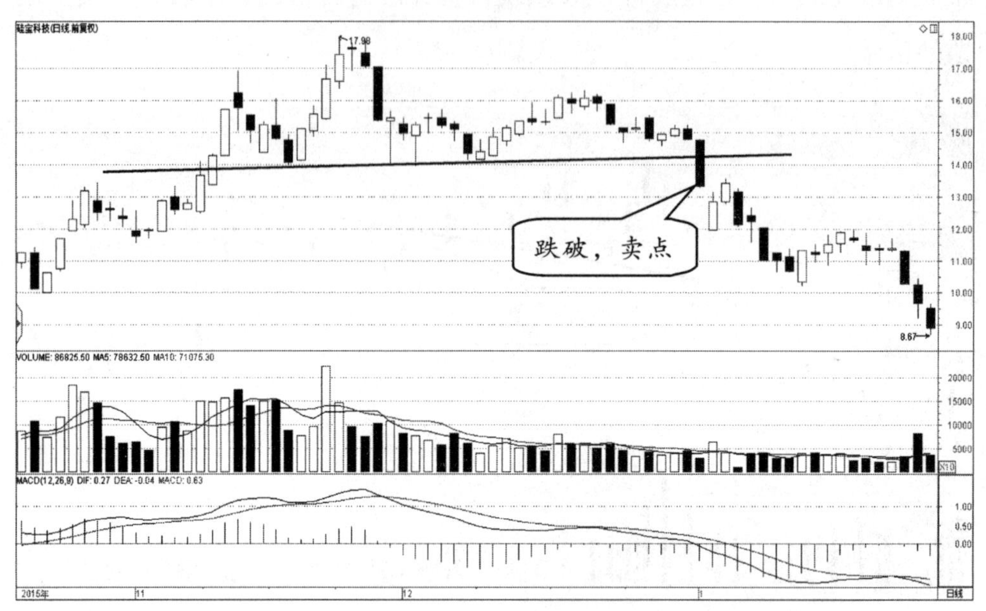

图 4－38　硅宝科技（300019）日 K 线

如图 4－38 所示，2015 年 10 月底至 11 月，硅宝科技上涨至高位后，连续三次遇阻下跌，构成头肩顶形态。2016 年 1 月 4 日，股价跌破颈线，这是看跌卖出的信号。

无论三山、三川还是各种变形形态，我们都应该以最后股价突破颈线作为买卖时间点。只要股价还没突破，就保留了继续调整的可能，走势可能演变成三角形或者矩形形态。股价突破颈线，就是越过了一个重要的临界点，这时才是合理的交易时机。

4.4　K 线的回抽形态

前面我们讲到的很多形态，最终都要以突破作为交易时间点。例如突破趋势线，突破矩形、三角形、旗形，突破颈线。细心观察我们会发现，很多突破完成之后，股价会在突破的位置附近形成一段反向运动行情。这种行情叫作回抽。

股价向上突破以后，很可能不会马上上涨，而是先小幅回抽。等回抽到突破的位置后就会获得支撑，然后才真正进入上涨趋势。这种回抽行情经常会出现，属于对突破形态的进一步确认，也是我们加仓买入股票的机会。

当股票向下跌破时，也会有类似的回抽行情，这是我们逢高卖出股票的机会。

结合股票交易的走势图，我们可以把回抽行情作以下几个分类。

4.4.1 突破后马上回抽

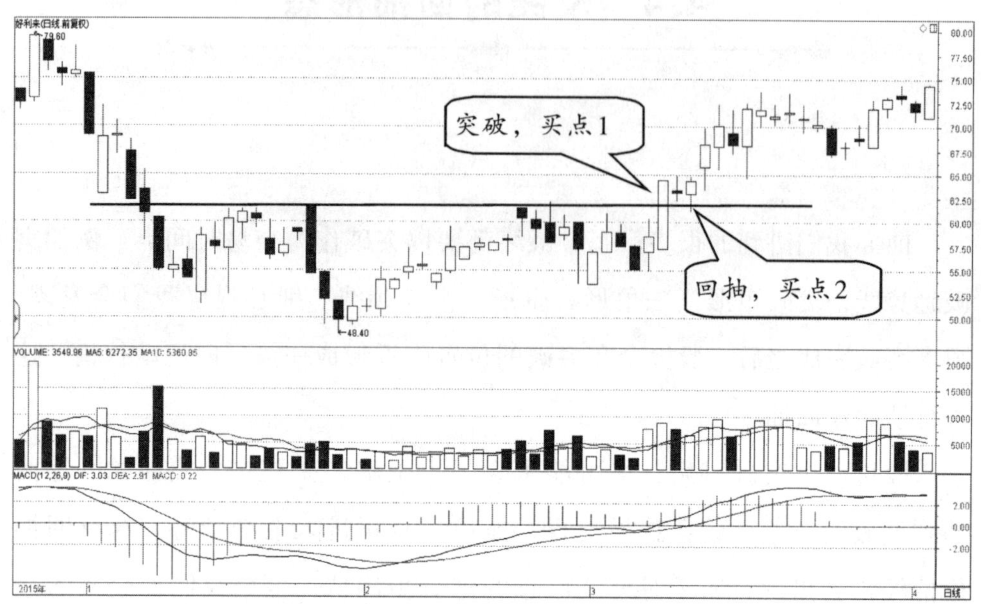

图4-39 好利来（002729）日K线

如图4-39所示，2016年1月至3月初，好利来在底部形成头肩底形态。3月8日，股价突破颈线，形成买点。突破后股价马上就回抽，并且在颈线上获得支撑。这次回抽就是加仓买点。

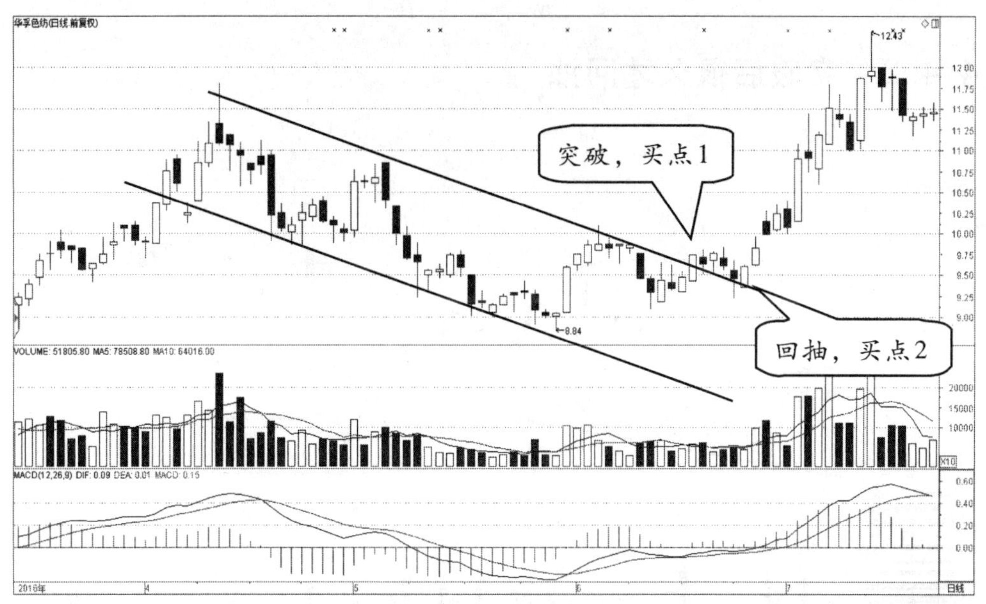

图 4－40　华孚色纺（002042）日 K 线

如图 4－40 所示，2016 年 4 月至 6 月，华孚色纺上涨中途调整，形成了一个旗形整理形态。6 月 20 日，股价突破旗形上边线时，是买入时机。

几个交易日后，股价回抽，并且在旗形上边线上获得支撑。这时就是我们加仓买入股票的时机。

4.4.2 突破后很久才回抽

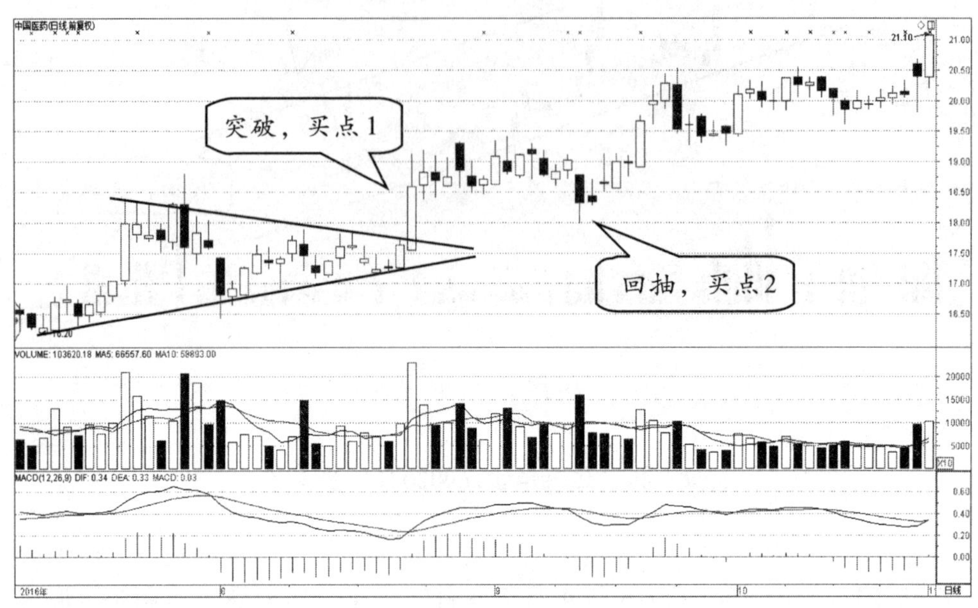

图4-41 中国医药（600056）日K线

如图4-41所示，2016年7月至8月，中国医药横盘中形成了三角形形态。8月23日，股价突破三角形上边线，形成买点。之后股价在高位横盘了很长时间，到9月12日才出现了回抽走势。当股价回抽获得支撑的时候，就是我们加仓买入的时机。

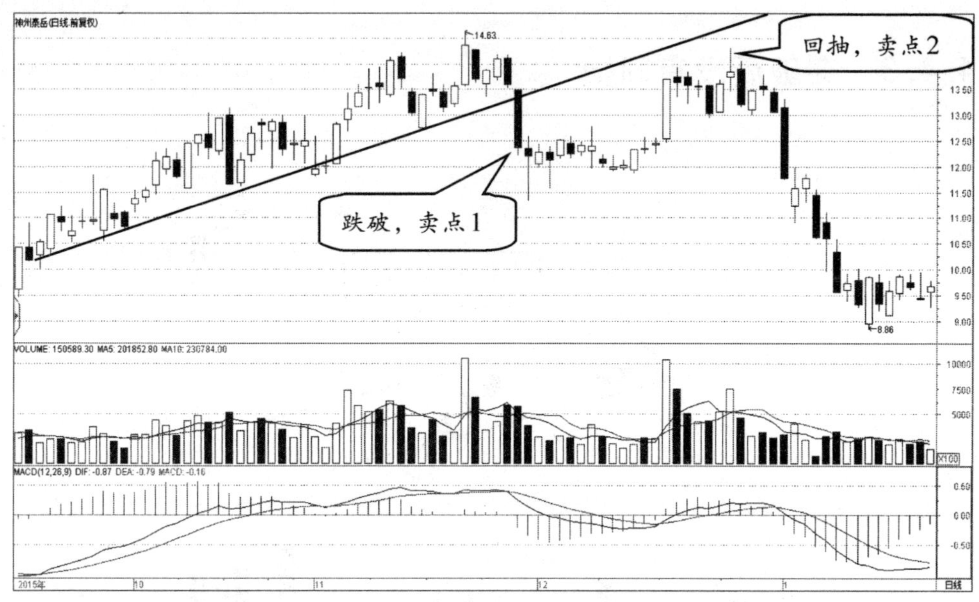

图4－42　神州泰岳（300002）日K线

如图4－42所示，2015年10月至11月，神州泰岳沿着上升趋势线持续上涨。11月27日，当股价跌破上升趋势线时，就是我们卖出股票的时机。随后股价回抽，但是没能突破上升趋势线。这次回抽是另一个逢高卖出股票的机会。

通过这几个案例我们可以知道，在行情里画的各种图形并不是图形结束后就没用了。很多时候，行情波动一段时间以后，原来图形上的一些形态依旧在发挥作用。

4.4.3 突破后没有回抽

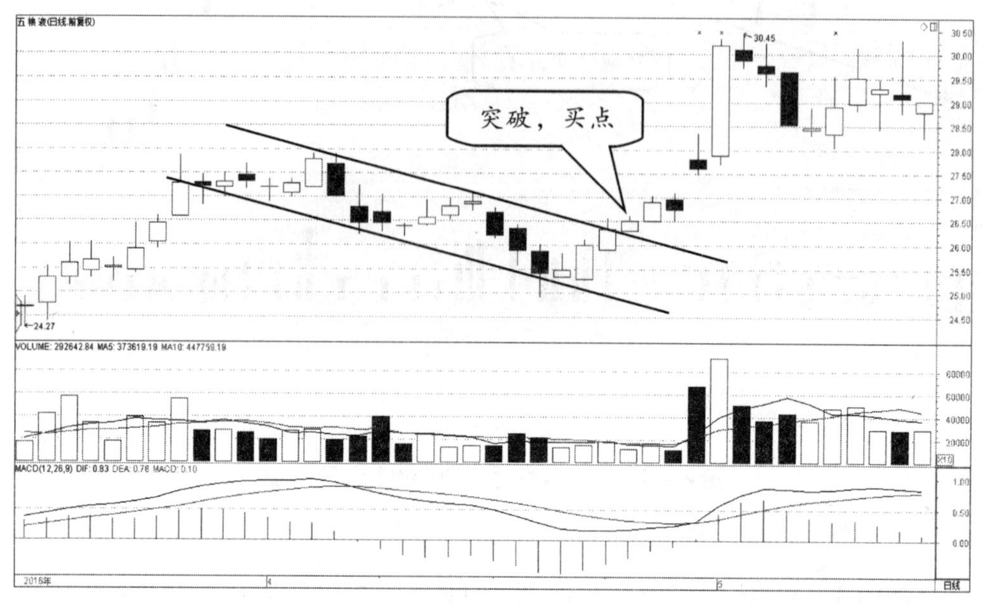

图 4-43　五粮液（000858）日 K 线

如图 4-43 所示，2016 年 4 月，五粮液上涨中途形成了旗形形态。4 月 26 日，股价向上突破旗形上边线，形成买点。随后股价持续上涨，就算回落也没下跌到旗形上边线附近，也就没有第二个买点。

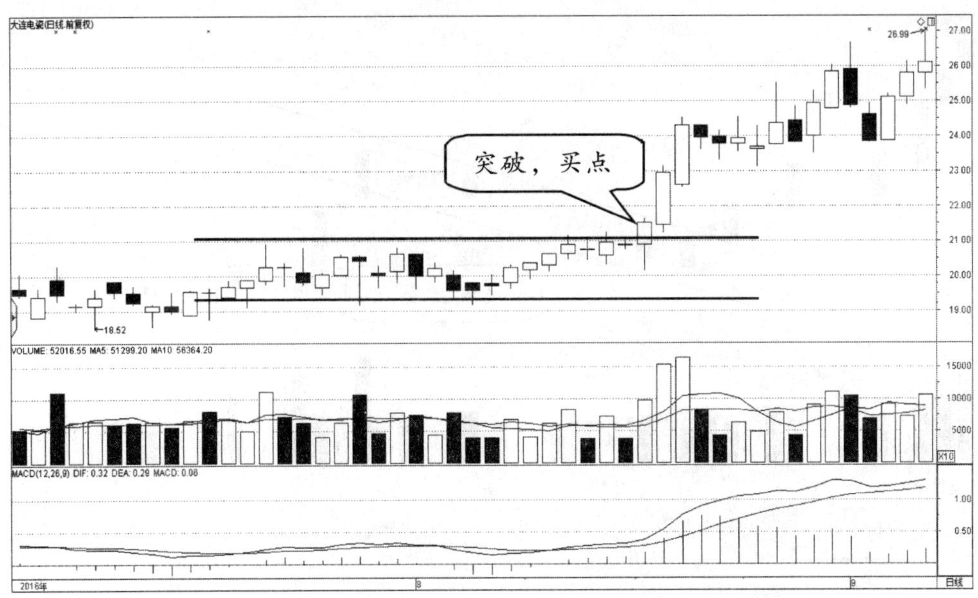

图 4－44　大连电瓷（002606）日 K 线

如图 4－44 所示，2016 年 7 月至 8 月，大连电瓷横盘中形成了矩形形态。8 月 17 日，股价突破矩形上边线，形成买点。随后股价没有回落，也就没有第二个买点。

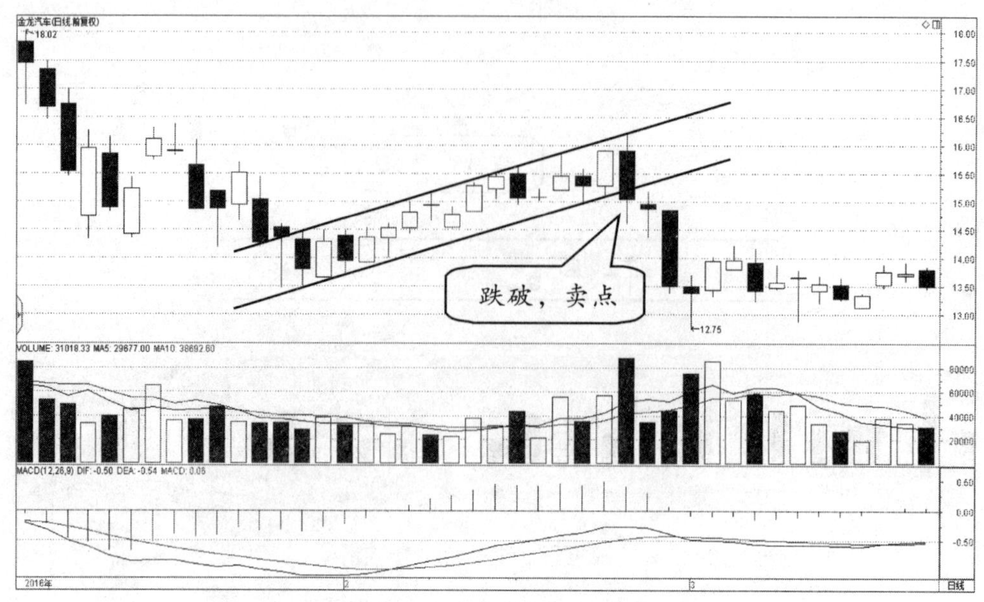

图4－45 金龙汽车（600686）日K线

如图4－45所示，2016年2月，金龙汽车下跌中途形成了旗形整理形态。2月25日，股价跌破旗形下边线，形成卖点。随后股价持续下跌，没有回抽行情，也就没有第二个逢高卖出的机会。

通过这几个案例我们就可以知道，突破行情完成后的回抽可能有也可能没有，就算有也可能等很久才出现。因此我们一定要在突破的时候就果断交易，千万不要犹豫不决。

4.4.4　突破后多次回抽

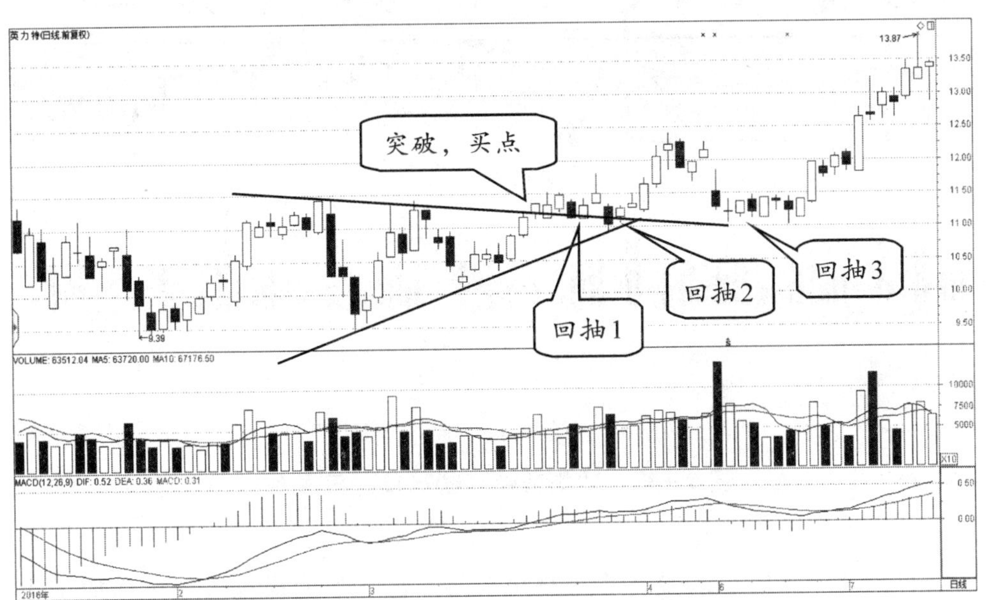

图 4-46　英力特（000635）日 K 线

如图 4-46 所示，2016 年 2 月至 3 月，英力特股价形成了一个三角形整理形态。3 月 21 日，股价突破三角形上边线。随后一段时间，该股股价多次回抽，每次都在三角形上边线附近获得支撑继续上涨。每次回抽获得支撑的时候，都是我们加仓买入股票的时机。

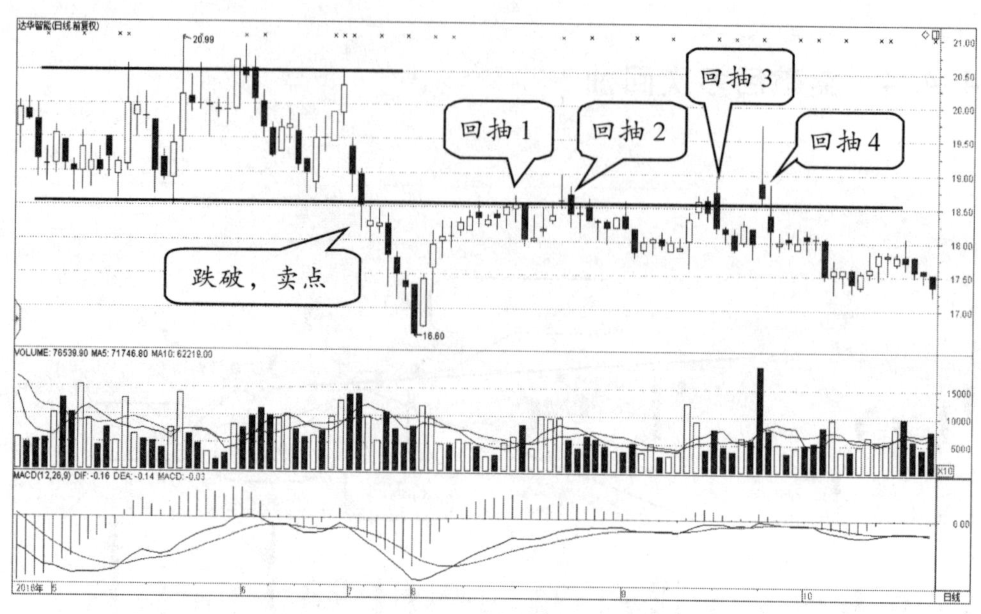

图 4-47　达华智能（002512）日 K 线

如图 4-47 所示，2016 年 4 月至 6 月，达华智能横盘过程中形成了矩形形态。7 月 22 日，股价跌破矩形下边线，这是卖出股票的机会。随后的行情里，股价多次反弹回抽，每次回抽到跌破的位置上都会遇阻回落。这些回抽遇阻的时间点，都是我们逢高卖出股票的机会。

4.5　成交量和 K 线

成交量的概念我们在分时图里已经讲过了。K 线图里，同样有成交量指标。K 线下方的柱线表示当日该股的买卖交易量。成交量柱线越长，说明当日的买卖交易越活跃。

4.5.1　成交量对 K 线组合的验证

前面我们已经讲了很多种 2～3 根 K 线组成的组合形态。在这些组合形态形成的过程中，我们可以借助成交量来判断信号的强弱，提高自己判断的准确率。

我们讲到的 K 线组合，有些是说明原来趋势即将终结的，例如孕线、共顶线和共底线。这样的组合，成交量最好依次萎缩。

有些是说明新的趋势即将展开的，例如红三兵和三只乌鸦。这样的组合，成交量最好依次放大。

有些是说明原来趋势终结，新趋势将立刻展开的，例如深入线、包线、启明星和黄昏之星。这样的组合，成交量最好是先逐渐萎缩，之后又逐渐放大。

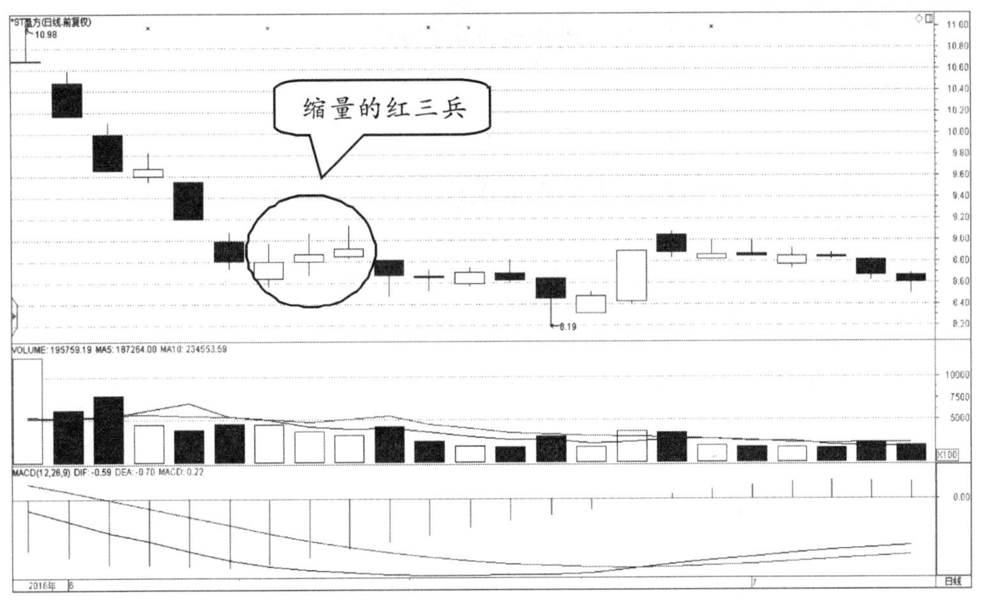

图 4－48　＊ST 盈方（000670）日 K 线

如图4－48所示，2016年6月15日至17日，＊ST盈方下跌中途出现了红三兵形态。但这三根阳线成交量逐渐萎缩，不是个有效的信号。

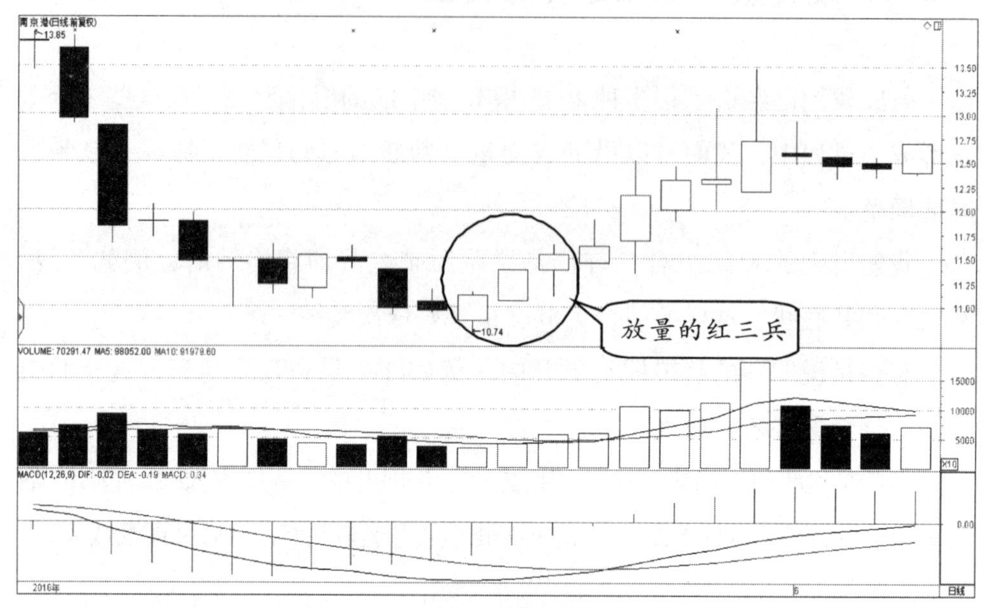

图4－49　南京港（002040）日K线

如图4－49所示，2016年5月20日至24日，南京港见底反弹，形成了红三兵形态。这三根阳线成交量依次放大，是一个有效的信号。

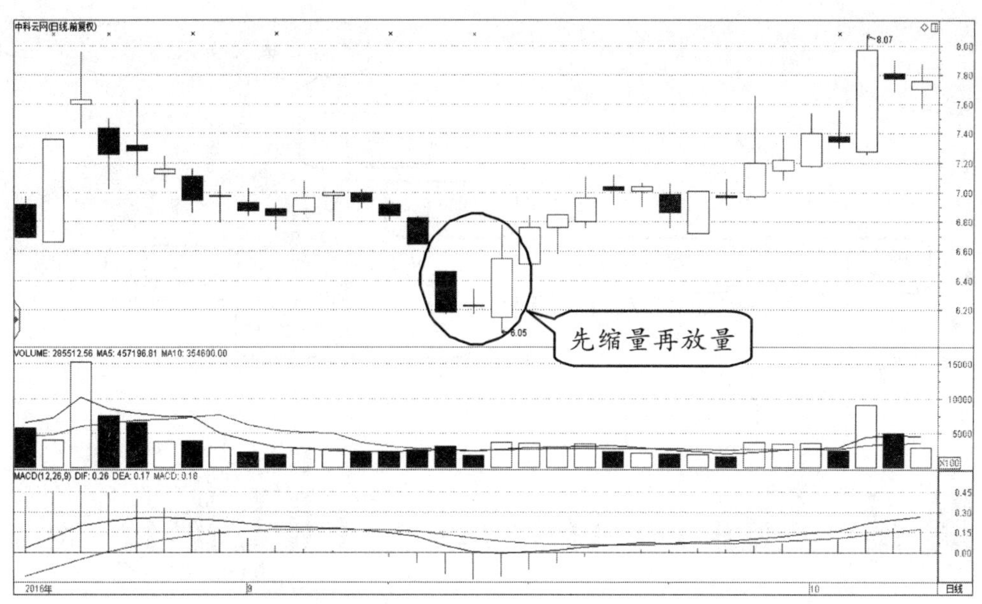

图4－50　中科云网（002306）日K线

如图4－50所示，2016年9月12日至14日，中科云网下跌至底部后形成了一个启明星形态。形态前两根K线的成交量萎缩，第三根K线放量。这是一个非常健康的量价配合形态。

4.5.2　成交量和K线趋势

关于成交量与股价趋势的关系，可以用两句话总结：

放量趋势能继续，缩量趋势要结束。

中途调整要缩量，放量调整是反转。

一个趋势中成交量持续放大时，就说明当前趋势得到了投资者认可，无论涨跌都将会持续下去。相反，如果一个趋势中成交量持续萎缩，则说明投资者不看好趋势发展，无论涨跌都很难继续。

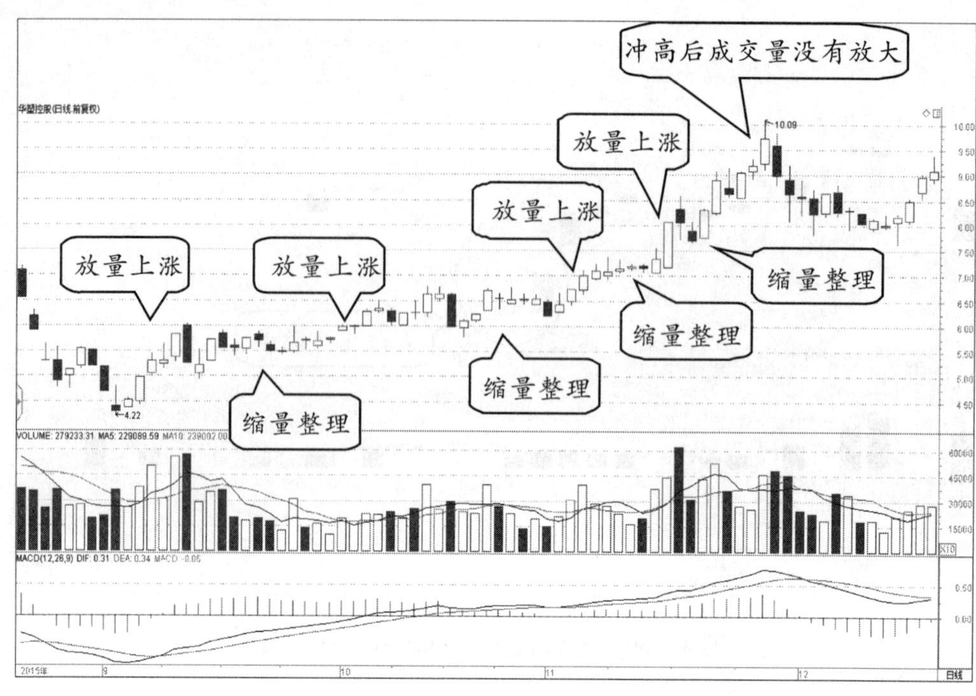

图 4-51　华塑控股（000509）日 K 线

如图 4-51 所示，2015 年 9 月到 12 月，华塑控股每次上涨时，都伴随着成交量放大，每次整理时，都伴随着成交量萎缩。

上涨行情的尾端，股价冲高但成交量却没有放大，这就是行情即将见顶下跌的危险信号。

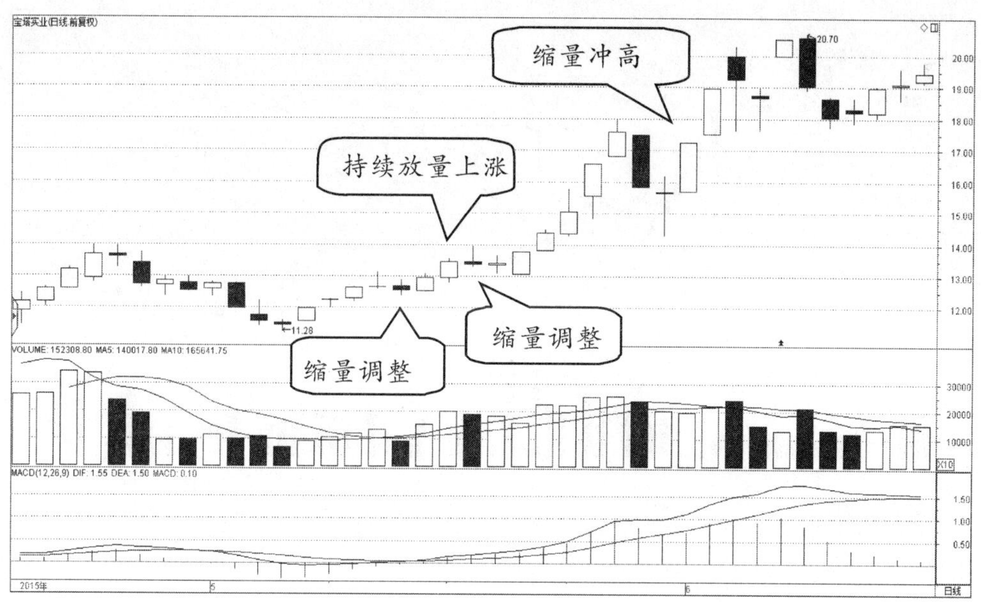

图 4－52　宝塔实业（000595）日 K 线

如图 4－52 所示，2015 年 5 月，宝塔实业持续上涨的过程中，其成交量一直处于不断放大的状态，只有中间调整的两根阴线成交量明显萎缩。这是上涨行情十分健康的信号。在这个持续上涨的行情里，我们可以积极追高买入股票。

最后当股价震荡向上冲高的时候，成交量开始萎缩。这就是上涨行情难以继续，股价即将见顶下跌的信号。

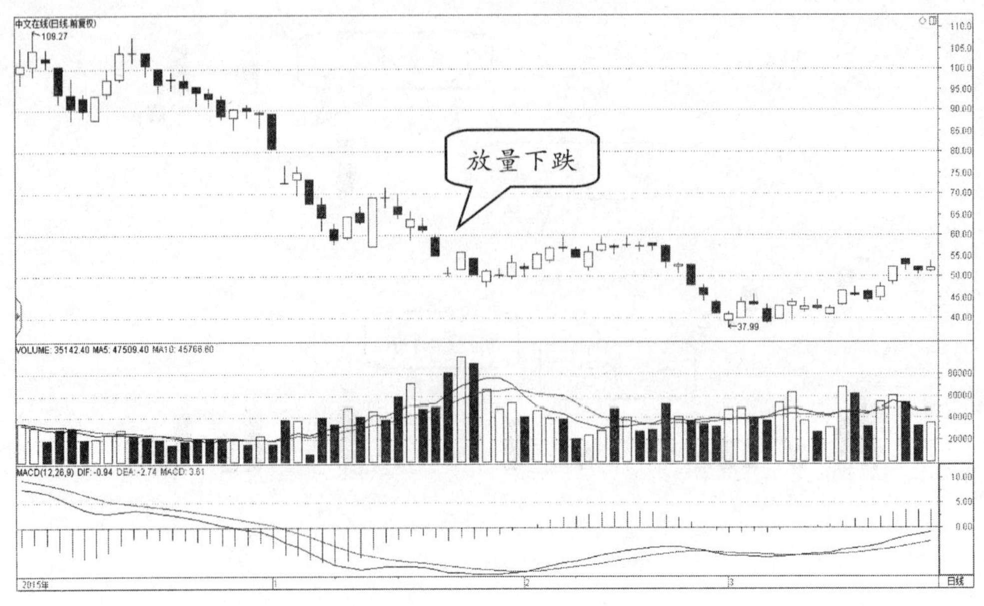

图 4－53　中文在线（300364）日 K 线

如图 4－53 所示，2016 年 1 月，中文在线下跌的过程中，成交量也持续放大。这就是下跌行情将会继续的信号。看到这样的形势我们应该果断卖出股票。

很多时候，股价持续下跌的过程中成交量并不会放大。这是因为整个市场交易非常冷清，没有人愿意交易股票。一旦进入这种无量空跌的行情，短期内都难再有操作机会。因此这种情形往往要比放量下跌更加危险。

4.5.3　成交量对趋势见顶的预告

在众多量价配合的形态里，有一种值得我们单独说明。在股价震荡上涨时，如果每次上涨都能够创出新高，同时每次上涨时的成交量也越来越大，说明行情正在放量上涨的良性区间里。相反，如果股价每次上涨都能够创出新高，但每次上涨时的成交量却越来越小，就说明股价上涨过程中的买入力量越来越弱，这是行情即将见顶下跌的信号。这种股价上涨，成交量却持续萎缩的形态，有个专门的名称叫作量价背离。

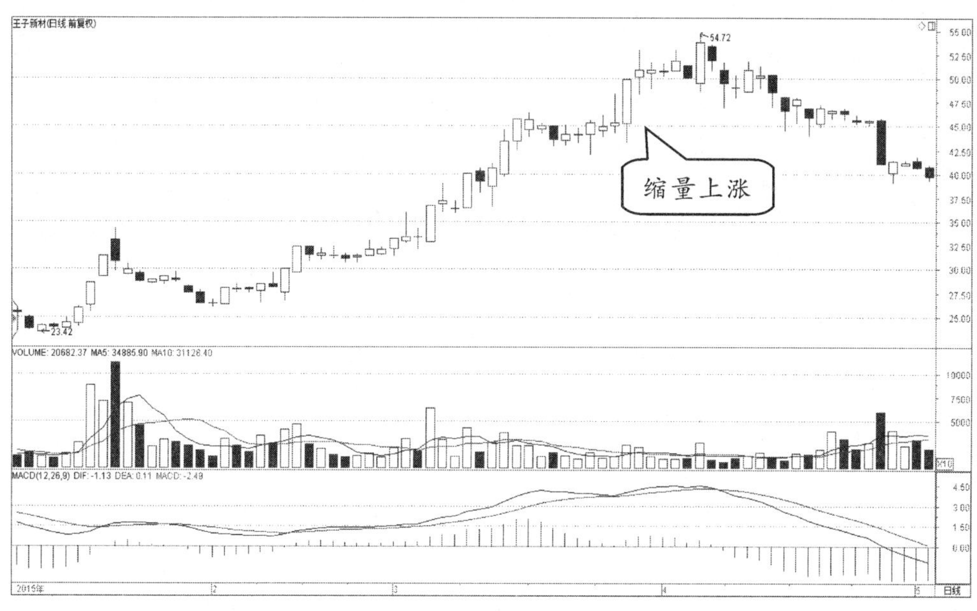

图4－54　王子新材（002735）日K线

如图4－54所示，2015年3月至4月初，王子新材持续上涨到高位后，出现了量价背离形态。这是行情即将见顶的信号。

第5章

分析方法之三：技术指标

在K线图里，除了K线和成交量以外，我们还能看到一些红红绿绿的曲线和柱线。这些线就是各种技术指标了。

各种技术指标本质上都是来自K线和成交量数据，只是用数学统计的方法，把这些数据按照一定的公式进行处理。通过技术指标，我们可以深入了解股价和成交量数据的变化趋势，提高判断的准确率。

5.1 均线指标

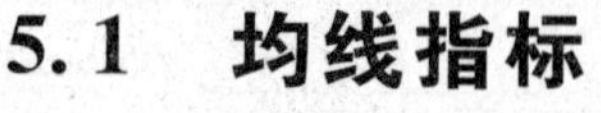

关于如何判断股价趋势，我们前面讲到一种画上升趋势线和下跌趋势线的办法。不过到了实际交易的时候，画线很多时候并不准确。这时候我们就可以借助均线这个技术指标。

所谓均线，又叫MA，也就是K线图里跟K线显示在一起的那组曲线。通常这组线有4~5条，代表了不同周期，如图5-1所示。

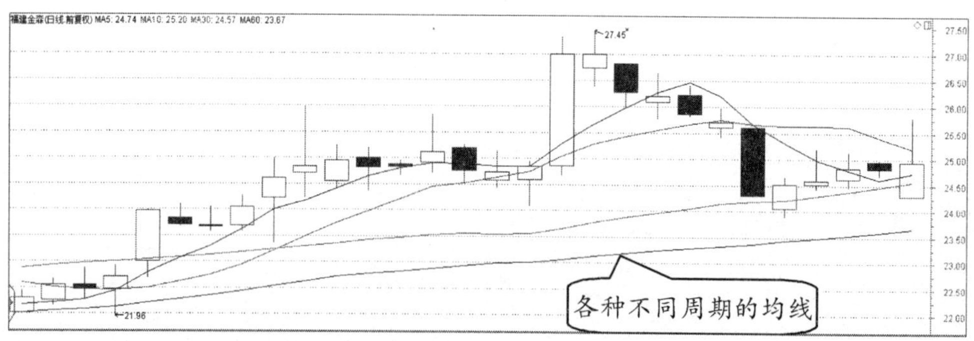

图5-1　均线

均线是通过计算一段时间内的平均收盘价得到的。根据计算时考虑的时间周期长短，均线分为 5 日均线、10 日均线、20 日均线、30 日均线、60 日均线、120 日均线和 250 日均线。例如 5 日均线，线上的每个点代表了最近 5 个交易日内的平均收盘价。120 日均线，线上每个点代表了最近 120 个交易日的平均收盘价。

以上这些均线的周期并不是随便设定的，其中暗含了我们的交易规律，如表 5－1 所示。

表 5－1　均线周期的含义

周期	含义
5 日均线	一周有 5 个交易日
10 日均线	两周有 10 个交易日
20 日均线	一个月有大约 20 个交易日
30 日均线	一个自然月有大约 30 天
60 日均线	一个季度有大约 60 个交易日
120 日均线	半年有大约 120 个交易日
250 日均线	一年有大约 250 个交易日

在炒股软件里，我们输入“MA”后，就可以调用均线指标，跟输入股票代码显示股票的方法是一样的。后面要讲的各种技术指标，除了筹码分布以外，都可以这样使用。

选中一根均线以后，用鼠标右键点击，可以自由设定均线指标的参数，也就是每根均线的周期，如图 5－2 所示。

[MA]指标参数调整(日线)

K线的第一条 5 日移动平均线
K线的第二条 10 日移动平均线
K线的第三条 30 日移动平均线
K线的第四条 60 日移动平均线

应用所有周期
恢复成缺省
关闭

图 5－2　均线参数设定

如果我们做短线交易，可以在 60 日之前的均线里，找 3～4 条做交易；如果我们做中长线交易，可以在 20 日之后的均线里找 3～4 条做交易。

如果我们认为太多均线影响判断，想要简单一些，也可以只使用 1～2 条均线——在设置参数时将不需要的均线参数设置为“0”就可以了。

5.1.1　均线对 K 线的支撑和阻力

之前我们说过，在股价涨跌的趋势里，我们可以画一条趋势线来指导交易。其实，均线天生就是趋势线，会对股价起到很强的阻力或者支撑作用。当我们发现股价多次在同一条均线上遇阻回落或者获得支撑上涨的时候，就可以把这条均线当成是趋势线来使用，具体的用法跟之前讲过的上涨趋势线和下跌趋势线的用法完全一样。

多数时候，股价的趋势线可能是 20 日均线或者 30 日均线。如果是短

期内快速波动的行情，趋势线可能是 10 日均线。如果要看中长期趋势，可能就要用到 60 日均线甚至是 120 日均线。

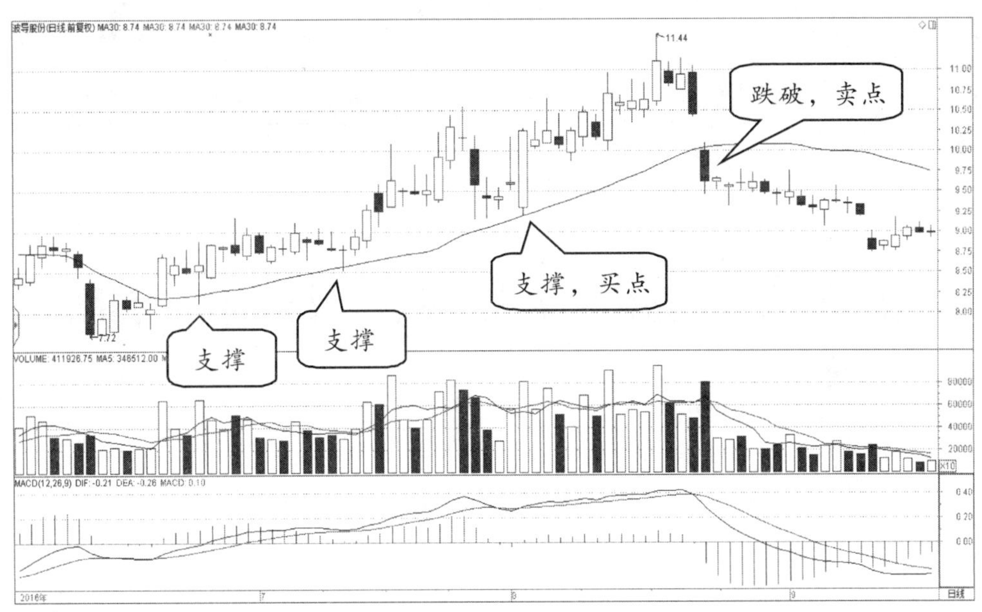

图 5－3　波导股份（600130）日 K 线图

如图 5－3 所示，2016 年 6 月至 8 月，波导股份上涨的过程中，股价多次回落到 30 日均线附近获得支撑。前两次支撑确认 30 日均线的作用后，到第三次股价回落获得支撑的时候，我们可以买进股票。

8 月 23 日，股价跌破 30 日均线，这时我们就应该卖掉手里的股票。

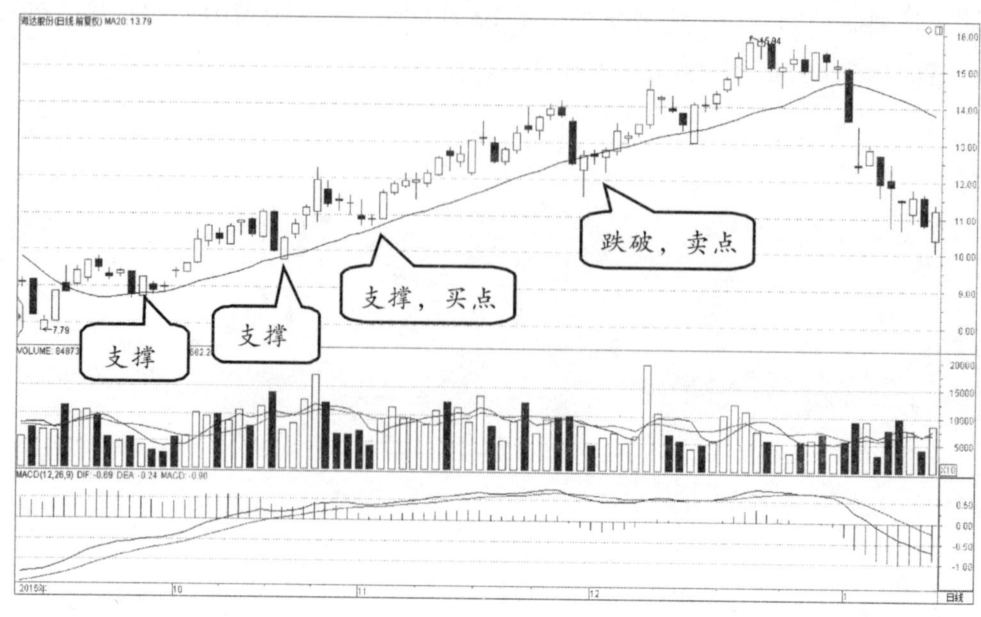

图 5－4　海达股份（300320）日 K 线图 1

如图 5－4 所示，2015 年 9 月至 11 月，海达股份上涨的过程中，股价在 20 日均线位置多次获得支撑。支撑力量确认后，股价再回落到 20 日均线时我们可以买进股票。11 月底，股价跌破 20 日均线，这时我们可以先卖掉股票。

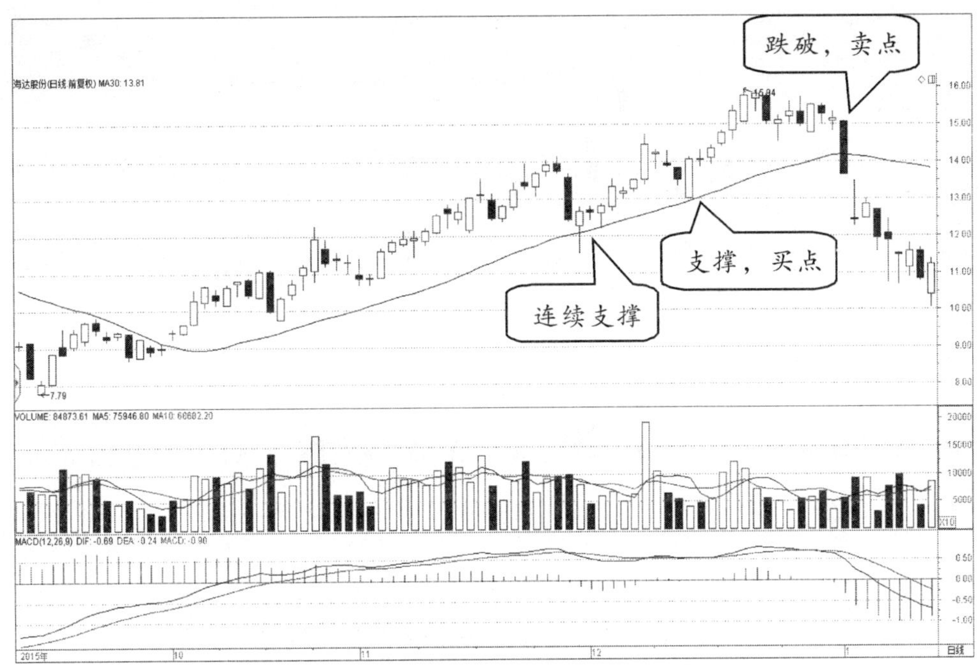

图5-5　海达股份（300320）日K线图2

如图5-5所示，海达股份股价跌破20日均线以后，继续上涨趋势。这时我们可以对均线的参数进行调整。调整后我们发现，股价上涨的支撑线变成了30日均线。每次股价回落到30日均线上获得支撑时，我们可以买进股票。

最后到2016年1月4日，股价跌破了30日均线，这时我们应该卖掉手里的股票。

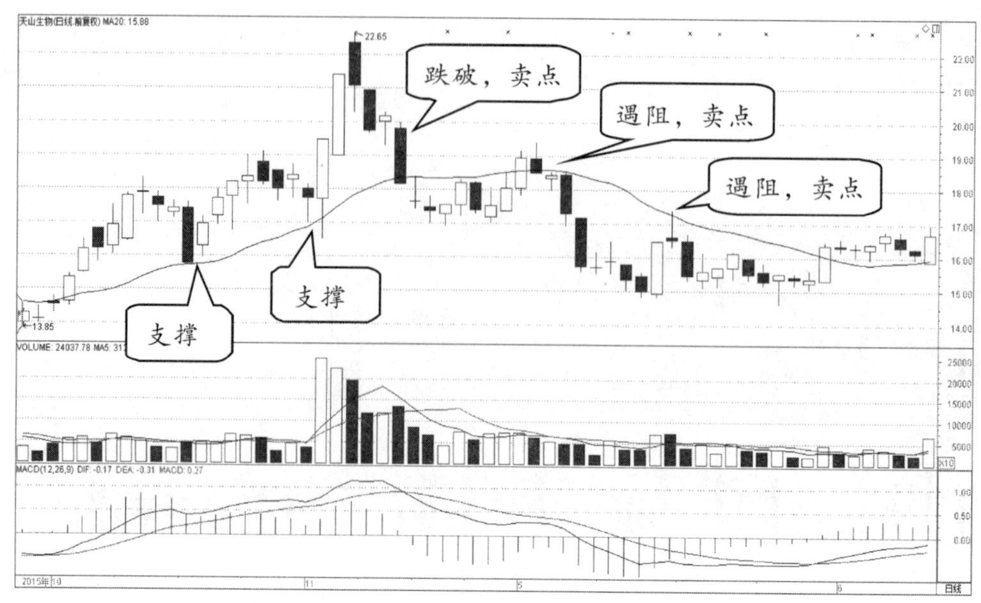

图 5-6　天山生物（300313）日 K 线图

如图 5-6 所示，2015 年 10 月至 11 月，天山生物上涨中途回落时，多次在 20 日均线上获得支撑。这是对于支撑力量的确认。因为随后的走势里没有第三次回落支撑的情况，所以我们并没有合适的买点。

2016 年 4 月 20 日，股价跌破 20 日均线，形成卖点。在随后的走势里，股价多次反弹到均线位置遇阻。

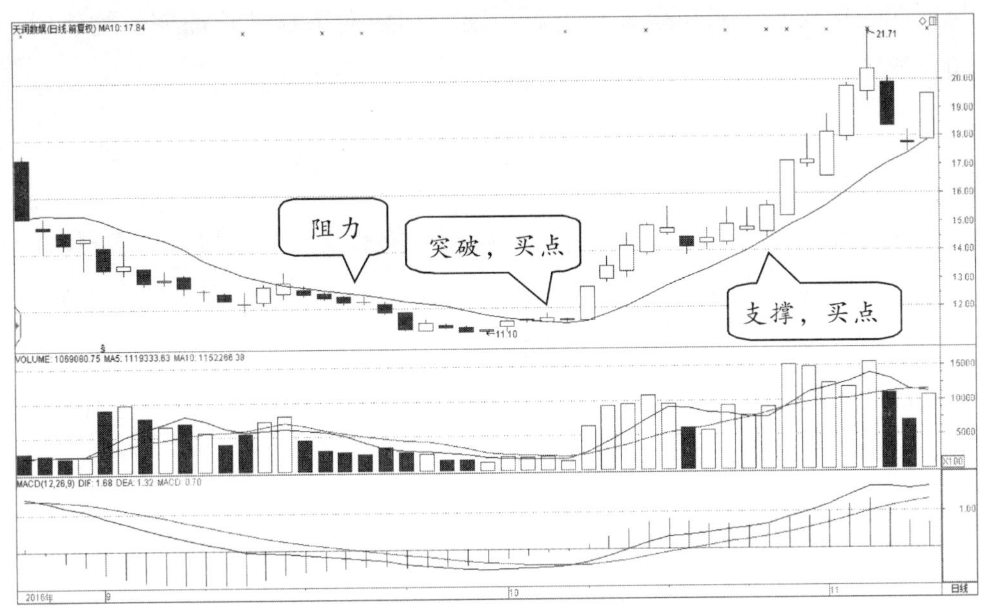

图5-7　天润数娱（002113）日K线图

如图5-7所示，2016年9月，天润数娱下跌过程中一直被10日均线压制，验证了均线的阻力作用。10月12日，当股价向上突破10日均线的时候，就是我们买入股票的机会。随后的上涨行情里，股价多次下跌到10日均线附近获得支撑。这些都是我们逢低买进股票的机会。

当我们拿到一张K线图的时候，一开始并不知道到底是哪条均线有支撑或者阻力的作用。这时候就需要通过两个连续的高点或低点来确定。这跟沿着连续两个高点或者低点画趋势线的原理是一样的。需要注意的是，这条线不是一成不变的，在不同阶段，我们可能需要变换均线的参数。

5.1.2　金叉和死叉

金叉和死叉是指两条均线形成交叉的形态。当短周期的均线向上突破长周期的均线时，叫作金叉；当短周期的均线向下跌破长周期的均线时，叫作死叉。

金叉

我们说，均线可以代表一段时间内的平均股格。短期均线代表短时间内的平均股价，长期均线代表长时间内的平均股价。当短期均线自下向上突破长期均线时，说明市场上短期的平均股价超过了长期的平均股价。这是股价进入上涨行情的标志，预示着未来股价会持续上涨。看到这样的形态后，我们可以积极买入股票。

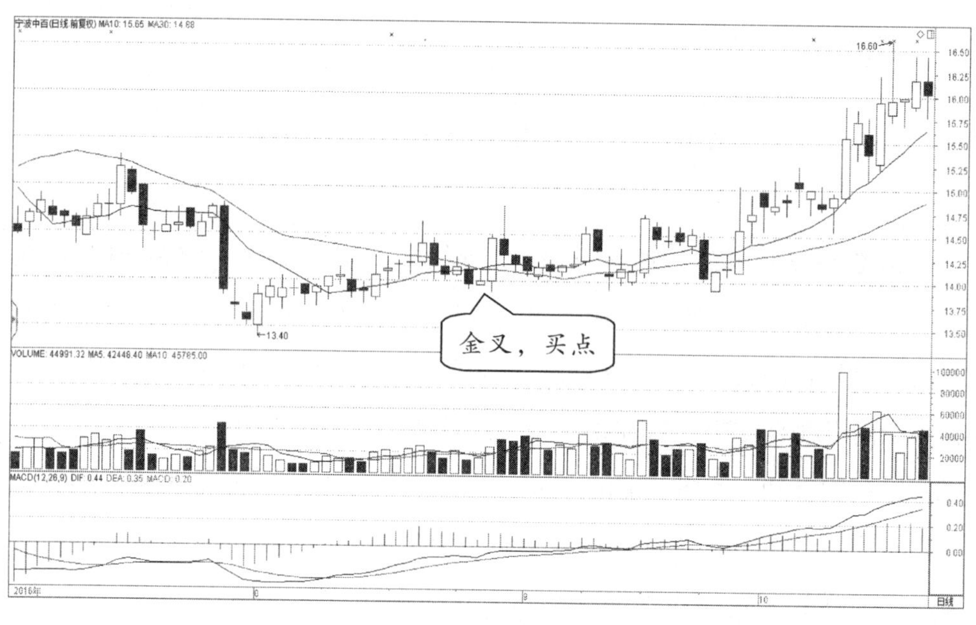

图 5－8　宁波中百（600857）日 K 线图

如图 5－8 所示，2016 年 8 月 26 日，宁波中百的 10 日均线自下向上突破了 30 日均线，形成金叉。这是看涨买入信号。

死叉

死叉是指短期均线自上向下跌破长期均线形成的形态。均线形成死叉形态时，说明市场上短期的平均股价已经低于长期的平均股价。这是股价进入下跌行情的标志，预示着未来股价会持续下跌。看到这样的形态后，我们应该注意风险，尽快卖出手里的股票。

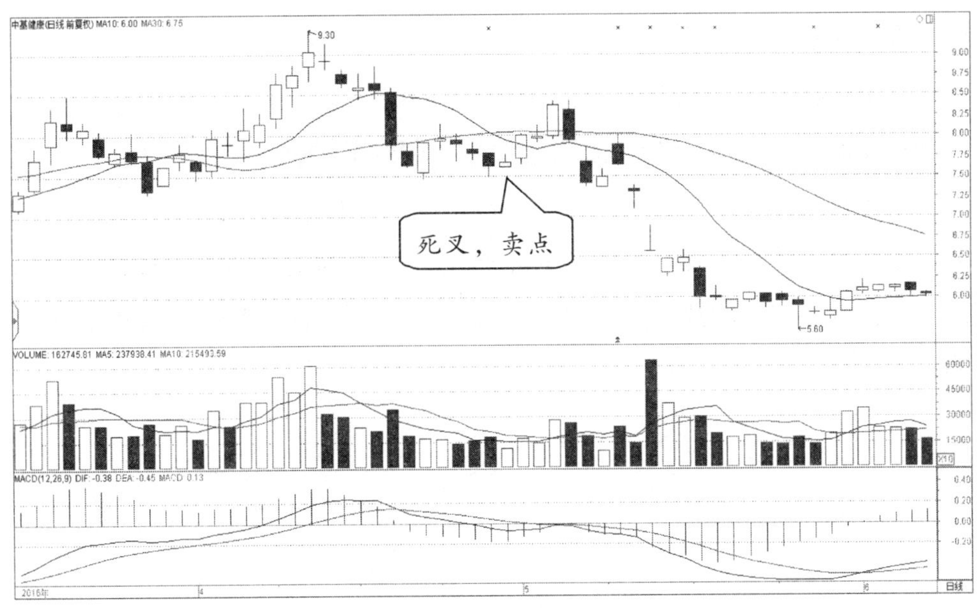

图 5－9　中基健康（000972）日 K 线图

如图 5－9 所示，2016 年 4 月 29 日，中基健康的 10 日均线跌破 30 日均线，形成死叉。这是看跌卖出信号。

5.1.3 多头排列和空头排列

在由三条或者更多均线组成的均线图形里，有两种特殊的形态，分别叫多头排列和空头排列。这两种排列形态可以表示当前市场的趋势。

多头排列

如果三条均线中周期越短的均线位置越高，自上而下依次是短期均线、中期均线和长期均线，就组成了均线的多头排列形态。

多头排列表示市场短期内的平均股价越来越高，已经进入上涨行情中。此时股票价格不断上涨，同时投资者也愿意以更高的价格买入股票，市场进入了良性上涨的周期。在这样持续的上涨行情中，我们可以积极买入股票。

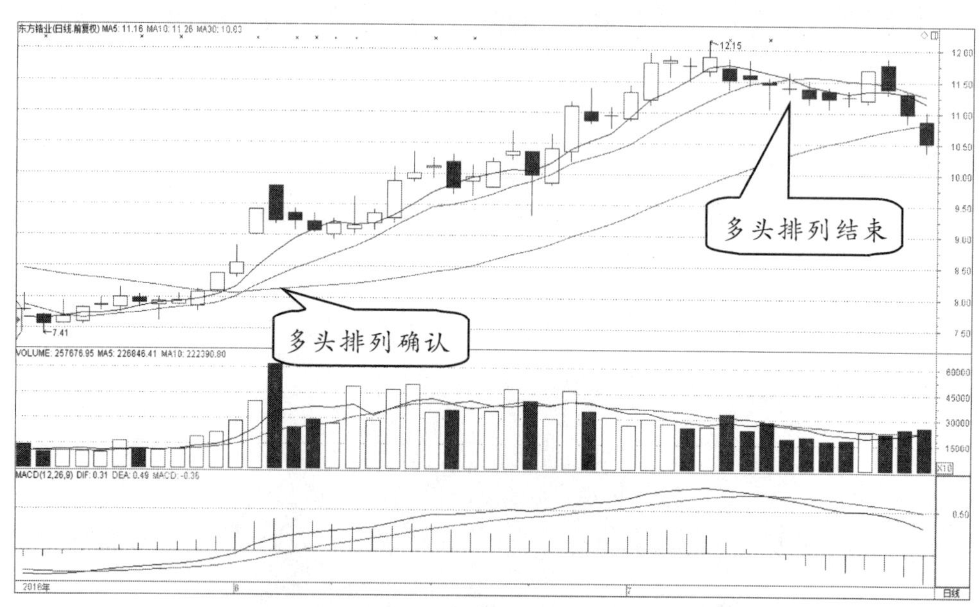

图 5-10 东方锆业（002167）日 K 线图

如图5－10所示，2016年6月至7月初，东方锆业上涨过程中，5日均线、10日均线和30日均线保持多头排列形态。在最终多头排列被破坏之前，我们都可以积极看多做多。

空头排列

空头排列正好是多头排列反过来，市场含义也正好反过来。

在空头排列中，随着股价下跌，投资者不断以更低的价格抛出股票，股价已经进入了持续的下跌行情中。市场上这种持续下跌的行情一旦形成，往往会持续很长时间。在这种行情里，我们应该保持空仓观望，如果手中持有股票，则应该尽快卖出。

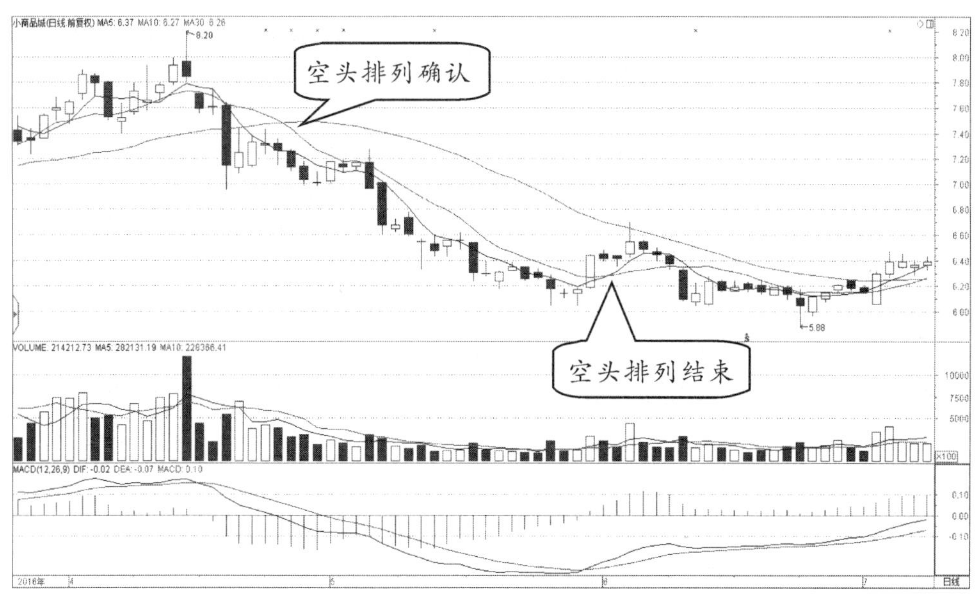

图5－11　小商品城（600415）日K线图

如图5－11所示，2016年4月底至6月初，小商品城下跌过程中，5日均线、10日均线和30日均线保持了空头排列的形态。在最终空头排列形态被破坏之前，我们应该保持空仓观望。

空头排列结束只能说明下跌趋势暂时终止，离上涨行情可能还有很长时间。这时只是警报解除，我们最好不要盲目买进股票。

5.1.4 一阳穿多线

我们已经知道，当K线突破均线时，是看涨买入信号。如果一条大阳线能够一次性突破多条纠缠在一起的均线，则是非常强烈的看涨买入信号。看到这样的信号，我们可以积极买入股票。

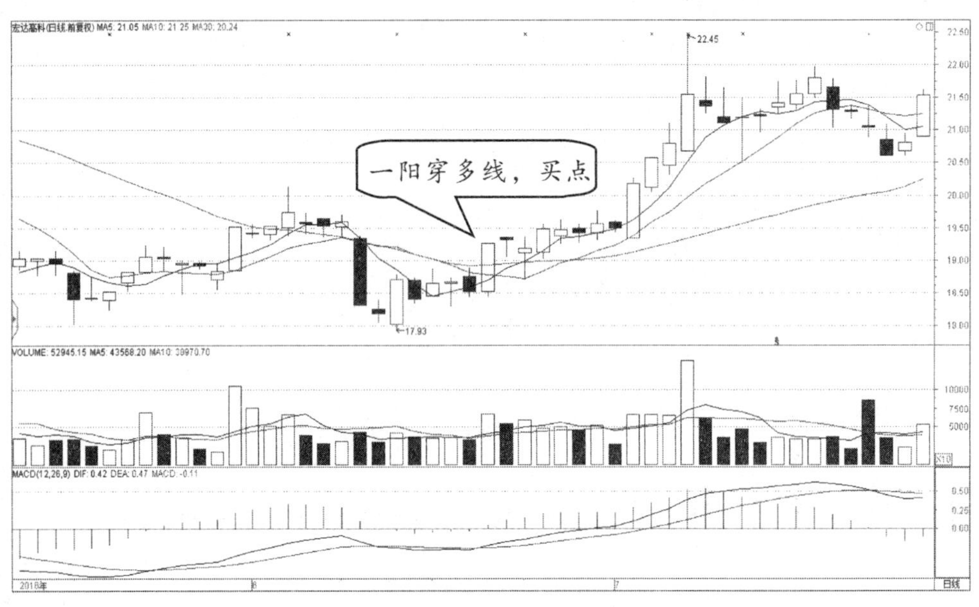

图5-12 宏达高科（002144）日K线图

如图5-12所示，2016年6月22日，宏达高科强势上涨，一根大阳线同时突破了三条均线。这就是看涨买入信号。

5.1.5　一阴穿多线

与一阳穿多线相反的形态，就是一阴穿多线。如果一条大阴线同时跌破了多条纠缠在一起的均线，则说明下跌行情非常强势，是非常强烈的看跌卖出信号。看到这样的信号，我们应该尽快卖出手中的股票。

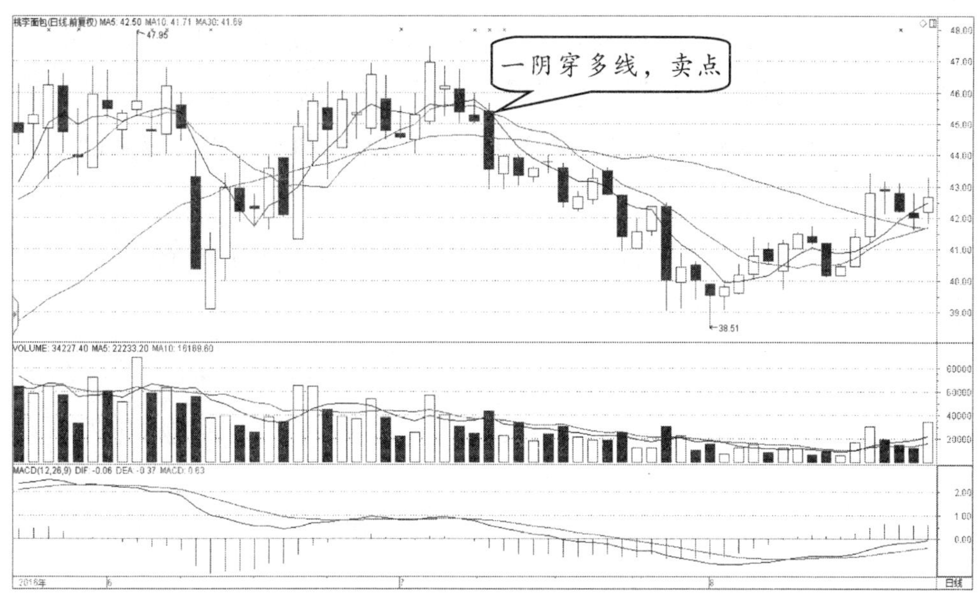

图 5－13　桃李面包（603866）日 K 线图

如图 5－13 所示，2016 年 7 月 11 日，桃李面包大幅下跌，一根大阳线同时跌穿多条均线，形成一阴穿多线的形态。这就是看跌卖出信号。

5.2 MACD 指标

我们看股票走势图的时候，会发现股票有时候上涨的速度明显加快，有时候下跌的速度明显加快。这时候，我们对于速度的认识只是一种主观判断。MACD 指标就是把股票涨跌速度用专门曲线和柱线表现出来的一种技术指标。

MACD 指标是“指数平滑异同平均线”的简称，由两条指标线和一组柱线组成，如图 5－14 所示。

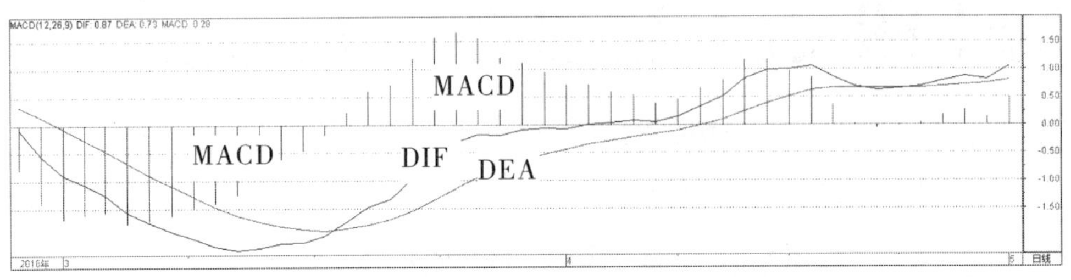

图 5－14　MACD 指标

MACD 指标里波动较快的曲线是 DIF 线，表示股价短期内的涨跌速度；波动较慢的曲线是 DEA 线，表示股价长期内的涨跌速度；红色和绿色的柱线是 MACD 柱线，代表了股价涨跌的加速度，或者说是代表了推动股价涨跌的内在动能的强弱。

5.2.1　金叉和死叉

MACD 指标的金叉和死叉，是指指标中两条曲线形成交叉的形态。

金叉

当 MACD 指标中的 DIF 线向上突破 DEA 线时，就形成了 MACD 金叉形态。这是市场上涨趋势越来越强的信号。

一般来说，0 轴附近形成的金叉最有价值。0 轴上方金叉出现时，股价已经上涨到高位，未来上涨空间会比较有限。0 轴下方金叉出现时，股价还在下跌趋势里，看涨信号非常弱。

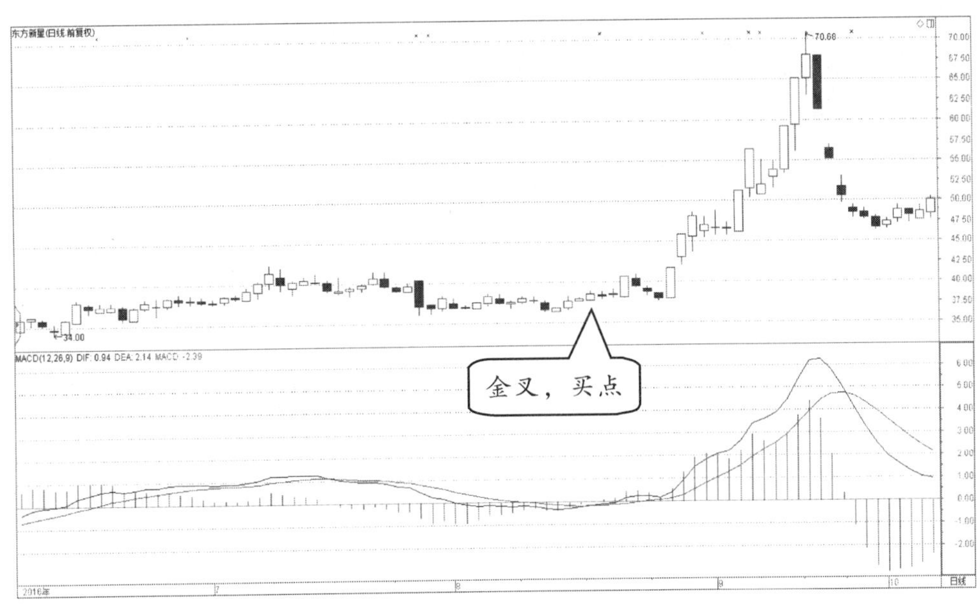

图 5－15　东方新星（002755）日 K 线图

如图 5－15 所示，2016 年 8 月 18 日，东方新星的 MACD 指标在 0 轴附近形成了金叉形态。这是一个非常强的看涨买入信号。

MACD 指标在 0 轴附近金叉，多数都像这个案例一样，说明股价经过了底部的初始上涨和调整，第二波上涨即将开启。经过底部第一波上涨的吸引以后，市场上的买入人气已经被调动起来，这时候金叉，上涨行情会非常强势。这也是为什么说 0 轴附近金叉是最有效的金叉信号的原因。

死叉

如果 MACD 指标的 DIF 线自上向下跌破 DEA 线，就形成了 MACD 死叉形态。死叉出现的位置不同，其市场含义也有所不同。0 轴附近的死叉最有效。0 轴下方死叉的有效性要弱一些。0 轴上方死叉出现的时候，股价往往还在上涨趋势里，这时的死叉有效性最低。

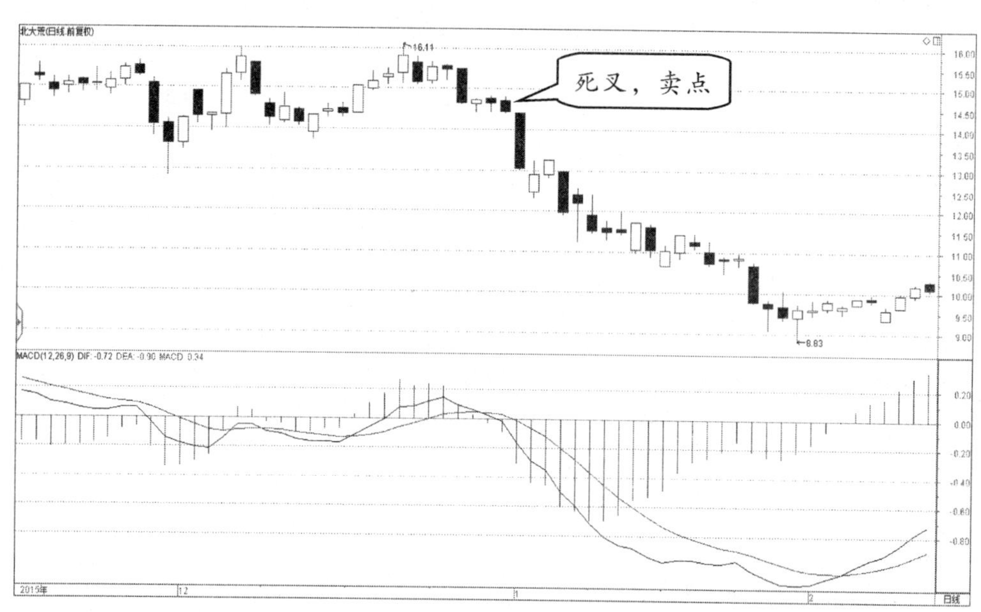

图 5－16　北大荒（600598）日 K 线图

如图 5－16 所示，2015 年 12 月 30 日，北大荒的 MACD 指标在 0 轴附近形成死叉。这就是非常强的看跌卖出信号。

0 轴附近的死叉代表了股价经过第一轮下跌和调整后，即将开启最强的第二轮跌势。我们一定要注意回避这段跌幅。

5.2.2　三金叉和三死叉

三金叉和三死叉，是指有三个指标的金叉或者死叉形态在 K 线图上同时出现。第一个指标是均线，一般是 5 日均线和 10 日均线。第二个指标是均量线，也就是成交量图里的那两条曲线。第三个指标就是 MACD 指标里的 DIF 线和 DEA 线。

三金叉

如果在同一个交易日内，或者很短的几个交易日内，均线、均量线和 MACD 指标同时形成了金叉，就形成了三金叉形态。这个形态说明股价正在强势放量上涨，是非常强的看涨买入信号。

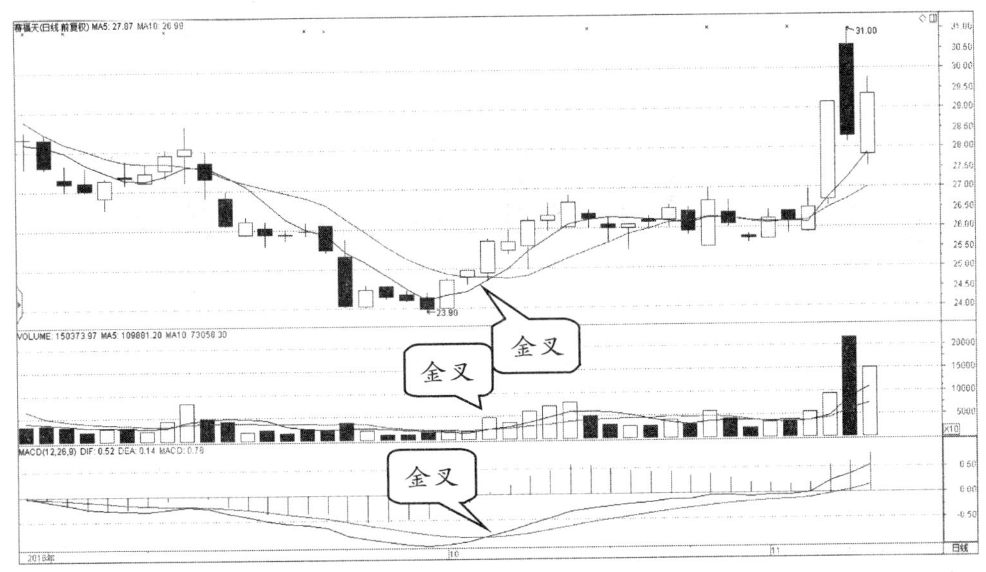

图 5－17　赛福天（603028）日 K 线图

如图5－17所示，2016年10月12日，赛福天的MACD指标形成金叉。随后一日它的均线和均量线也形成了金叉。这三个金叉同时出现，就是非常强的看涨买入信号。

三死叉

如果在同一个交易日内，或者很短的几个交易日内，均线和MACD指标同时死叉，同时均量线金叉，就形成了三死叉形态。这个形态说明股价正在强势放量下跌，是非常强的看跌卖出信号。

需要注意的是，三死叉里，均量线是金叉，不是死叉。金叉说明成交量大幅放大，市场出现了恐慌性抛盘。

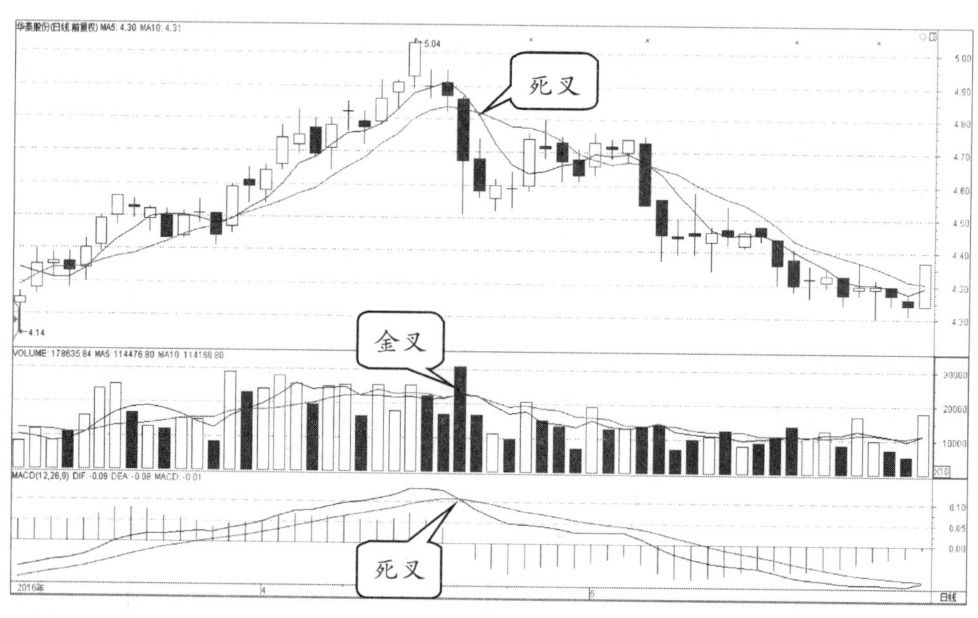

图5－18　华泰股份（600308）日K线图

如图5－18所示，2016年4月20日，华泰股份的均量线形成金叉，MACD指标形成死叉。随后一日均线也死叉了。这就是非常强的看跌卖出信号。

5.2.3　背离

我们在讲成交量的时候就讲过背离了：当股价上涨时，如果成交量回落，就叫作量价背离。对于 MACD 指标来说，所谓背离，是指股价与指标中的曲线和柱线运行方向相反的形态。具体来说，MACD 指标的背离主要是看 DIF 线和 MACD 柱线与股价走势的关系。根据方向不同，背离又可以分成底背离和顶背离两种。

底背离

如果股价在下跌过程中连创新低的同时，MACD 指标的 DIF 曲线没有创新低，反而持续上涨，同时绿色 MACD 柱线也越来越短，出现了一底比一底高的情形，就形成了底背离形态。

底背离形态说明股价虽然还在下跌，但是其下跌的速度已经越来越慢，并且打压股价下跌的空方力量正在减弱。这是未来股价将见底反弹的信号。看到这样的形态后，我们可以积极在底部寻找买入股票的机会。

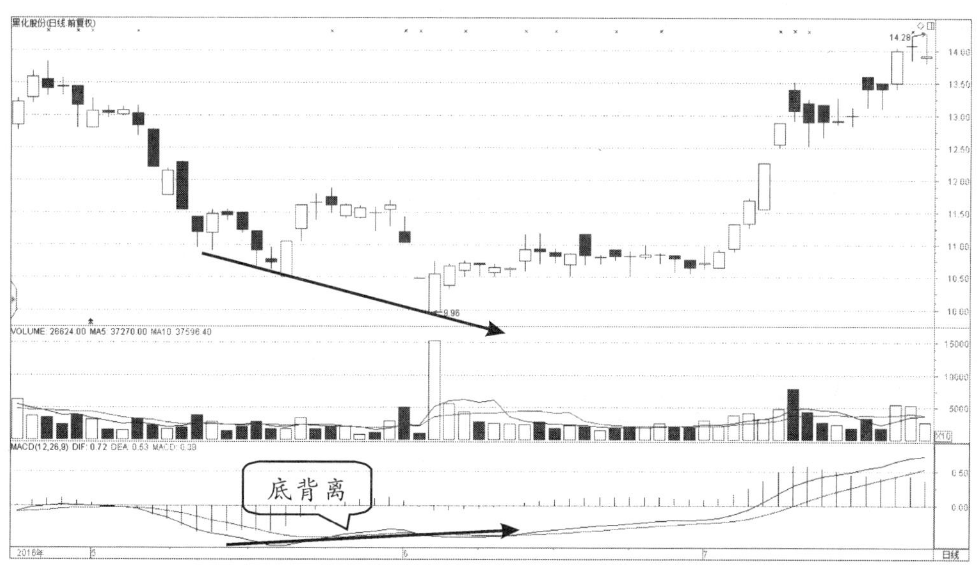

图 5－19　黑化股份（旧名，600179）日 K 线图

如图 5 – 19 所示，2016 年 5 月至 6 月，黑化股份下跌至底部以后，MACD 指标与股价走势形成了底背离形态。这是行情即将见底反弹的信号。

背离形态，无论这里讲的底背离还是下面要讲的顶背离，都只能说明行情有反转的趋势，无法给出具体的买点或者卖点在哪里。应用这两个形态的时候，我们需要借助其他分析方法来寻找到具体的买卖点。

顶背离

顶背离和底背离相反。如果股价持续上涨，不断创出新高时，MACD 指标中的 DIF 曲线却没有创出新高，反而持续下跌，同时 MACD 指标的红色柱线也越来越短，出现一顶比一顶低的情形，就形成了顶背离形态。

MACD 指标的顶背离形态说明股价虽然还在持续上涨，是其上涨的速度已经越来越慢，未来股价很快就将见顶下跌，是看跌卖出信号。看到这样的形态后，我们应该注意逢高卖出股票的机会。

图 5 – 20　诺力股份（603611）日 K 线图

如图 5 - 20 所示，2015 年 11 月至 12 月，诺力股份上涨过程中，MACD 指标与股价走势形成了顶背离形态。这是行情即将见顶下跌的信号。看到这个信号，我们应该多注意逢高卖出股票的机会。

5.3　KDJ 指标

所谓“物极必反”，一件事情发展到极致时，往往也就是转势的开端。股票市场也遵循这个规律——市场上投机氛围太强了，往往会有见顶下跌的隐患；市场上恐慌的气氛太强了，反而会出现超跌反弹的机会。

KDJ 指标就是用来统计这种市场人气强弱的指标。该指标有三条曲线，其中波动幅度最大的是 J 线，中间是 K 线，最平缓的是 D 线，如图 5 - 21 所示。

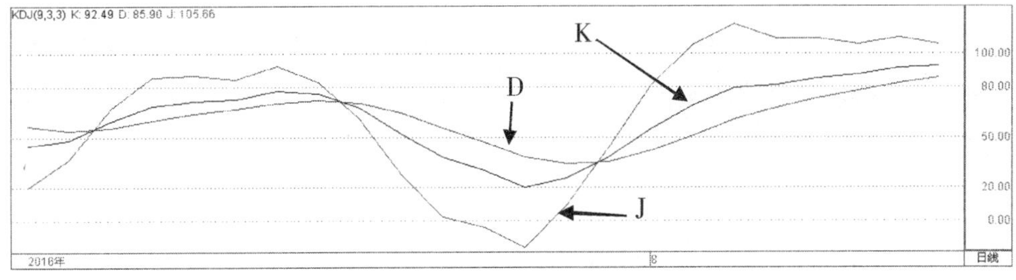

图 5 - 21　KDJ 指标

5.3.1 金叉和死叉

KDJ 指标最经典的用法是金叉和死叉两个形态。所谓金叉和死叉，就是 K 线和 D 线两条线交叉组成的形态。只是根据交叉方向的不同，可以区分成金叉和死叉两种。因为计算方法的关系，KDJ 指标里只要 K 和 D 两条线交叉，J 线必然也在交点穿过去。

金叉

KDJ 指标中的 K 线可以代表股价短期内的涨跌动能，而 D 线则代表长期内的涨跌动能。如果 K 线向上突破 D 线，二者就形成了 KDJ 指标的金叉形态。这个形态说明股价短期内的上涨动能有增强趋势，是看涨买入信号。

跟 MACD 指标一样，KDJ 指标金叉出现的位置不同，市场含义也不同。

如果金叉出现的同时 K 线刚刚从 20 以下的低位回升，则说明此时股价刚刚进入上涨行情，未来还有很大的上涨空间。此时该形态的看涨意味会更加强烈。这样的金叉形态出现时，我们可以尽快买入股票。

如果金叉出现在 50 以上的高位，则说明此时股价已经有了较大幅度的上涨，未来继续上涨的空间会比较有限。这样的形态不能作为有效的买入信号。

图 5－22　骆驼股份（601311）日 K 线

如图 5－22 所示，2016 年 9 月 6 日，骆驼股份股价见底反弹，同时 KDJ 指标中的 K 线和 D 线在低位完成了金叉形态。这个金叉是看涨买入信号。

死叉

当 KDJ 指标中的 K 线自上向下跌破 D 线时，二者就形成了死叉形态。这样的形态说明市场上的多方力量越来越弱，空方力量逐渐增强，是看跌卖出信号。

如果这个死叉形态出现在较高的位置，同时 K 线刚刚自 80 以上的高位回落，则说明此时股价还处于高位，未来还有很大的下跌空间。此时就形成了非常强烈的看跌信号。看到这样的信号，我们应该尽快卖出股票。

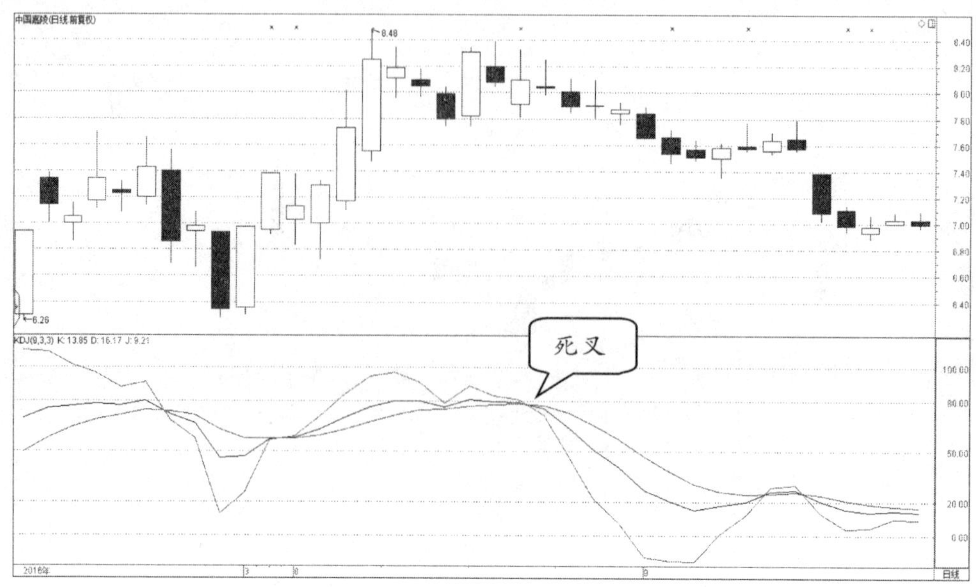

图 5－23　中国嘉陵（600877）日 K 线

如图 5－23 所示，2016 年 8 月 26 日，中国嘉陵的 KDJ 指标在高位完成死叉形态。看到这样的形态，我们应该尽快将手中的股票卖出，回避风险。

5. 3. 2　超卖和超买

超卖和超买是 KDJ 指标具有的特殊提示作用。所谓“超”，也就是超过了某种力量的正常水平，难以继续。超卖是说主导下跌的卖方力量强势到超过了正常水平，难以继续这么强势，下跌行情将要结束。超买则是说主导上涨的买方力量强势到超过了正常水平，难以继续这么强势，行情有见顶下跌的风险。

在 KDJ 指标中，衡量超买超卖的标准是 J 线。

超卖

当 KDJ 指标中的 J 线跌破 0 时，说明市场已经进入了超卖区间，意味着随着股价在短期内的快速下跌，市场上的卖方力量已经强势到极致，一旦空方力量盛极而衰，多方力量增强，股价就将见底反弹。

当J线跌破0时，股价还处于强势下跌过程中，我们可以暂时保持观望。一旦J线自0以下向上突破0，就说明股价已经开始上涨。此时是我们买入股票的时机。

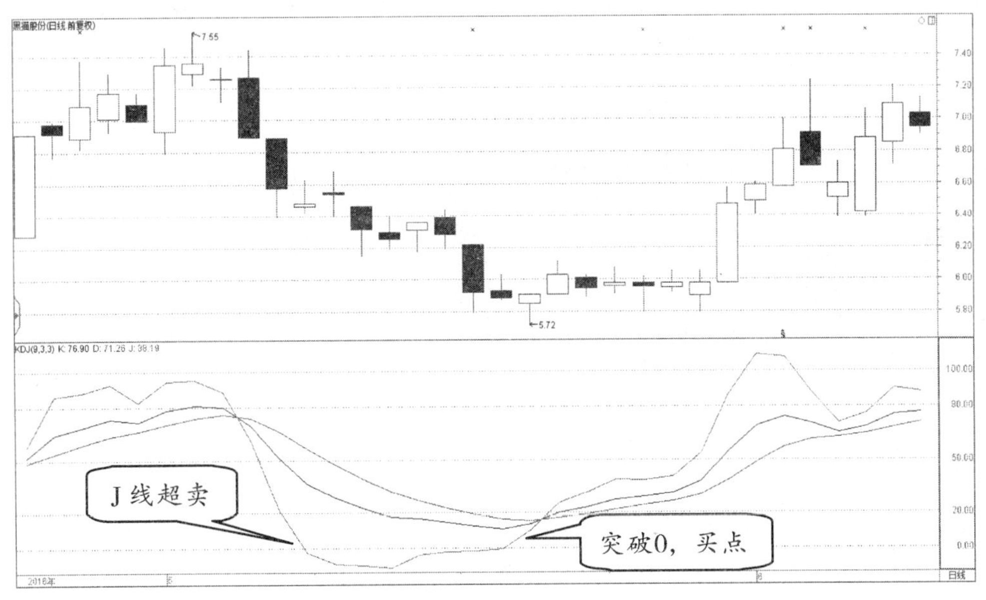

图5－24　黑猫股份（002068）日K线

如图5－24所示，2016年5月10日，黑猫股份KDJ指标中的J线跌破0。5月20日，J线突破0。这时就是买入时机。

超买

当KDJ指标中的J线突破100时，说明市场进入了超买状态。超买状态的市场含义与超卖状态正好相反，意味着股价在短期内快速上涨，市场上的买方力量已经强势到极致，很难继续强势下去，一旦买方力量盛极而衰，空方力量复苏，股价就将见顶下跌。

当J线突破100时，股票还处于强势上涨过程中，此时我们可以继续持有股票，不过应该注意股价见顶下跌的风险。一旦J线从100上方向下跌破100，就说明市场上的多方力量已经衰退，空方力量开始增强，股价已经有了下跌的迹象。此时我们应该尽快卖出手中的股票。

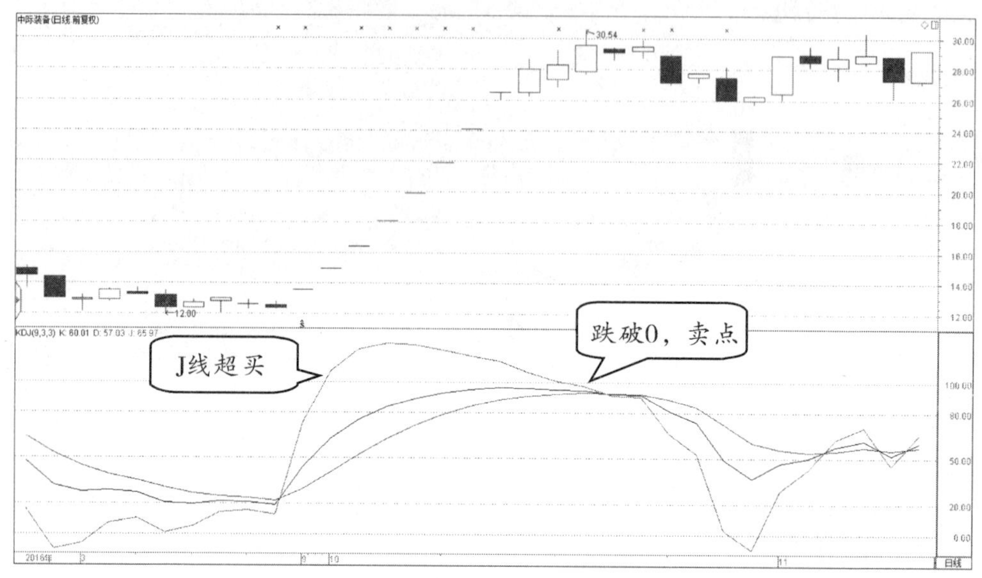

图5-25　中际装备（300308）日K线

如图5-25所示，2016年10月10日，中际装备KDJ指标中的J线突破100。10月21日，J线自高位下跌，跌破了100。这时我们应该尽快卖出手中的股票。

对比KDJ指标和MACD指标我们可以发现，KDJ指标对行情的变化要更加敏感，给出的买卖信号往往都是出现在行情刚开始转向的时候。而MACD指标对行情的反应要更加滞后一些，买卖信号都要等到趋势确认后才能够出现。

到了实战中，MACD指标的信号准确率要比KDJ指标更高一些。我们根据MACD指标交易，虽然买点更高一点，卖点更低一点，但把握也更大一些。所以，对于中长线的趋势交易者来说，最好使用 MACD 指标来指导交易。对于短线波段交易者来说，可以更多参照 KDJ 指标来做交易。

5.4　BOLL 指标

同样是在上涨趋势中，有时候我们会感觉上涨的步伐十分稳健，另一些时候我们又会感觉上涨的速度似乎太快，有见顶的风险。BOLL 指标就是用来衡量这种趋势是不是正常的一种技术指标。

BOLL 指标和均线类似，是跟股票 K 线图显示在一起的，由三条线组成，由上到下依次是上轨、中轨、下轨，如图 5－26 所示。

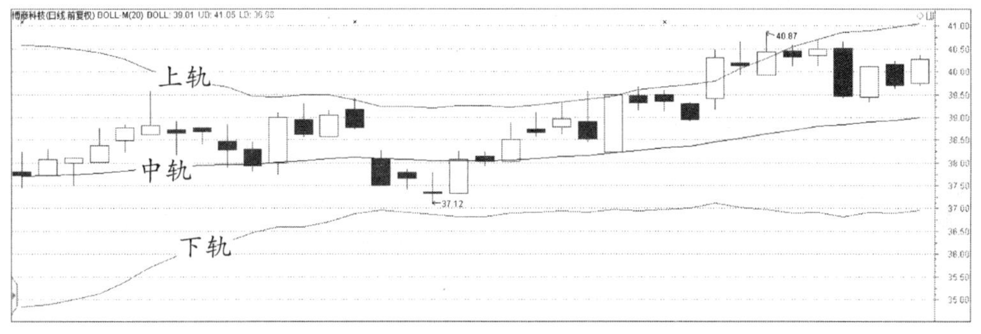

图 5－26　BOLL 指标

这三条轨道线里，中轨是一条均线，一般是 20 日均线。上轨和下轨分别是按照数学统计的算法，从中轨向上和向下浮动相同的价格计算出来的。按照数学统计原理，正常情况下股价应该在上轨和下轨中间的通道内运行。

5.4.1 BOLL通道

BOLL指标表示股票在正常情况下的一个运行轨道。正常的上涨趋势里，股价会沿着上半边轨道上涨。正常的下跌趋势里，股价会沿着下半边轨道下跌。

BOLL指标的上轨是正常情况下股价运行的上边界，中轨本身是股价的移动平均线，对股价有较强的阻力和支撑作用。如果股价能够在BOLL指标的中轨和上轨间的上半边轨道持续上涨时，说明该股正处于上涨行情中，并且未来会沿着这个轨道持续上涨。

经过上涨后，如果股价突破上轨，说明上涨趋势过强，出现了超买的状态，这个时候行情就有了见顶下跌的风险。如果股价跌破中轨，则说明上涨行情已经结束，未来股价将进入下跌行情中。因此无论向上还是向下，只要股价离开BOLL指标的上半轨道，持股的风险就会加大。

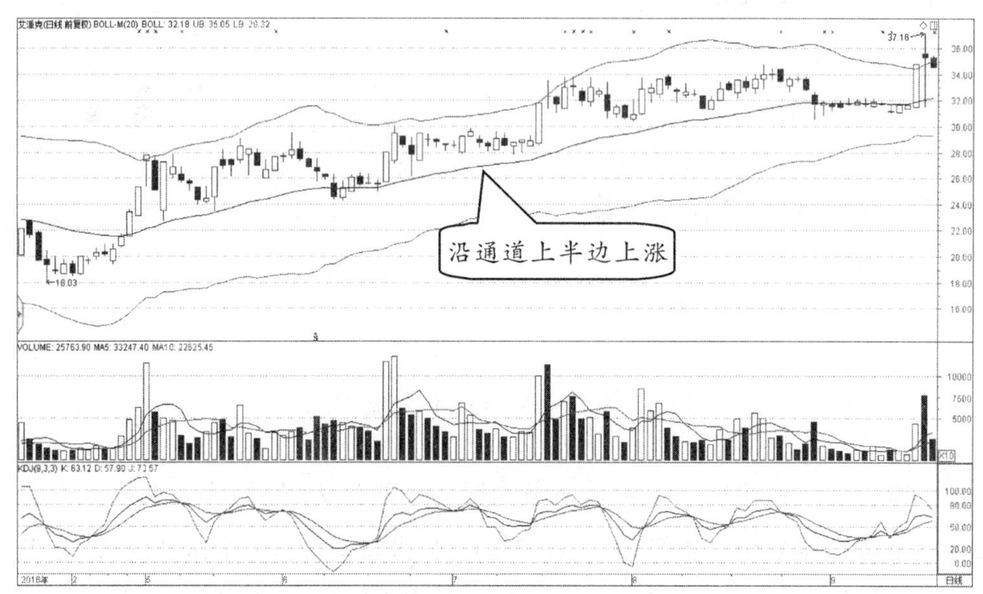

图5-27　艾派克（002180）日K线

如图5－27所示，2016年2月开始，艾派克股价突破BOLL指标中轨以后，就一直沿着BOLL通道上半边上涨。在这个过程中，我们可以稳定持股。

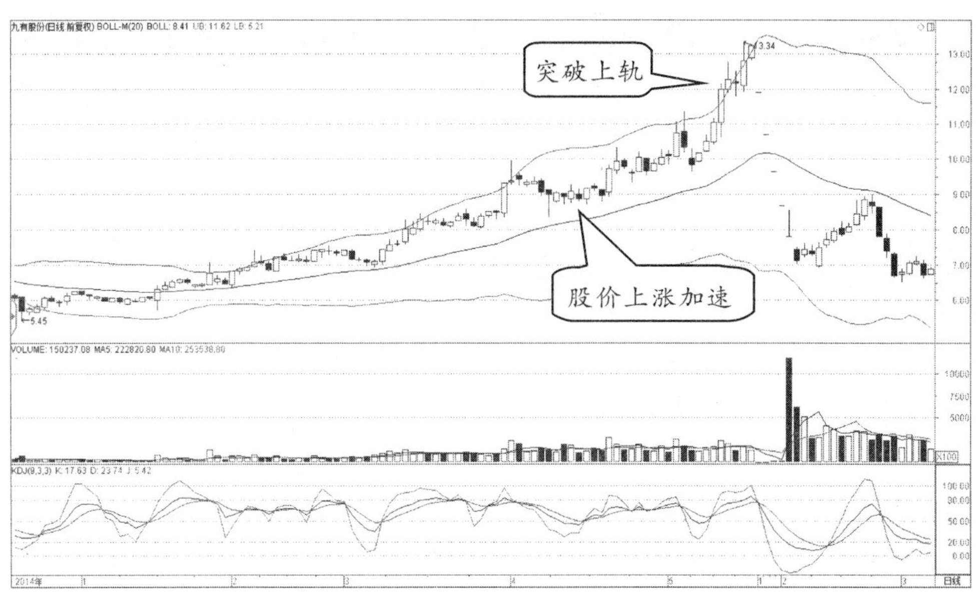

图5－28 九有股份（600462）日K线

如图5－28所示，2015年1月，九有股份突破BOLL指标中轨后沿着上轨和中轨间的通道持续上涨。随后虽然股价上涨速度越来越快，但是上轨同样加速上涨，仍然对股价有有效的阻力作用。当最后股价突破上轨时，上涨行情也走到了尽头。

通过这个案例我们可以知道，BOLL指标的轨道是会随着股价涨跌变化的，并不是股价只要加速上涨，就一定会突破上轨。只有当股价上涨速度过快，出现不正常的拉升走势时，才会出现上轨压不住股价的情况。

如果股价沿着BOLL指标中轨和下轨间的轨道持续下跌，说明股价正处于持续的下跌行情中，并且未来股价会沿着这个轨道继续下跌。对于处

于这种状态中的股票，我们一定要保持空仓观望，如果手里有股，也要尽早卖掉。

经过持续下跌以后，股价如果跌破 BOLL 指标下轨，说明短期内下跌速度过快，有超跌反弹的可能。如果股价突破 BOLL 指标中轨，则说明下跌趋势已经结束，上涨趋势即将展开。这两个都是行情有转机的信号。不过这时只是出现了转机，持续下跌的影响还没有完全消失，我们一定不能马上就买入。

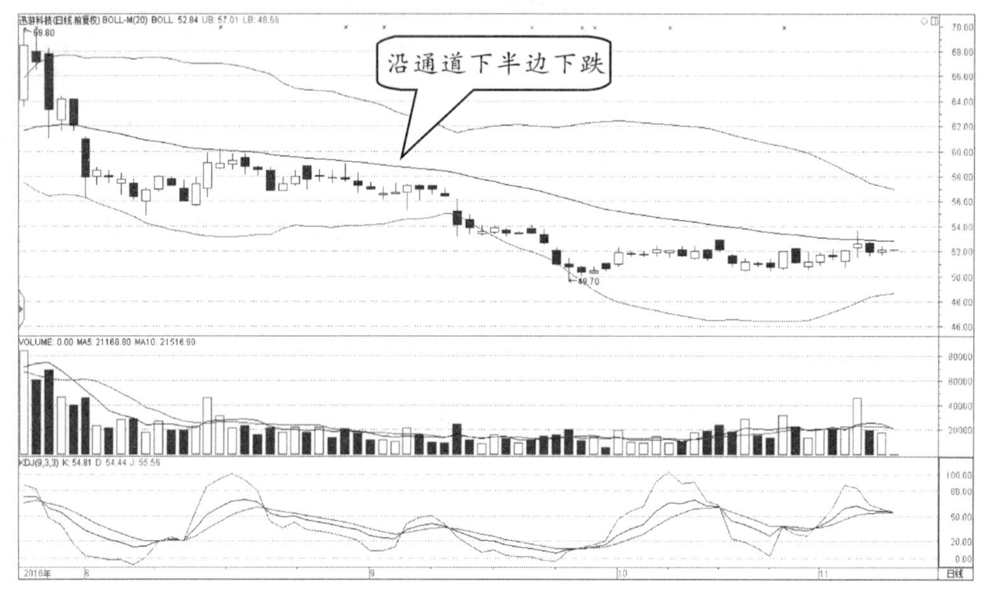

图 5－29　迅游科技（300467）日 K 线

如图 5－29 所示，2016 年 8 月初，迅游科技股价一直沿着 BOLL 指标的下半边通道持续下跌。在这个下跌的过程中，我们要注意风险，保持空仓观望。

5.4.2　超卖

BOLL 通道下轨是正常情况下股价运行的下边界。一旦跌破这条线，就说明股价进入了一个不正常的下跌行情里。此时市场上的卖方力量过度强势，超过了正常的水平。这种市场状态我们在 KDJ 指标里就讲过，叫作超卖状态。

一旦行情进入了超卖状态，就说明股价短期内跌幅过大，有见底回升的可能。不过这时股价仍然在下跌，我们应该保持观望。等股价突破 BOLL 指标下轨，回到 BOLL 通道内部的时候，就说明超卖状态结束，这时才是我们短线买入股票的时机。

我们这里说的跌破和回到区间内，都是以收盘价为标准说的，只需要看某根 K 线的收盘价是跌破还是突破，不需要看盘中的走势。

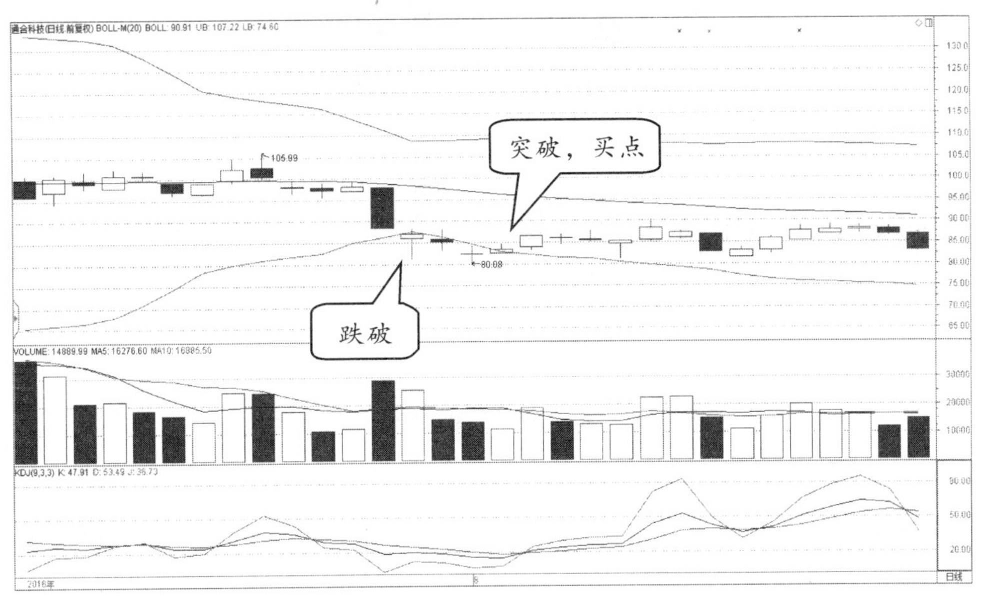

图 5－30　通合科技（300491）日 K 线

如图5－30所示，2016年7月28日，通合科技股价跌破BOLL指标下轨。8月2日，当股价收盘价回到BOLL指标下轨以上时，我们可以在收盘前买入股票。

这种操作方式属于短线交易。因为我们买入股票的时候，股价还在20日均线下方，也就是还在下跌趋势里，买入的风险是比较大的。所以我们买入股票后，一定要保持谨慎操作。

有一个操作原则可以参照：如果持股过程中，每天的收盘价都超过前日收盘价，就可以继续持股。相反，只要某天收盘价低于前日收盘价，就果断卖出股票。

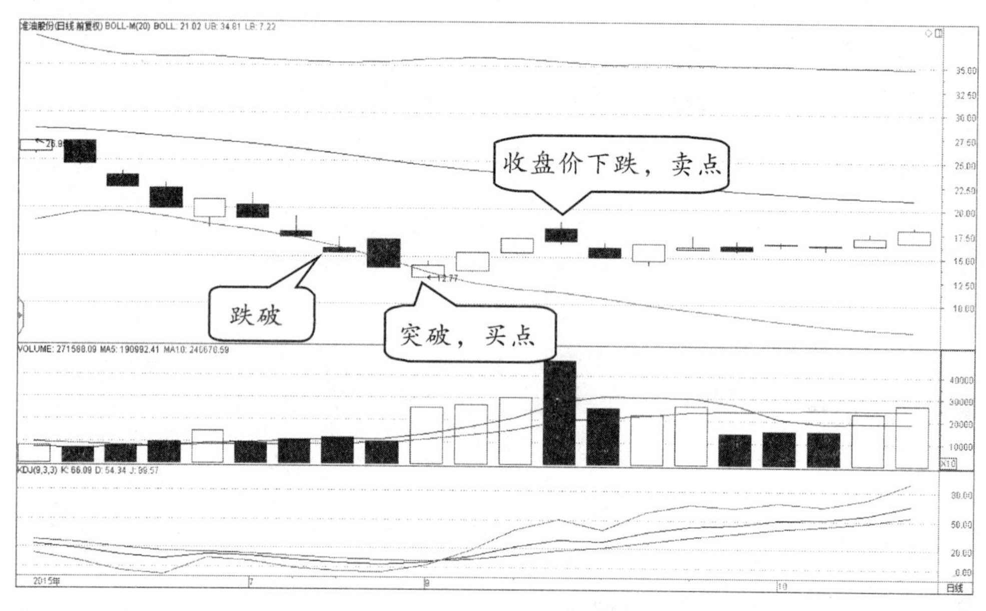

图5－31　准油股份（002207）日K线

如图5－31所示，2016年7月3日，准油股份股价跌破BOLL指标下轨。中间该股停牌了一段时间。9月21日，股价突破下轨，我们可以在这天收盘前买入股票。之后股价连涨两天。9月24日，股价下跌，收盘价低于前日收盘价，这时就应该卖掉手里的股票。

5.4.3　超买

超买和超卖的形态相反。当股价突破 BOLL 指标上轨时，说明市场已经进入了极度强势的上涨行情，未来几天内股价可能快速上涨。这时如果喜欢短线操作的话，可以积极买入股票。

但这种短暂的上涨行情很难持续太长时间。一旦股价跌回 BOLL 通道内部，就说明强势上涨行情结束。此时，之前短线买入的要尽快卖出。如果是长线持股的，也应该注意行情是否真的转向。

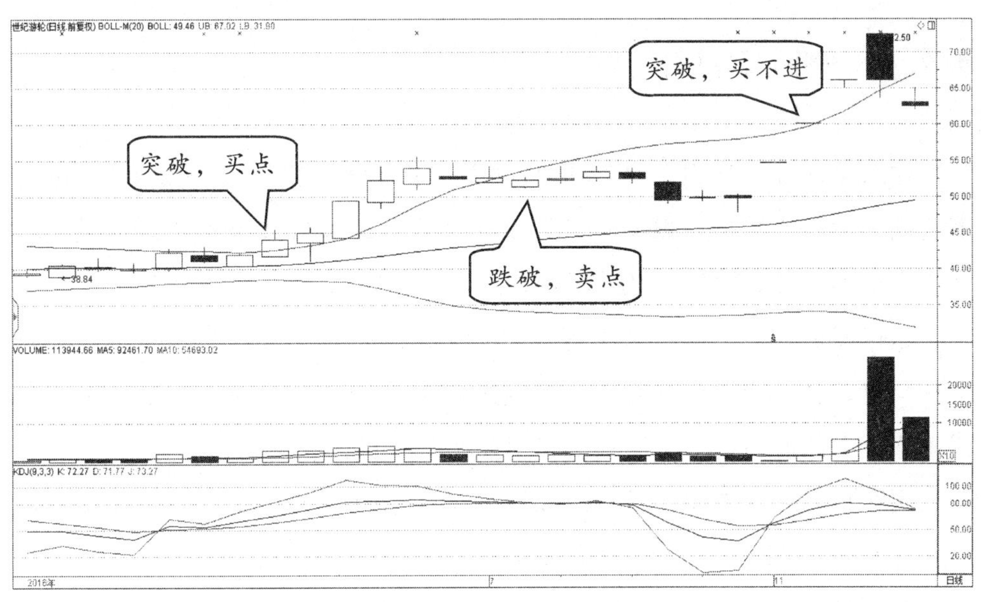

图 5－32　世纪游轮（002558）日 K 线

如图 5－32 所示，2016 年 6 月 23 日，世纪游轮突破 BOLL 指标上轨。这时是短线买入的机会。7 月 4 日，股价跌回 BOLL 内部。这时应该短线卖出。

11月2日，股价再次突破上轨。不过这一日股价一字涨停，我们很难有操作机会。

讲到这里我们就可以发现，很多技术指标之间其实是相通的。例如KDJ和BOLL都能够反映市场上的超买和超卖状态。因此到了实战中，我们就可以把KDJ和BOLL当成是一套指标来用。均线和MACD，一个表示股价涨跌趋势，一个表示涨跌速度，含义也非常相近，我们也可以把它们当成是一套指标来用。

这样，我们在操盘时就有了两个指标系统：均线和MACD的组合，主要用来看股价涨跌趋势变化，用来做中长线交易；KDJ和BOLL的组合，主要用来看股价短期走势强弱，用来做短线交易。

5.4.4 喇叭口打开

通过上面几个案例的图形我们可以发现BOLL指标的一个明显特点，即它的上轨和下轨都会跟随股价的波动而变化：股价加速上涨的时候，上轨也会加速上涨；股价下跌的时候，下轨也会加速下跌。

这样我们就可以反过来考虑：当BOLL指标的上轨向上移动，下轨向下移动时，就说明股价的波动幅度越来越大，未来即将开始一轮快速上涨或者快速下跌的行情。这样的形态叫作喇叭口打开。

喇叭口打开只能说明股价波动速度加快，具体上涨还是下跌需要结合K线与BOLL指标中轨之间的关系再确定。

当喇叭口打开时，如果股价向上突破了BOLL指标中轨，或者在BOLL指标中轨附近获得支撑，就说明是上涨带动了这种股价加速波动的行情，未来股价将进入一轮快速上涨的行情。这是看涨买入信号。

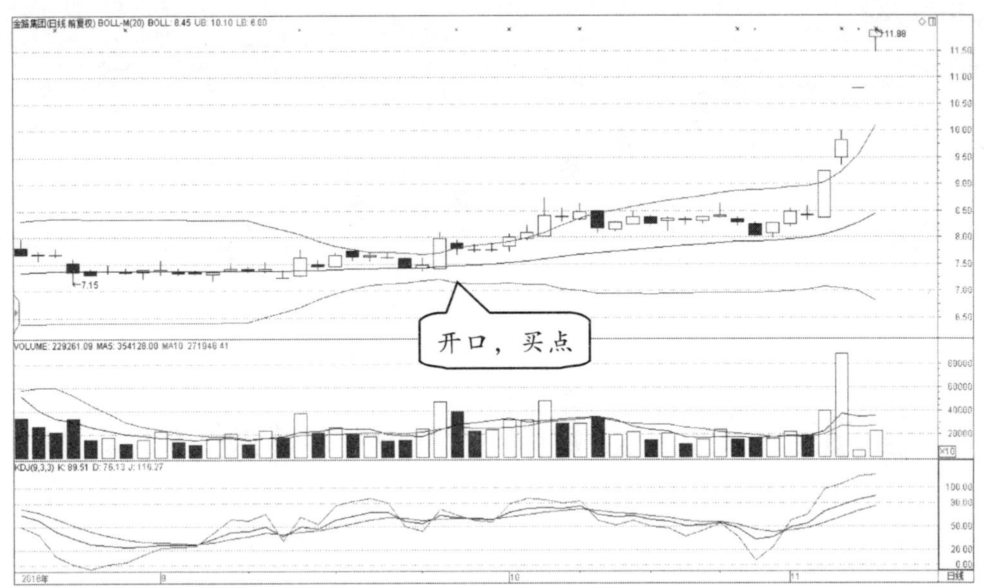

图 5－33　金路集团（000510）日 K 线

如图 5－33 所示，2016 年 9 月底，金路集团 BOLL 指标喇叭口打开的同时，股价也在 BOLL 指标中轨上强势上涨。这就是看涨买入信号。

如果喇叭口打开的同时，股价跌破了 BOLL 指标中轨，或者股价在 BOLL 指标中轨下方持续下跌，就说明是下跌行情带动了股价的加速波动，未来股价将开始一轮快速下跌行情。这是看跌卖出信号。此时投资者应该尽快卖出手中的股票。

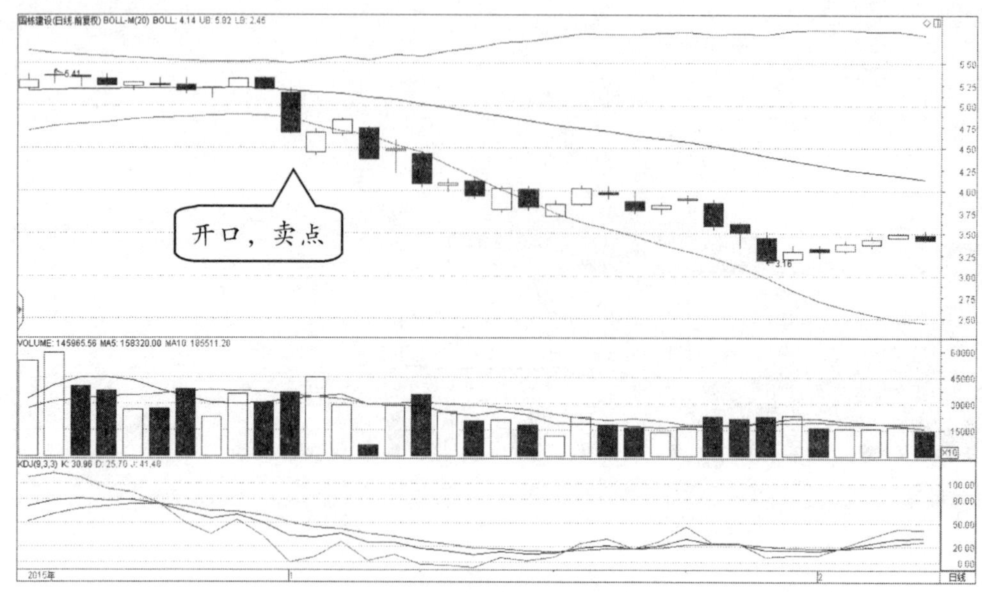

图 5－34　国栋建设（600321）日 K 线

如图 5－34 所示，2016 年 1 月初，国栋建设 BOLL 指标喇叭口打开的同时，股价也刚刚跌破中轨并持续下跌。这就是看跌卖出信号。

5.5　SAR 指标

SAR 指标又叫抛物线指标。这个指标非常简单，就是一组红色和绿色的点状线。点状线在股价下方时显示为红色，点状线在股价上方时显示为绿色，如图 5－35 所示。

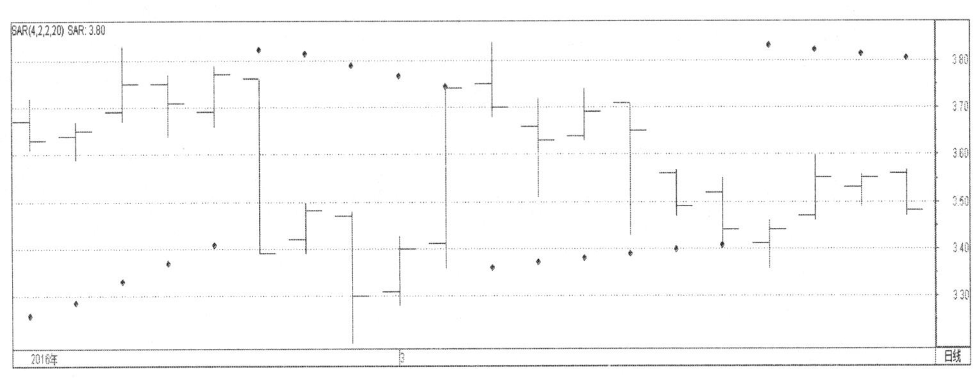

图 5－35　SAR 指标

图 5－35 里表示股价走势的线叫作美国线，在很多技术指标里都能看见。美国线跟 K 线非常相似，只是没有实体。它中间的一根竖线表示当天最低价和最高价，左边的小线段表示开盘价，右边的小线段表示收盘价。

5.5.1 突破

当股价在绿色 SAR 点以下时，是行情处于下跌趋势的信号。股价离绿色的点越远，说明下跌趋势越强。一旦股价向上突破 SAR 点，就是买点。被突破后的 SAR 点会移动到股价下边，并且从绿色变成红色。

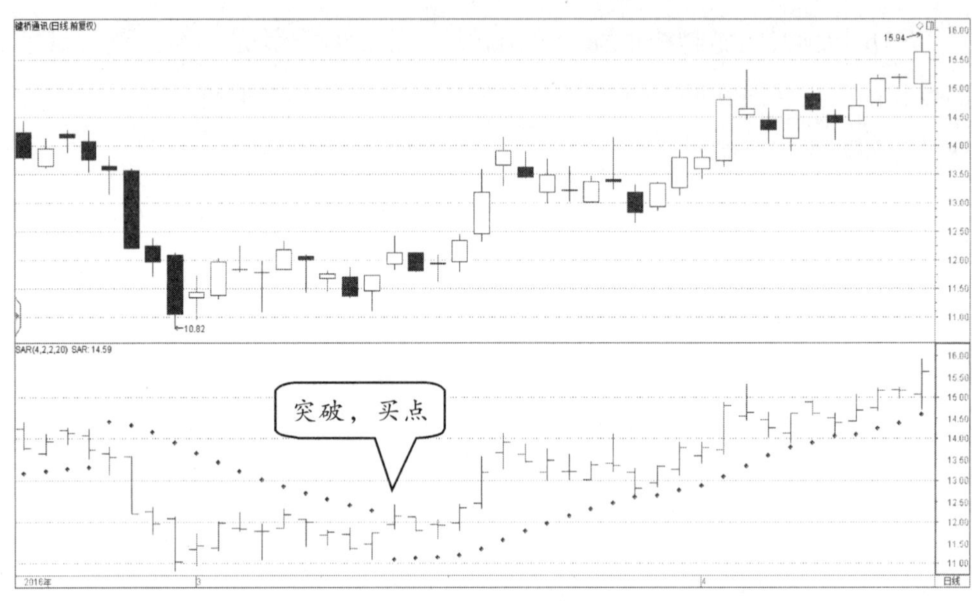

图 5－36 键桥通讯（002316）日 K 线

如图 5－36 所示，2016 年 3 月 14 日，键桥通讯股价突破上方的绿色 SAR 点，形成看涨买入信号。

5.5.2　跌破

当股价在红色 SAR 点上方时，说明市场在上涨趋势里。这时股价相对 SAR 点的位置越高，说明上涨趋势越强。当股价跌破 SAR 点时，标志着下跌趋势即将开始，是看跌卖出信号。

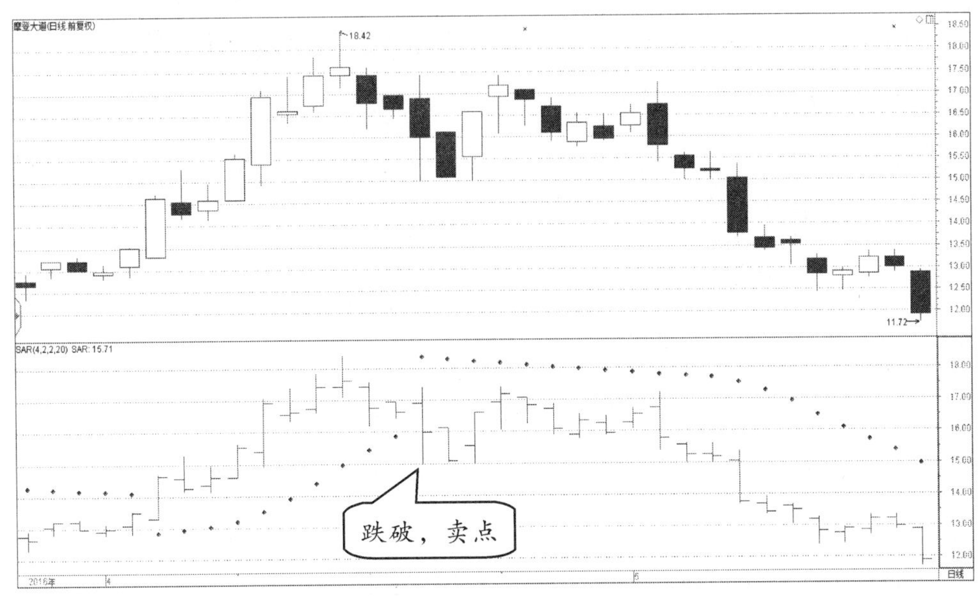

图 5－37　摩登大道（002656）日 K 线

如图 5－37 所示，2016 年 4 月 20 日，摩登大道股价跌破 SAR 点，形成看跌卖出信号。

5.6 OBV 指标

OBV 是一个量能指标。指标里有两条线，一条是 OBV 线，一条是 MAOBV 线，如图 5 – 38 所示。

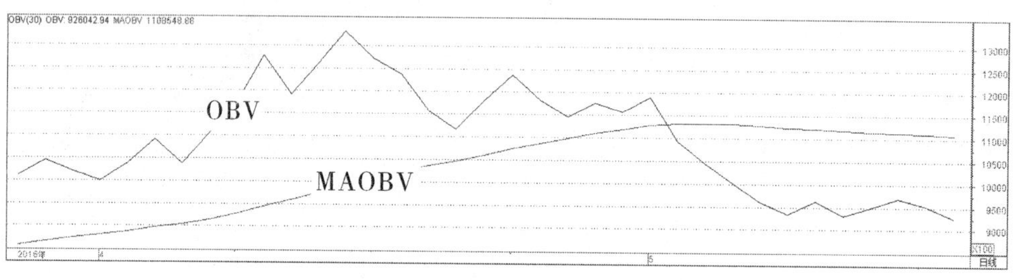

图 5 – 38 OBV 指标

OBV 线的数值是股票上市以来，所有上涨日成交量与下跌日成交量之间的差额。具体计算方法是：如果当日股价上涨，就把当日成交量加在昨日 OBV 值里，得到当日 OBV；如果当日股价下跌，就把当日成交量从昨日 OBV 里减出来，得到当日 OBV。

如果 OBV 线持续上涨，说明最近一段时间内上涨周期的成交量超过了下跌周期的成交量。这是行情处于放量上涨阶段的信号。相反，如果 OBV 线持续下跌，就说明最近一段时间内下跌周期的成交量超过了上涨周期的成交量。这是行情处于放量下跌阶段的信号。

单凭感觉，我们很难确定 OBV 线的涨跌趋势。因此，OBV 指标里还有

一条线，即 MAOBV 线，也就是 OBV 线的移动平均线，相当于 K 线里的均线。OBV 线与 MAOBV 线形成交叉，就是 OBV 线方向反转的信号。这样的形态也是 OBV 指标的主要应用。

5.6.1 金叉

当 OBV 线向上突破 MAOBV 线时，说明 OBV 线即将进入上涨趋势。这是行情即将进入放量上涨周期的信号。看到这个信号，我们可以积极买进股票。

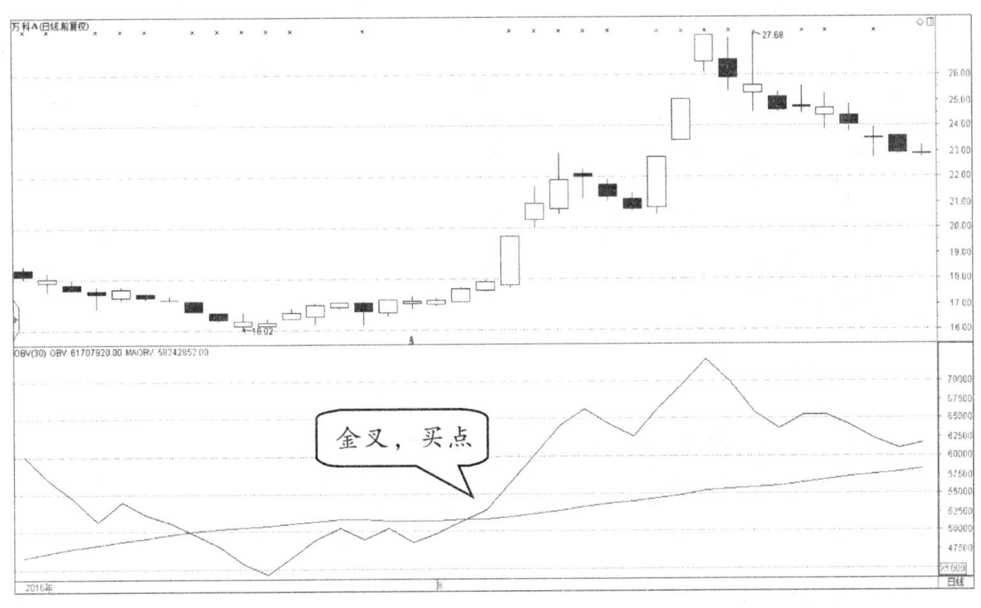

图 5－39 万科 A（000002）日 K 线

如图 5－39 所示，2016 年 8 月 3 日，万科 A 的 OBV 指标形成金叉。这是看涨买入信号。

5.6.2 死叉

当 OBV 线向下跌破 MAOBV 线时，说明 OBV 线即将进入下跌趋势。这是行情即将进入放量下跌周期的信号。看到这个信号，我们应该尽快卖出手里的股票，回避风险。

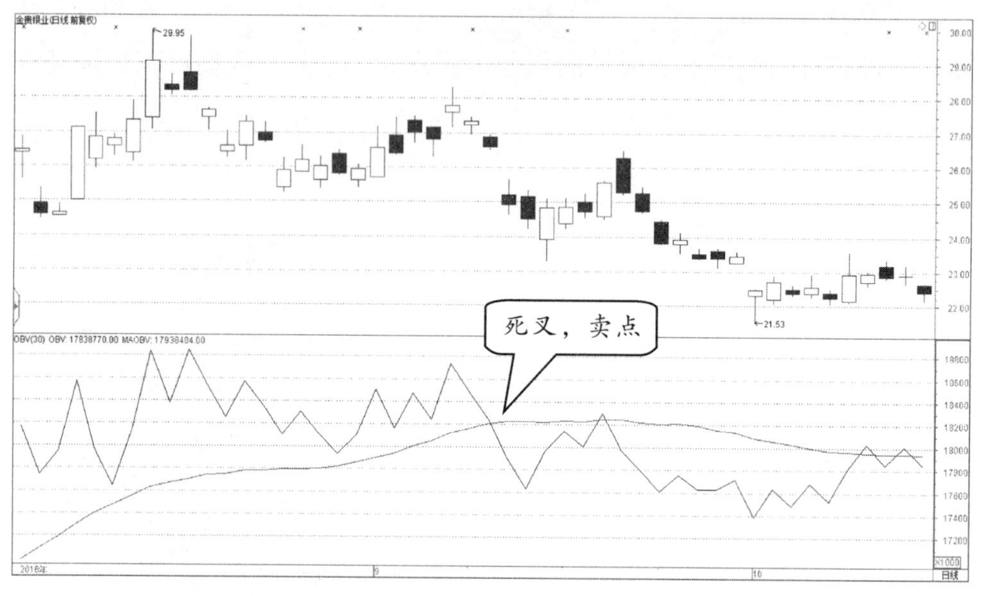

图 5－40　金贵银业（002716）日 K 线

如图 5－40 所示，2016 年 9 月 2 日，金贵银业的 OBV 指标形成死叉。这是看跌卖出的信号。

我们这里讲的 OBV 指标和上一节讲的 SAR 指标，都属于比较简单的指标。在实战中，这两种指标有一定参考价值，但是准确率会比较有限。因此这两种指标最好只是作为操作时的一个参考，不要把它们当成是买卖交易的主要依据。我们最好还是用之前讲到的均线、MACD、KDJ 和 BOLL 几个常用指标来指导交易。

5.7　筹码分布指标

筹码分布指标和成交量指标有些相似。成交量指标是用来统计每一天内交易量的指标，而筹码分布指标则可以理解成统计每个价位上不同交易量的指标。这个指标并不像其他指标一样，显示在 K 线图上或者 K 线下方，而是显示在 K 线图的右侧。

我们在股票软件右下角可以看到一个“筹”字，点一下就能显示出筹码分布指标了，如图 5－41 所示。

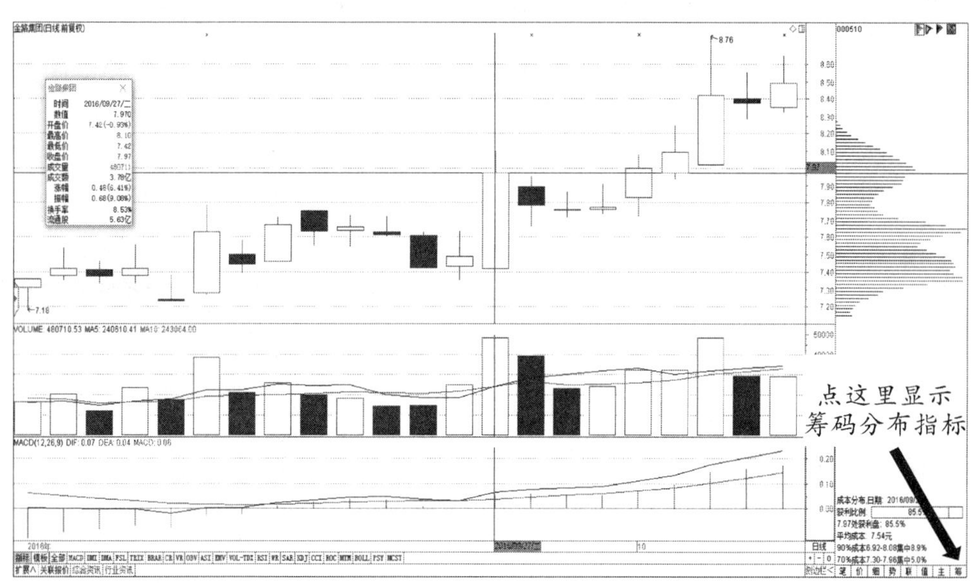

图 5－41　筹码分布指标

也有些软件里右下角的字是“成”“筹码”等，点开同样是显示筹码分布指标。

当我们使用键盘上的左右方向键时，光标会在不同的K线间移动。这时筹码分布指标就会显示出对应的交易日结束后的筹码情况。我们连续按右方向键，就可以了解一段时间内筹码的变化过程。

5.7.1 筹码的聚集和分散

筹码分布指标有两个基本的形态：聚集和分散。所有筹码分布指标的形态，都是以筹码的聚集和分散表现出来的。

筹码的聚集

所谓聚集，是指某个价位区间内的筹码分布线很长，明显超过了其他价位上的筹码分布线。这种形态像是山峰一样，因此筹码聚集的区间又被叫作波峰，筹码较少的区间就被叫作波谷，如图5－42所示。

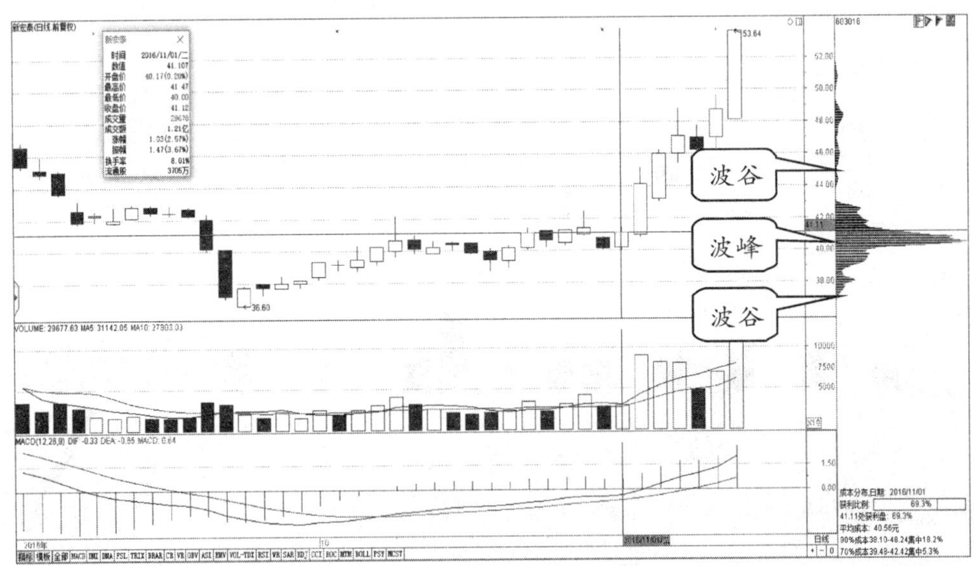

图5－42　筹码聚集形态

筹码聚集的形态说明市场上大量投资者都以相近的成本持有股票。未来随着行情发展，这些投资者倾向于做出一致性的买卖操作。因此这种形态是股价即将开启强势上涨或者下跌趋势的基础。

筹码的分散

所谓分散，是指筹码没有明显聚集在某个价位区间内，或者在很多个价位区间内，都有明显聚集的筹码，如图 5－43 所示。

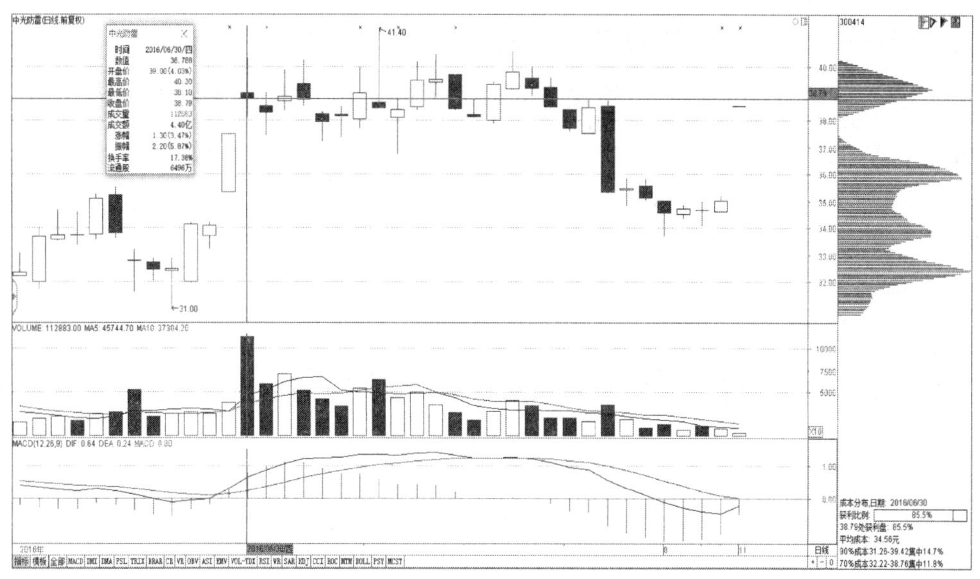

图 5－43　筹码分散形态

筹码分散形态说明市场上以各种成本持股的投资者都有很多。随着股价波动，有人获利很多想要卖出，有人刚刚获利想要持股，还有人陷入了亏损想要解套。这样的情况下，整个市场上的投资者很难做出一致性操作，未来行情也就很难有快速上涨或者下跌的趋势。

5.7.2 上涨初期的筹码状态

当股价在低位区间内横盘整理一段时间后，如果筹码在底部区间内聚集起来，就说明大量投资者在此区间进行了买卖交易，持股成本较低。

随后的行情里，一旦股价能够突破这个底部的横盘区间，底部刚刚买入股票的投资者进入获利状态，市场进入乐观氛围，会吸引更多人买进股票。同时这些投资者又会因为获利幅度不大，不会着急卖出。所以这个阶段内股价往往能够形成比较强势的上涨形态。

因此，当我们看到股价突破底部的筹码密集区间时，就可以积极买入股票。

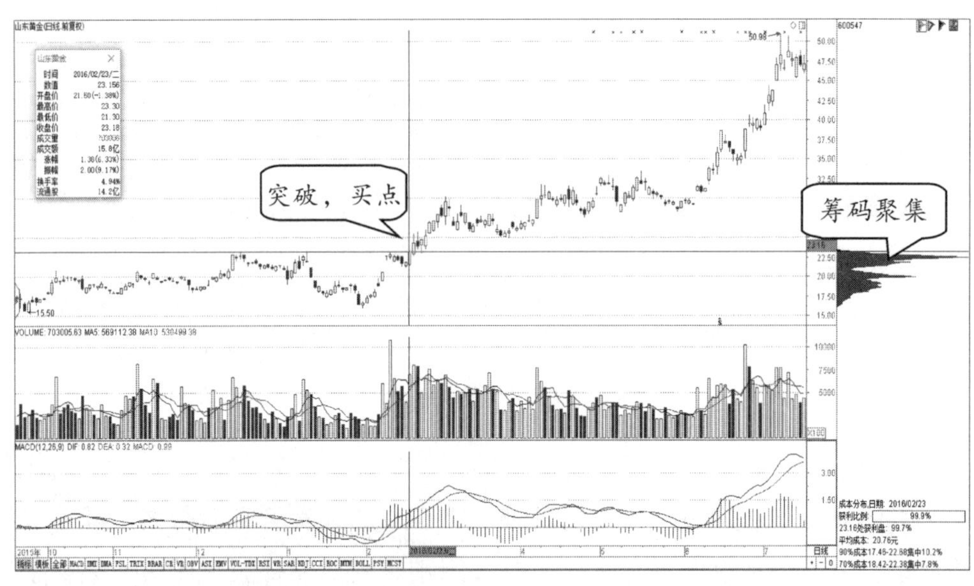

图 5－44 山东黄金（600547）日 K 线 1

如图 5－44 所示，2016 年 2 月，山东黄金经过底部持续横盘以后，筹码在底部区间内聚集起来。2 月 23 日，股价大幅上涨，突破底部筹码聚集区间。这时就形成了买入股票的机会。

5.7.3　上涨过程中的筹码状态

随着股价上涨，越来越多的投资者在较高的价位上进行买卖交易，股票的筹码也会逐渐向高位聚集。在高位上聚集的筹码越多，说明在高位发生了越多的交易，上方的抛盘压力已经很大。等到股票的大量筹码都分散在不同的价位上，底部聚集的筹码形态消失时，就说明股价上涨已经遇阻，未来很难继续再上涨。

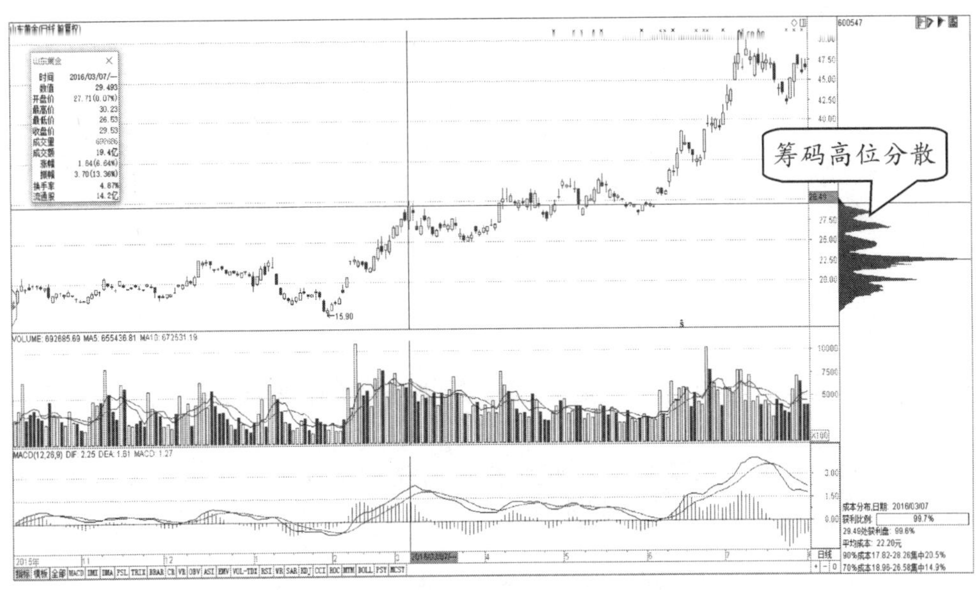

图5－45　山东黄金（600547）日K线2

如图5－45所示，从山东黄金的走势图里就能看出来，股价上涨以后，筹码分散开了。这是股价上涨遇阻，需要进行调整的信号。

5.7.4 上涨中途整理的筹码状态

股价上涨遇阻后，需要进行调整。如果经过高位的横盘整理后，筹码再次在高位横盘区间内聚集起来，就说明在高位发生了充足的买卖交易，投资者持股成本已经移动到了高位。此时行情已经有了继续上涨的潜力。随后一旦股价突破高位的横盘整理区间，就是我们继续买入股票的机会。

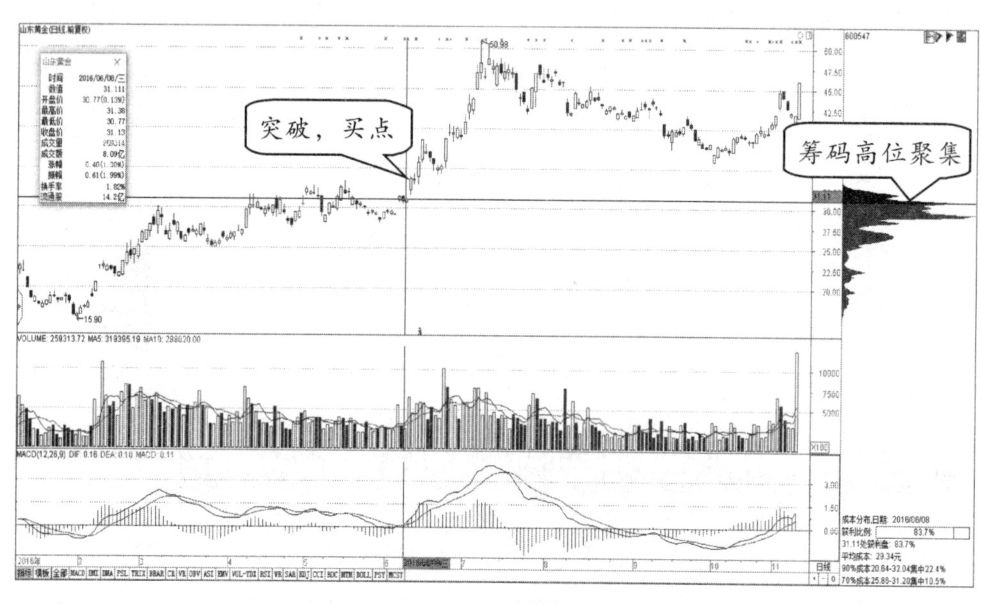

图5－46 山东黄金（600547）日K线3

如图5－46所示，我们继续看山东黄金的走势图就能看到，经过几个月的高位横盘后，山东黄金的筹码再次聚集起来。6月13日，股价向上突破横盘区间时，就是新的买入时机。

在这里我们需要注意，股价经过高位横盘后，只是有了继续上涨的潜

力，只有突破高位横盘区间并继续上涨，才是有效的买点。如果经过高位横盘后开始下跌，将高位筹码全部套牢，就预示着未来股价将会持续下跌。这时我们应该卖掉手里的股票。

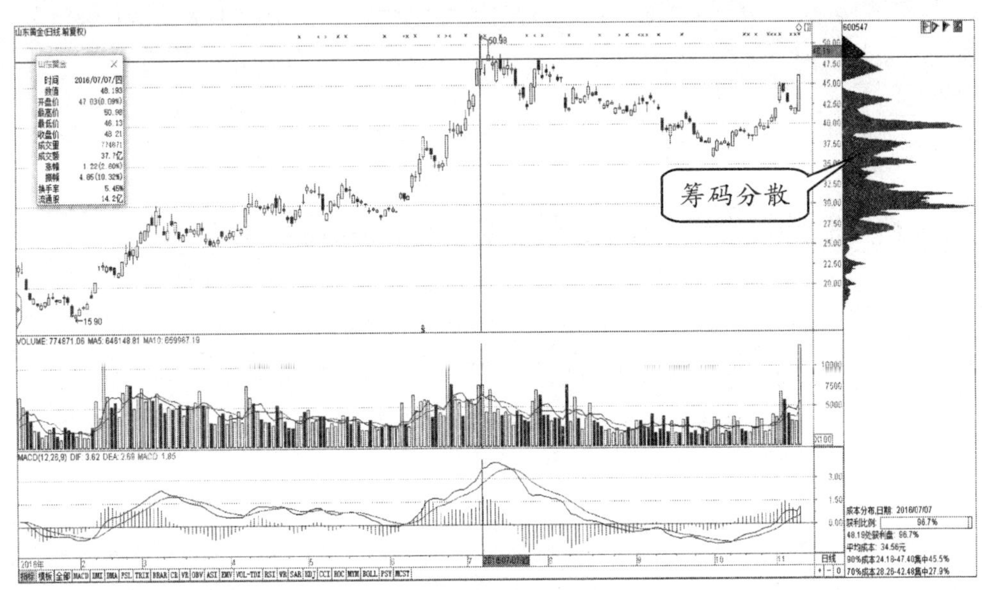

图5－47　山东黄金（600547）日K线4

如图5－47所示，经过一段时间上涨后，山东黄金筹码又一次分散开。这时股价又有了调整的需要。

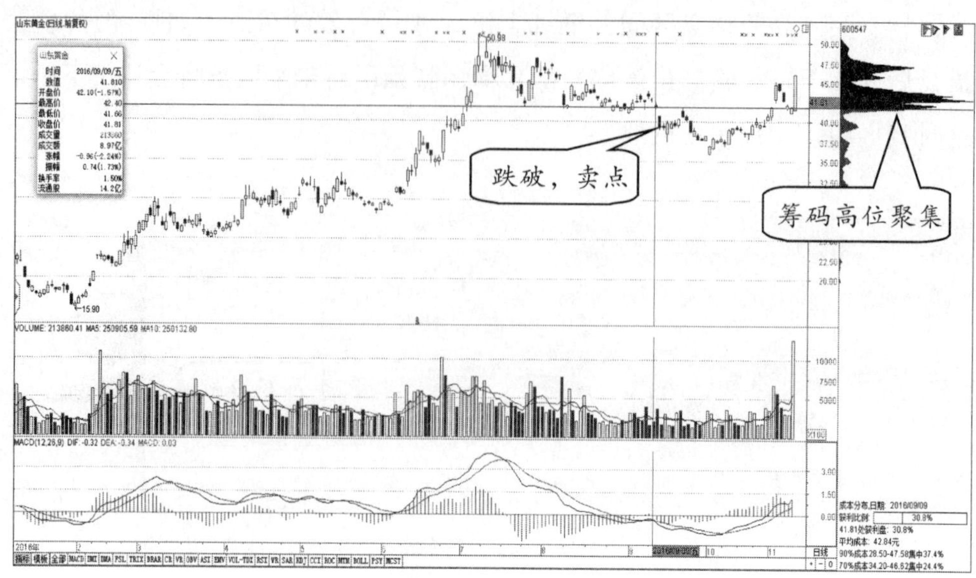

图 5－48　山东黄金（600547）日 K 线 5

如图 5－48 所示，经过高位横盘后，该股筹码再次在高位聚集起来。9 月 12 日，股价下跌，跌破高位筹码聚集区间。这个时候我们就应该注意行情见顶下跌的风险。

第6章

分析方法之四：财务数据分析

财务数据分析是一个容易入门但是很难精通的分析方法——只需要了解几个基本财务指标的含义，就算是入门了，可是要想精通，却需要长时间的知识和经验积累。一个优秀的财务分析师，需要在学校里经过几年的专业学习，然后到工作中再积累十几年的经验才能够培养出来。所以，我们不要指望通过这一章的学习就能够成为一名出色的财务分析师。

这一章要讲的内容，只是一些最简单和有用的财务分析指标，起到抛砖引玉的作用。

6.1　资产和赚钱能力分析

对公司财务数据的分析，都要落在两件事情上：一是公司有多少资产，二是公司能赚多少钱。这两点确定了，公司的投资价值也就明确了。下面，我们就讲几个衡量公司这两点的财务数据。

6.1.1　资产负债率

资产负债率是反映上市公司债务偿还能力的指标，具体计算方法是用负债总额除以资产总额。

上市公司的资产负债率应该处于一个比较均衡的水平上。这个比例过高，说明公司负债过高，经营会面临风险。这个比例过低，则说明公司没有善于利用负债进行经营，会对盈利能力产生影响。

从理论上说，50%的资产负债率是一个最佳比例。在50%左右的负债

水平上，公司一方面充分利用了负债经营，赚取收益，另一方面有足够的能力偿还这些欠款。

6.1.2　每股收益

每股收益又称每股税后利润、每股盈余，是用公司税后总利润除以公司股份总数所得的比率。每股收益数据反映了每股股票的获利水平，是综合反映公司获利能力，测定股票投资价值的重要指标。

每股收益反映了公司每股股票所创造的利润。每股收益越大，就表明一股股票能创造的利润越多，这样一股股票的价值也就应该越高。

6.1.3　每股现金流

每股现金流全称是“每股经营现金流量”，是指公司在不动用外部筹资的情况下，用自身经营活动产生的现金偿还贷款、维持生产、支付股利以及对外投资的能力，它是一个评估每股收益“含金量”的重要指标。

如果一家上市公司的每股收益很高，每股现金流却很少，就说明该上市公司的收益多数都不是以现金的形式存在的，可能是被赊销的货物或者欠条等。对于这样的公司，投资者就应该保持谨慎。

相反，如果公司的收益不出色，但是每股现金流却很高，就说明该公司的产品不愁销路，未来成长空间广阔。这样的公司还是值得投资的。

6.1.4　每股净资产

每股净资产是指每股股票所包含的资产净值，也就是我们购入一股股票后，这一股股票背后实际代表的资产数额。

其中，资产净值是公司总资产减去总负债之后的所有者权益部分。该值越大，就表明股东的权益越大。

6.1.5　市净率

市净率是反映股票价格和每股净资产比值的指标。具体计算方法是用当前股价除以每股净资产。

股票的市净率越低，说明该股净资产的售价越低，投资者每花费 1 元钱可以购买该股更多的净资产，此时该股的投资价值也就越高。

股票的市净率应该处于市场中游水平之上，约为 3 ~ 10 倍，才是正常的水平。如果股票的市净率过高，说明该股股价虚高，被过度炒作，投资风险较大。如果股票的市净率过低，则说明该股不被市场重视，没有太多投资者购买。这两种情况都是不好的。

6.1.6　市盈率

市盈率和市净率类似。这个指标表示当前股票价格是其每股收益的多少倍。

一只股票的市盈率越高，说明该股股价相对于其盈利能力越高，股票的投资价值越小。相反，市盈率越低，说明该股股价相对于其盈利能力越低，股票的投资价值越高。

正常情况下，股票的市盈率在 30 倍左右比较正常。如果股票的市盈率超过 100 倍，说明该股有被过度炒作的倾向，股价相对于公司的盈利能力已经过高，买入这样的股票风险很大。

如果股票的市盈率过低，低于 10 倍，甚至只有 5 倍，就说明该股很可能是被市场遗弃的品种。这样的股票没有投资价值。

6.2　动态型指标

我们分析股票的投资价值的时候，不能只是思考当前时刻的数据，而是应该从动态的角度考虑，思考上市公司的成长性。那些成长性很高的上市公司，就算当前的数据不出彩，以后也有很大的发展空间。

6.2.1　净利润增长率

净利润增长率越高，公司的成长性就越高。一般来说，如果公司每年的净利润增长率能够保持在 20% 左右，就是一个非常高的水平了。这种公司非常值得关注。

如果某家公司的净利润增长率过高，比如说超过 100%，那么中间可能就有一些事件的影响，例如公司重组、改变经营范围、获得了一个突发性的大订单等。这样的情况下，我们就需要找到净利润突然增长的原因，思考这种原因能不能持续下去。如果能持续下去最好，如果不能持续的话，该公司的股票就没什么投资价值了。

例如某家公司，因为去年获得了政府补贴，净利润大幅增长，这种政府补贴不可能每年都有，今年净利润就很可能会大幅回落，回到原来的水平上。这种公司的股票的投资价值就比较有限了。

6.2.2 总收入增长率

总收入增长率和净利润增长率是比较类似的。如果公司总收入连续保持20%左右的速度增长，说明公司快速成长，非常值得关注。但是如果总收入增长过快的话，里面同样可能有些额外的原因，我们应该仔细分析。

除了这一点外，我们还应该注意总收入增长率和净利润增长率之间的对比。正常情况下，这两者的增速应该是大致相等的。如果一个大幅增加，另一个增幅很小甚至减少的话，这中间就会有一些问题。

比如有的公司经营出现了困难，于是对产品大幅降价促销，以成本销售甚至低于成本销售，这样公司的总收入会大幅增加，但是净利润却不会有太多增长。这种总收入的增加反而不是什么好事。

6.2.3 现金流增长率

现金流代表了公司收入中有多少是真金白银。这个数据的增长率也是需要与总收入的增长率进行对比的。两者如果相差不大，同时增长，说明公司经营稳健，业务快速扩张。如果一高一低，中间就可能有些问题。

例如有的公司经营困难时，会采取赊销的办法，向经销商销售货物以后，等很长时间货款才能收回。这样的情况下，收入会大幅增长，但现金流却很难增加。这种公司的投资价值同样非常有限。

把净利润、总收入、现金流这三个数据的增长率结合起来，我们就可以对上市公司的经营状况有一个立体化的认识。

6.3　基本情况分析

前面我们讲的都是一些财务数据，是从量化角度去考察公司经营情况。实战中，我们还会用到一些定性分析的方法。从这里我们也可以看出公司的投资价值。

6.3.1　行业竞争力分析

公司所处行业是影响公司盈利能力的重要因素。一家化工厂无论怎样优秀，也不可能获得太高的收益率，而一家互联网公司却很容易获得高速增长。我们可以根据成长性和盈利能力，把目前市场上的行业分成四个类别。

衰退型行业

代表行业是钢铁、化工、纺织、造纸、低端制造业、高速公路。这类行业都处于产能过剩的阶段，是宏观调控要重点控制的行业，发展受到巨大的限制。这类行业内的公司很难有发展前景，是投资时应该回避的重点。

成长型行业

代表行业是软件、互联网、游戏、生物医药、高端制造。这类行业都

处于快速发展时期，未来有很大的发展空间。不过因为行业内竞争激烈，很多公司都会在竞争中被淘汰，所以这个行业的投资风险也是很大的。整体来看，这些行业是机会与风险并存的投资对象。在优选个股的基础上，我们可以对这些行业的股票多加关注。

稳定型行业

代表行业是金融、医药、食品、酿酒。这类行业的发展已经非常稳定，行业格局已经基本确认，未来变化不大。这类行业的股票，是投资时很好的避险品种。在熊市下跌的尾端，当这类行业的股价大幅下跌的时候，我们可以注意寻找优秀的标的，逢低买进。

周期型行业

代表行业是房地产、基建、有色金属、石油。这类行业的发展受到政策和市场影响较大。比如房价上涨的时候，房地产股都在上涨，而一旦房地产市场开始限购，股价就会下跌。对于这类行业的股票，适合抓住机会进行波段操作。

6.3.2 业务分析

一家优秀的公司应该是有且只有一项非常优秀的业务。比如吉列，就是做剃须刀的；茅台，就是酿酒的；苏宁，就是卖电器的。

我们不要指望一家公司能同时经营好很多项业务。例如有的公司30%的收入来自服装行业，30%的收入来自房地产，30%的收入又来自手机游戏。那么这样的公司很可能每项业务都经营不好，没办法带来足够的盈利水平。

另外，一家优秀的公司应该是连续很多年一直坚持耕耘自己的主业。如果有家公司前年在开发房地产，去年看到P2P行业很火，就开始做P2P，今年P2P行业不行了，又去做手机游戏。这种“打一枪换一个地方”的公司，我们也不要指望它能有什么前途。

所以说，一家优秀的公司应该有且只有一项自己长期经营的业务。这种在某个行业内深耕的公司，只要所处行业不是夕阳行业，就总能够取得不错的经营业绩。

6.3.3 赢利点分析

我们看一家公司，一定要看清楚这家公司的赢利点在哪里，也就是这家公司凭什么能够赚钱。只有赢利点非常明确的公司，才是良好的投资标的。

比如我们看一家设备制造公司，有军方背景，是军方认定的专用设备供应商，没有竞争对手，这就是它的赢利点，未来可以为公司带来源源不断的收益。

如果是一家设备制造公司，行业内有上万家竞争对手，公司的产品也没有什么优势，只能跟其他公司去打价格战，那么这家公司的发展前景就非常黯淡了。

6.3.4 未来趋势分析

我们看一家公司，不仅要看它当前的情况，还要考虑公司以后的发展趋势。只有未来能够持续赚钱的公司，才是优秀的投资标的。

比如一家手机游戏公司现在运营的游戏非常火爆，但80%的利润都来

自同一款游戏。可是要知道一款手机游戏的生命周期通常只有1～2年。未来该公司能不能继续推出这种爆品还有很大不确定性。这种公司的成长性就值得担忧。

如果同样是一家游戏公司，同时运营了5款游戏，每款游戏都能贡献大概20%的收入，我们就可以认为这家公司有了持续研发游戏的能力，未来这家公司的成长是值得我们期待的。

6.3.5 垄断优势

一家公司的垄断优势是它能够获得超额利润的源泉。只要公司能够对产品进行垄断，就能够以更高的价格进行销售，而且不用担心消费者流失，因为消费者没有其他的选择。一家公司的垄断优势可能来自几个方面。

政策垄断

这是最低端的一种垄断方式，而且多数都没办法带来太多收益。因为政策在赋予公司垄断权的基础上，也会给公司一些限制。例如燃气公司，垄断了一个地区的燃气供应，但是它却不能随便涨价，要受到一定限制。

资源垄断

公司凭借对某种资源的独享，垄断了一个市场。这种垄断在旅游行业里比较常见。例如某家公司垄断了一个地方的旅游资源，别人就没办法再经营了，消费者想要看这个地方的风景，只能来买它的门票，住它的酒店。

这是一种持续性比较强的垄断方式，不过带来的利润也会比较有限。毕竟一个地方的景点门票太贵，消费者大不了不去了，全国那么多旅游景点，不是非去那一个景点不可。

技术垄断

公司凭借申请了某项技术专利，获得了垄断优势。这种垄断在医药公司和高端制造业中比较常见。短期内公司可以凭借这种垄断优势获得不少收益。不过从长期的角度看，专利都是有生命周期的，一段时间后，技术落伍或者过了专利保护期，公司的这种垄断优势就不存在了。因此这种垄断也不是一种非常好的方式。

品牌垄断

这是一种最强的垄断方式，带来的收益也是最高的。公司凭借自己的品牌优势，获得了消费者的忠诚，自然而然地形成了垄断。这种垄断一旦形成，短期内都不会改变，而且可以持续给公司带来收益。

例如贵州茅台，只要是高端宴请，必然就需要贵州茅台。这种垄断并不是有什么规定造成的，而是“喝茅台上档次”已经在消费者的观念里根深蒂固了。具备这种垄断优势的公司的股票，是我们选择股票时重点应该考虑的品种。

6.3.6　控股股东持股比例分析

公司的控股股东持股比例也是我们投资股票时应该重点考虑的一个方面。一般来说，控股股东比较健康的一个持股比例在 30% 至 50% 。

如果控股股东持股比例过高，达到 60% 甚至更高，那么他就算卖掉一些股票，也不会影响自己的控股权。这样的情况下很多股东都会倾向于在限售期过后抛售股票。一旦控股股东抛售股票，就会对股价造成非常大的下跌压力。

反过来，如果控股股东持股比例太低，低于20%，那么公司的股权就非常分散。这类股票面临被举牌的风险。短期看公司被举牌可能会是一个炒作题材，造成股价短期快速上涨，不过长期看来，如果公司频繁被举牌，必然会影响到经营的稳定性，对未来的发展非常不利。

第 7 章

一些重要的新闻和消息出现时，也会对股价产生影响。这里基本的炒作逻辑是，这些消息或者新闻会影响到公司的盈利能力，从而影响到公司的投资价值。就算消息和新闻刚刚出来的时候，公司的投资价值没有马上改变，市场上的投资者也会立即对它的影响进行评估，制定相应的交易策略。

那些会提高公司投资价值的消息或者新闻，被称为利好。利好消息公布后，投资者经过评估认为公司投资价值增加，买入股票比较划算，就会纷纷买入股票。大量买盘会推动股价马上就形成上涨。

与利好相反，会造成公司投资价值降低的消息或者新闻叫作利空。利空公布以后，投资者认为公司投资价值降低，持股已经不再划算，就要卖出股票。大量卖盘会对市场形成压力，造成股价马上就下跌。

久而久之，利好导致上涨、利空导致下跌已经是市场共识。就算那些不做价值投资的投资者，也会利用这些消息出来之后的涨跌行情辅助自己的操作。例如有的主力资金想要买入股票的时候，碰巧有利空出现，他就会借助这个利空造成的抛盘大量买入。有的主力资金想要卖出的时候，碰巧有利好出现，他就会借助这个利好造成的上涨抛出股票。

这些大资金炒家的进入增加了股价因为消息而涨跌的不确定性。很多股票利好出现以后反而下跌，利空出现以后反而能够上涨，就是因为他们的交易行为而造成的。这也使消息炒作成了一种非常复杂并且高风险的交易方式。

本章的内容，从宏观、行业、公司三个层面，讲解了一些炒股过程中常见的利好或者利空消息。

7.1　宏观新闻分析

宏观新闻是指那些国家层面的，能够对整个市场环境造成影响的新闻。当然，这些新闻是利好还是利空，要取决于其对上市公司盈利能力的影响上。这些新闻的影响往往非常广泛，会影响到整个行业或者整个地区所有的公司。

7.1.1　重大经济政策

重大经济政策包括国家的货币政策、财政政策等。国家可能通过调整整个市场上的资金量，渐渐影响经济发展，也可能通过直接性的投资来对整个市场的经济发展进行调整。当这些政策推出时，相关上市公司的盈利能力都会受到巨大影响，股价大幅上涨。而且政策的受关注程度越高，股价上涨的潜力就越大。

对于短线投资者来说，当发现有这类政策推出时，可以积极买入股票，进行短线操作。如果这种政策得到了整个市场的呼应，则可以积极加重仓位。

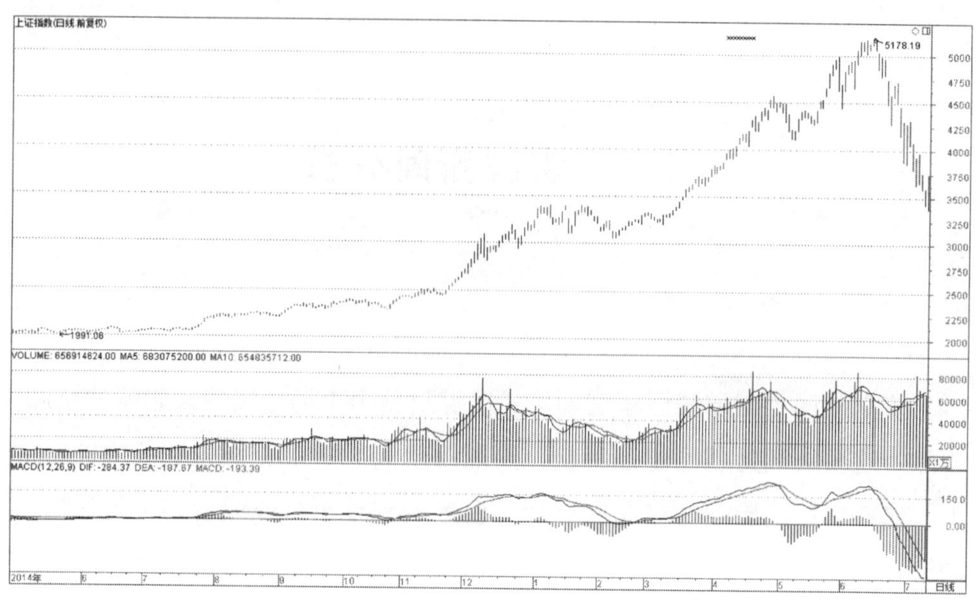

图 7－1　上证指数日 K 线

如图 7－1 所示，2014 年下半年，我国政府提出了以上海自由贸易区和“一带一路”为核心的经济发展规划。受到经济刺激政策的影响，这段时间股市也开始大幅上涨，自 2000 点以下一路上涨至 5000 点以上，形成了巨大的涨幅。

在这次牛市的过程中，与政府刺激政策相关的股票均大幅上涨，成为整个市场的龙头股票。对于这类股票，我们可以积极买入。

7.1.2　区域发展规划

区域发展规划是指国家或者地方政府针对某一个区域的经济、资源、环境等进行的综合性规划。当某一个地区能够成为国家重点发展的区域时，这个区域内的相关上市公司往往能够获得政策的长期扶持，盈利能力大幅增加，同时其股价也会持续上涨。

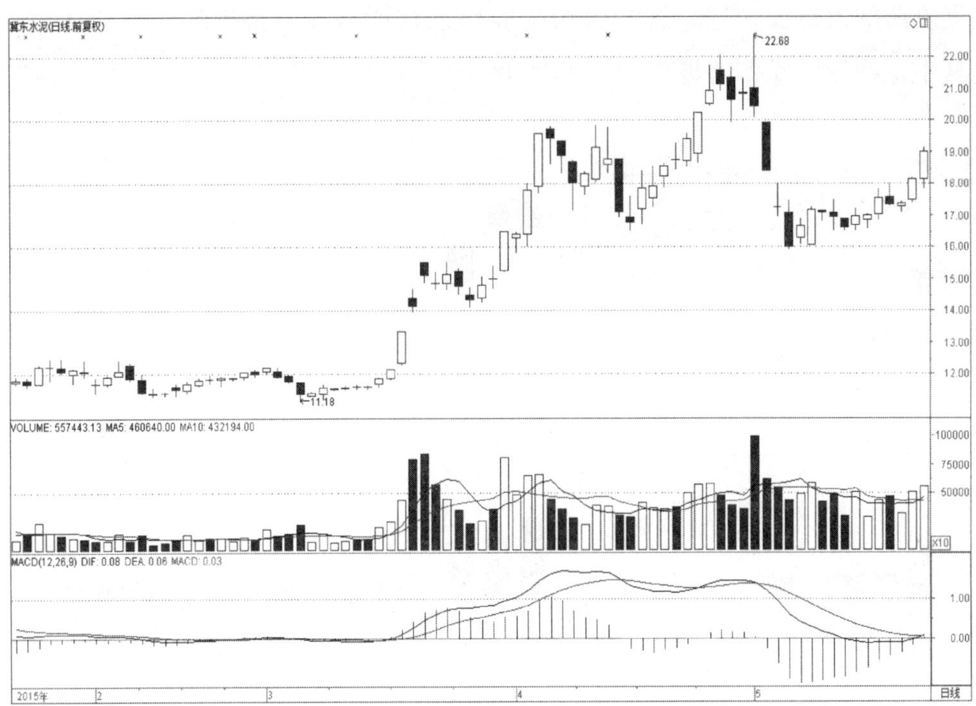

图7-2　冀东水泥（000401）日K线

如图7-2所示，2015年3月“两会”结束后的政府工作报告中，将京津冀协同发展列为与“一带一路”、长江经济带并列的三大经济带战略。受到这条消息影响，京津冀相关的股票在这段时间内大幅上涨。例如冀东水泥的股价就多次出现了涨停。

7.1.3　突发意外事件

当出现突发的意外事件，特别是一些灾害性事件时，往往会对社会发展产生负面影响。不过在股票市场上，那些与抵御灾害相关的上市公司却能够得到投资者的关注。例如地震后承揽重建工作的上市公司，疫情中研究疫苗的上市公司等。这些公司的股价往往能够在灾害出现时大幅上涨，其中存在短线操作的机会。

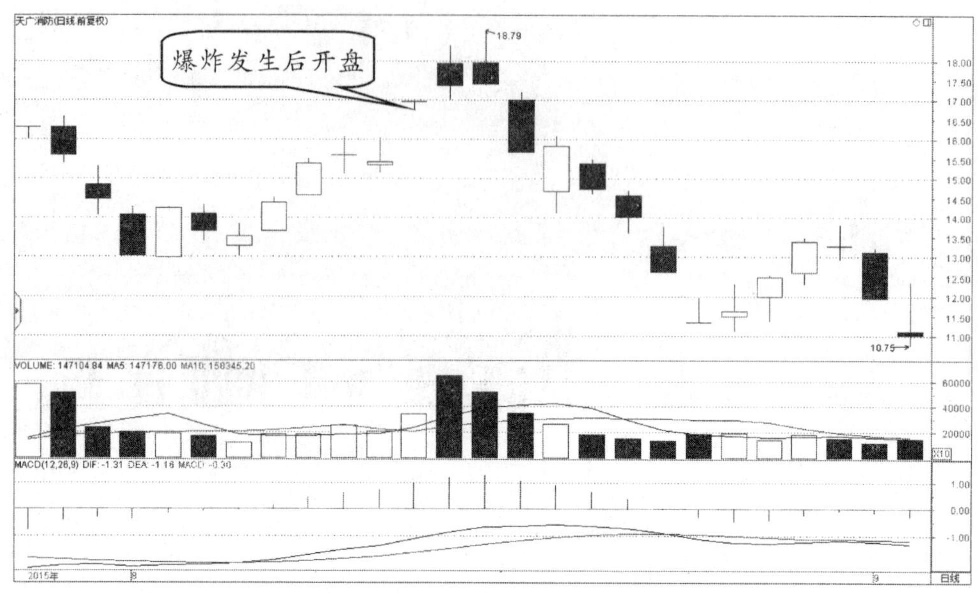

图 7 –3　天广消防（旧名，002509）日 K 线

如图 7 –3 所示，2015 年 8 月 12 日晚间，天津港发生爆炸。13 日开盘后，天广消防股价强势涨停，并在 14 日继续大幅高开。这时投资者可以积极把握短线机会。

7.1.4　新闻热点

当出现一些引起社会广泛关注的新闻热点时，这些新闻自然也会引起股票市场上大量炒家的关注。他们会在股票市场上寻找与这些新闻热点存在一定关系的上市公司进行炒作，导致相关上市公司的价格因此而上涨。对于短线投资者来说，这些新闻热点出现时，也是很好的短线买入机会。

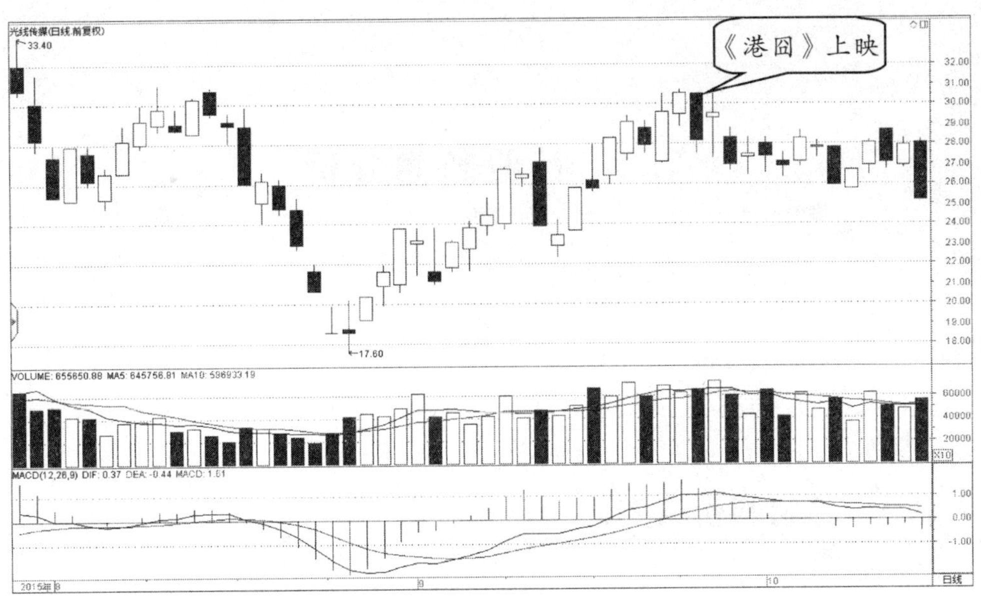

图 7－4　光线传媒（300251）日 K 线

如图 7－4 所示，2015 年 9 月，光线传媒制作的年度大片《港囧》上映，引发整个社会广泛关注。受此影响，光线传媒股价在《港囧》上映前持续上涨。我们可以抓住这样的上涨机会进行短线操作。

需要注意的是，《港囧》是在 9 月 25 日上映，这一天光线传媒的股价见顶下跌，出现了“见光死”的行情。像这种利好兑现后股价反而下跌的现象，也是我们在短线交易时应该特别注意回避的风险。

7.2 行业新闻分析

行业新闻是指那些会对整个行业中所有公司都造成影响的新闻消息。

7.2.1 原材料价格变化

当某个行业生产所依赖的原材料价格下降时，会造成行业内公司的盈利能力增加，从而导致投资者对该行业内的股票给予更高的估值。大量投资者会因此而买入股票，推动股票价格持续上涨。因此当我们看到某项大宗商品的价格持续下跌时，那么以这项商品为原材料的上市公司的股票往往就会有短线操作机会。

相反，当原材料价格上涨时，虽然会对公司产生不利的影响，股票市场的反应却不会特别强烈。

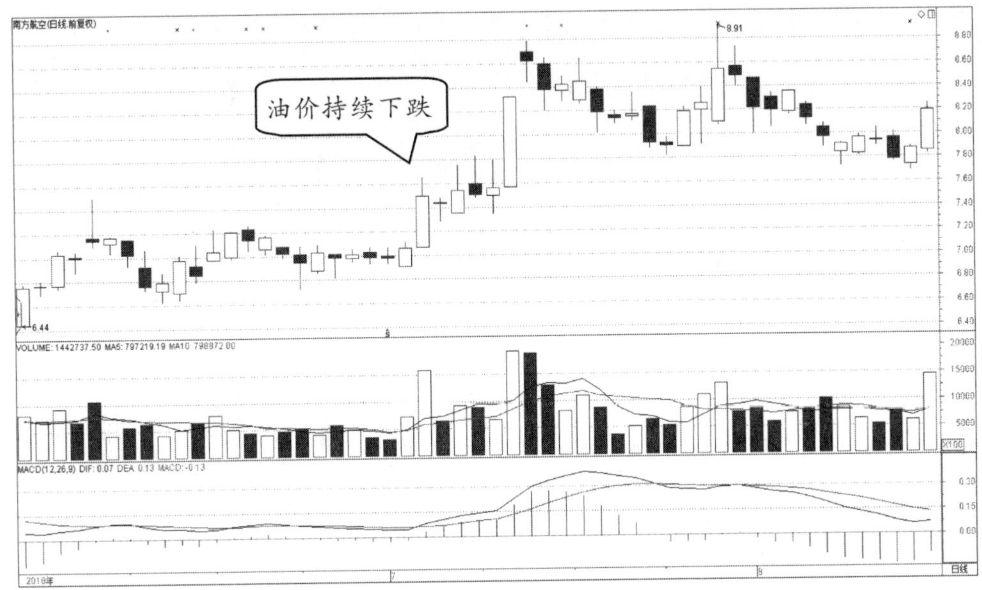

图7－5　南方航空（600029）日K线

如图7－5所示，2016年7月，国际油价快速下跌，一周内下跌了8%。燃油成本是航空业运营的主要成本。受到油价下跌的影响，航空股股价大幅上涨。其中龙头股南方航空的股价在这段时间内强势上涨。

7.2.2　产品价格变化

当公司的产品价格上涨时，其盈利能力也将会因此而持续增加。相关公司的股票此时就会成为市场上的热点品种，股价会在短期内持续上涨。

相反，如果公司产品价格下降，虽然会影响到公司盈利能力，市场对这种变化却不会非常敏感。

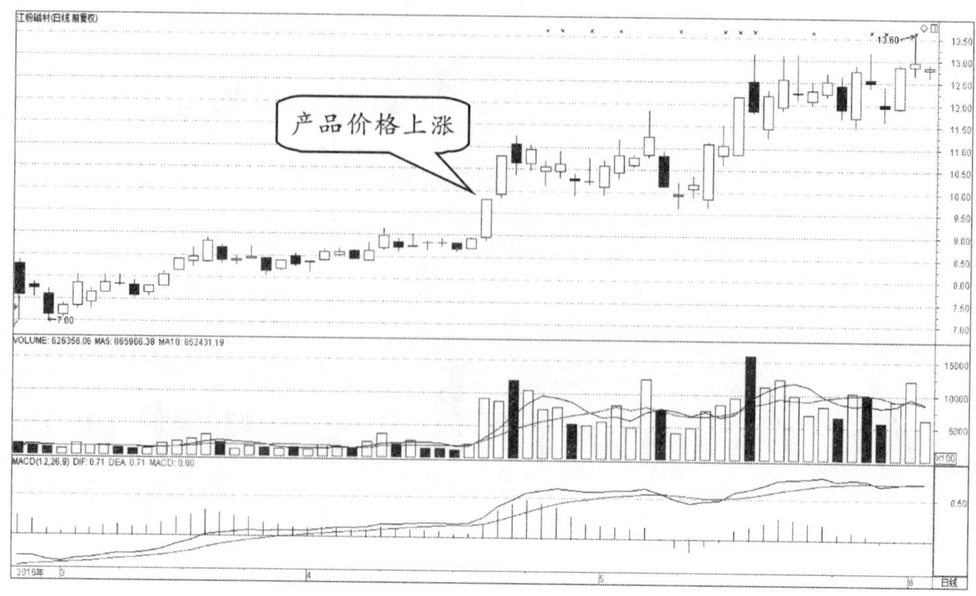

图 7-6　江粉磁材（002600）日 K 线

如图 7-6 所示，2016 年 4 月，受到稀土价格大幅上涨的影响，整个稀土板块上市公司的股票价格都大幅上涨。作为行业龙头股，江粉磁材的股价在这段时间被强势向上拉升，成为短线投资者买入的理想选择。

7.2.3　生产技术突破

当某个行业中的新技术得到普遍运用，或者出现某项改革措施给行业带来巨大收益时，这个行业中的相关上市公司都将会因此而大幅获利，这个行业的相关股票价格也将会因此而大幅上涨。对于短线投资者来说，这类股票同样是选股时可以重点考虑的品种。

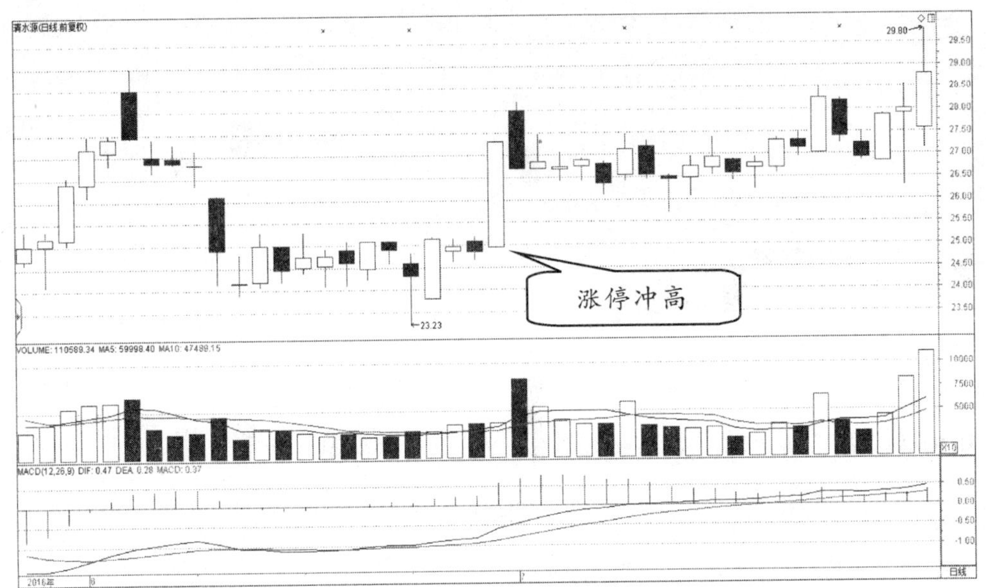

图7-7　清水源（300437）日K线

如图7-7所示，2016年6月底，清水源获得了一项高纯度氨基三亚甲基膦酸的制备专利技术。这项技术应用以后，公司的盈利能力将得到大幅提升。受这条消息影响，该股股价大幅上涨。

7.2.4　行业促进政策

当国家重点扶持某个行业的发展时，这个行业会得到国家在政策、税收和价格保障等方面的全面优惠，行业内的上市公司业绩也将因此而大幅上涨。因此，会有很多投资者在政策公布后积极买入股票，推动股价持续上涨。

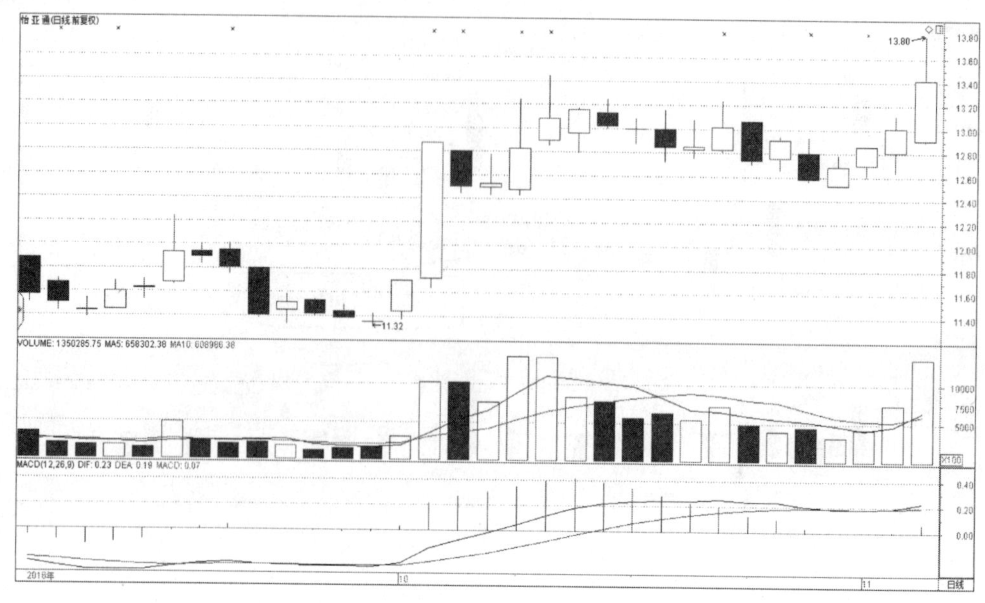

图 7－8　怡亚通（002183）日 K 线

如图 7－8 所示，2016 年 10 月，国务院办公厅转发了国家发展改革委员会发布的《物流业降本增效专项行动方案（2016—2018 年）》。受这项政策影响，物流行业公司以后几年的盈利水平都能持续提高。股票市场也对这项政策做出了反应，怡亚通的主营业务是物流，股价在消息公布后强势涨停。

7.3　公司新闻分析

公司新闻主要包括那些直接影响到公司发展的重要新闻。这些新闻不

仅会影响到本公司的股价，有时候还会造成其他相关上市公司的股价变化。

7.3.1　重组

重组是指上市公司获得优质资产，剥离劣质资产的过程。通过重组，公司的盈利能力将会大幅增加，投资价值也会被投资者认可。

因此，一旦并购重组的消息出现，即使实际的重组还没有开始运作，也会有大量投资者追高买入股票，公司的股价也会因此而大幅上涨。并购重组消息是国内股市历史上最容易被炒作，也是最容易引起股价大幅上涨的利好消息。

对于短线投资者来说，这种炒作热点的出现是操作过程中不应错过的机会。

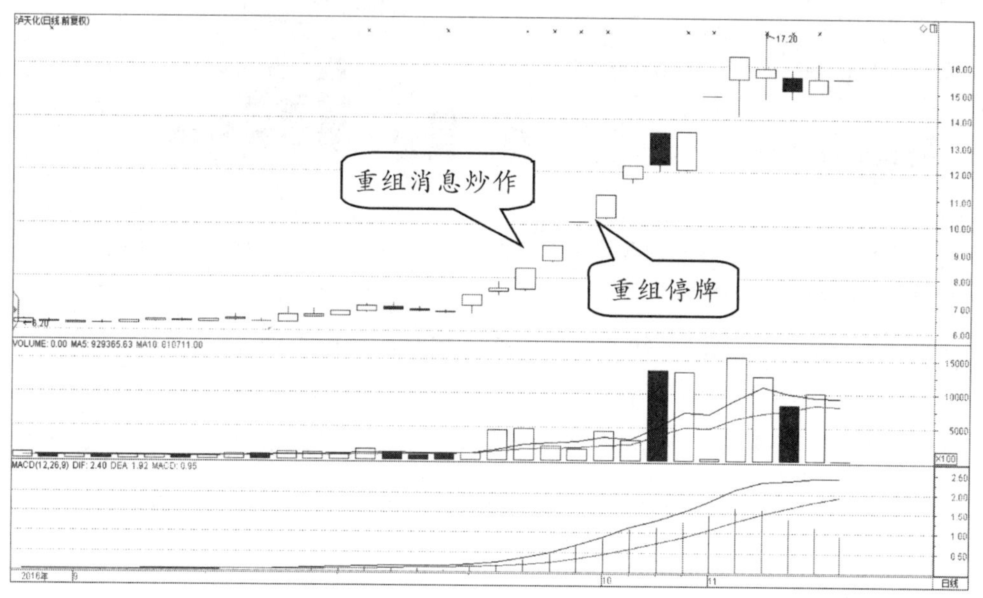

图 7－9　泸天化（000912）日 K 线

如图 7－9 所示，2016 年 9 月底，在国企改革的背景下，泸天化作为四

川国企改革重点公司之一，重组预期一直很强。9月底，这种改革预期开始成为炒作热点。在真正公布重组的消息之前，泸天化的股价已经在5个交易日内形成4个涨停。

当上市公司重组成功复牌后，公司的盈利能力已经得到了确实的增长，此时股价往往能够大幅上涨，很可能出现涨停的行情。这时也是投资者积极短线交易的机会。

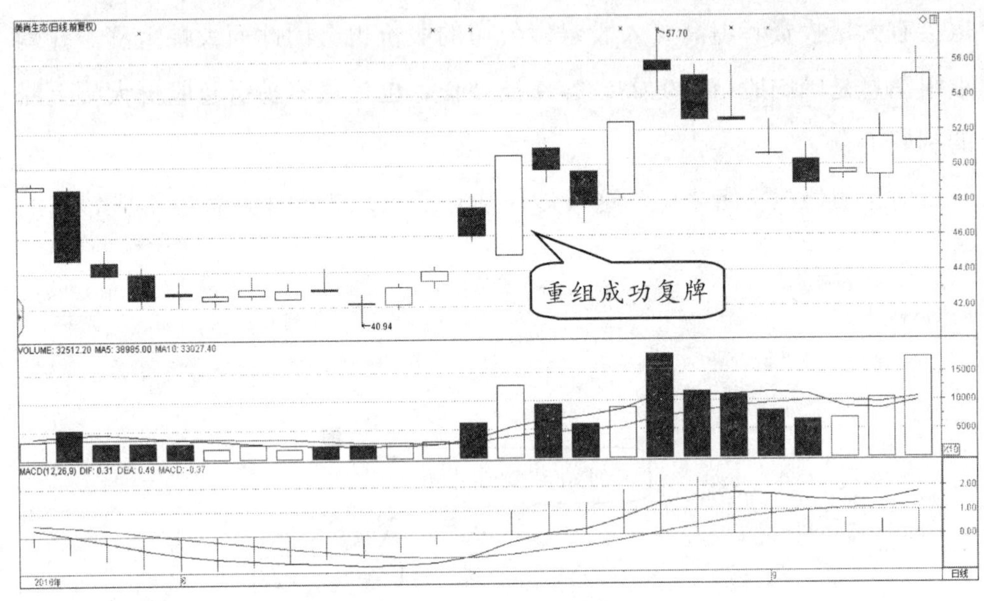

图7－10　美尚生态（300495）日K线

如图7－10所示，2016年8月23日，美尚生态重组获得证监会通过后复牌，当日股价涨停。随后，经过两日调整该股又再次强势上涨。

7.3.2　意外事件

当公司出现某些重大的意外事件导致股价连续下跌时，会有很多投资者陷入恐慌，纷纷抛出股票。这个时候我们一定要注意风险。

值得注意的是，这种恐慌性的杀跌盘会导致股价被错杀，持续下跌至很低的位置上。一旦股价见底，往往就会有比较强劲的反弹行情出现。这种反弹行情也是投资者积极买入股票的机会。

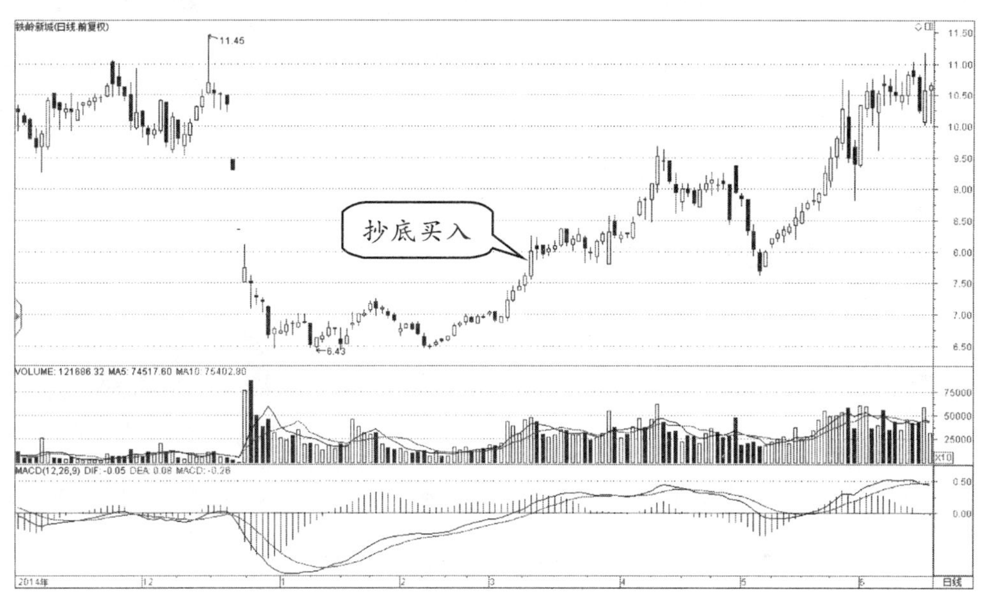

图 7－11　铁岭新城（000809）日 K 线

如图 7－11 所示，铁岭新城因为被证监会查出违规操纵股票，股价在短时间内大幅下跌。这种下跌属于市场层面利空，公司的基本面并没有因此而变坏。最终当股价下跌至底部获得支撑开始反弹时，形成了短线交易的机会，投资者可以积极抄底买入股票。

7.3.3　业务突破

当公司的业务领域得到扩展时，往往预示着未来公司的盈利能力会大

幅增加。这样的情况下，很多投资者也会开始看好该公司股票在未来行情中的发展，纷纷追高买入股票，导致股票价格在短期内大幅上涨。这类股票也是投资者很好的投资标的。

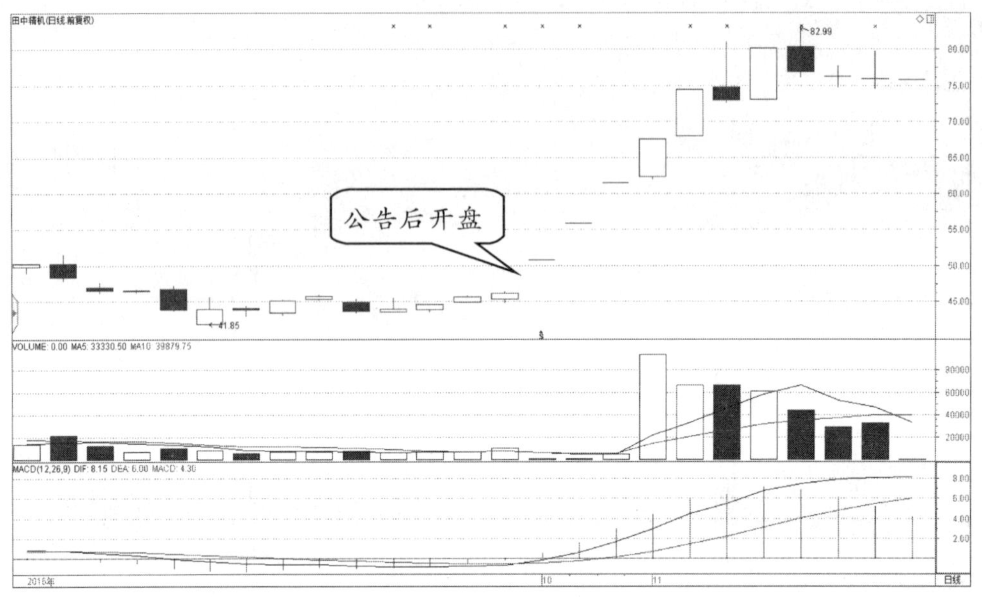

图 7－12　田中精机（300461）日 K 线

如图 7－12 所示，2016 年 5 月，田中精机公告拟以现金 39050 万元购买深圳市远洋翔瑞机械有限公司 55% 股权。这次收购将进一步完善上市公司在智能装备制造领域的产品线，进一步增强上市公司满足下游客户的需求、为客户提供完整的工业自动化解决方案的能力。

公司股票 10 月 27 日复牌后，以连续涨停的形态上涨。在这个过程中，我们可以积极排队追高买入。

7.3.4　利润变化

如果某家公司的盈利能力大幅增加，那么投资者就会重新对该公司的股票进行估值。很多以长期价值投资为目标的投资者就会积极买入该股，推动该股的价格在短期内持续增长。因此每年年报即将发布的阶段，那些盈利预增的公司的股票往往都会获得投资者的青睐，股价在短时间内大幅上涨。

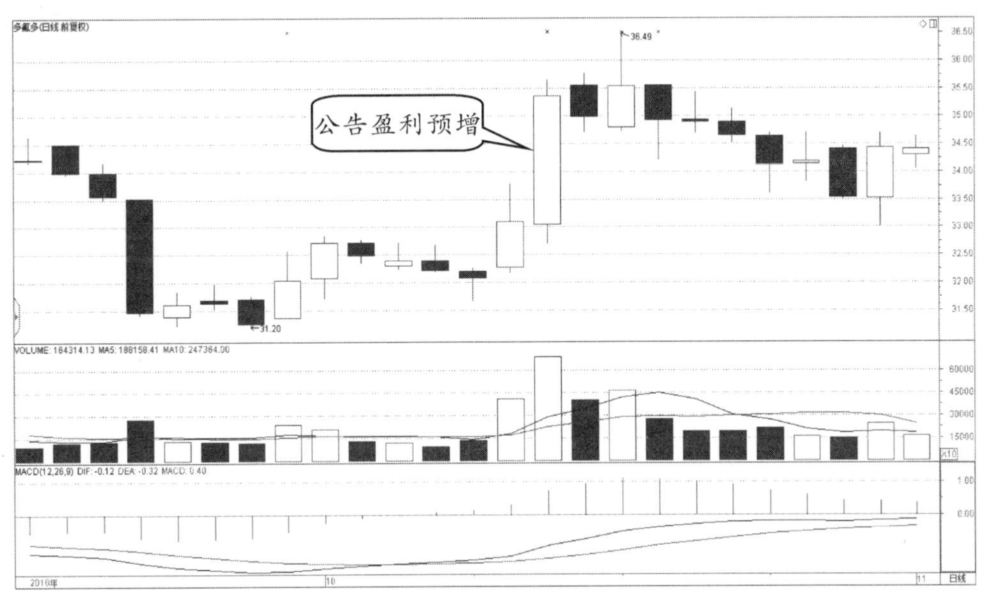

图 7－13　多氟多（002407）日 K 线

如图 7－13 所示，2016 年 10 月 17 日晚间，多氟多发布 2016 年前三季度业绩报告，净利润同比增长 12 倍，主要原因是传统氟化盐市场企稳回升，以六氟磷酸锂为代表的电子化学品需求旺盛，量价齐升，带来了较好的经营效益。

受到这条消息影响，10 月 18 日开盘后，该股股价大幅上涨。

第8章

庄家是市场上一股重要的力量。股票市场上有句俗语说："股不在强，有庄则灵。"个股无论业绩好坏，只要有了庄家操作，价格就能够在短期内迅速飙升。我们只要跟对庄家操作，就可以坐收渔利。

8.1 庄家操作的步骤

无论是什么类型的庄家，当坐庄一只股票时，都要经过买入和卖出两个基本的步骤，也就是建仓和出货。围绕这两个基本步骤，庄家还要进行一些洗盘和拉升的操作。这些工作加起来就是整个庄家坐庄的一般流程。

8.1.1 建仓：买入股票

庄家买入股票时，有两个主要的目标。第一是买入足够多的股票，第二是在足够低的价位上买入股票。其中第一个是必要的目标，有时为了完成第一个目标，第二个目标可以放弃。

例如当建仓时间紧迫时，庄家必须在短期内完成建仓。这样的情况下，为了买入足够多的股票，庄家就不能再计较买入成本，而是需要用大买单向上扫盘，在持续上涨的过程中买入股票。

8.1.2 拉升：拉高股价

庄家为了将自己手里的股票卖出在高位，会想办法将股价向上拉升。

很多时候，庄家为了将股价拉升至足够高的位置，不仅要动用自有资金买入，将股价向上抬拉，还要寻找机会吸引市场上的跟风买盘，让市场上的其他投资者帮助自己拉抬股价。

8.1.3　洗盘：洗掉散户

股价上涨以后，市场上会出现很多持股意愿不强的投资者。这些投资者多数已经获得了足够的利润，对未来行情又不太看好，于是就会抛出股票，对股价上涨形成压力。他们持有的股票叫作浮动筹码。

随着股票的上涨，获利投资者数量越来越多，市场上的浮动筹码也会越来越多。一旦他们集中抛出，就会对股价上涨形成压力，使股价向庄家意料之外的方向运行。

为了避免这些浮动筹码在意外的时间点抛出股票，打乱坐庄计划，庄家每次向上拉升股价一段时间后，就会故意打压，引发散户恐慌，让这些浮动筹码抛出。

这种庄家有意识地对股价进行打压，诱使投资者卖出股票的行为就是洗盘。通过洗盘操作，那些持股不坚定的投资者就会抛出股票，同时有新的投资者进入。这样整个市场上投资者的平均持股成本就会被抬高。未来股价继续上涨时，这些新进入的投资者获利幅度有限，也就不会大量抛出股票，股价上涨也就不会遇到太大的抛盘压力。

8.1.4　出货：获利离场

出货也就是庄家在高位抛出股票的过程。出货过程中，庄家操作的核心是诱多，也就是通过各种手法来欺骗散户投资者，让散户误认为未来股

价会持续上涨，纷纷买入股票。在大量散户买入的过程中，庄家从容抛出自己持有的股票，完成出货。

8.2　建仓的常见手法

庄家操作都是有一些固定套路的，这些套路表现在股票走势上，就会形成一些特殊的形态。这一节，我们就讲一些庄家建仓时常见的走势形态。了解这些形态的特点，可以帮我们找到庄家正在建仓的股票，在庄家建仓的时候跟随买入。

需要注意的是，无论用什么手法来建仓，庄家建仓的根本目的都是要诱空，也就是诱骗散户看空后市卖出，自己好趁机低价买进股票。

8.2.1　打压建仓

打压建仓是庄家建仓时最常用的一种建仓手法。这种方法在整个市场走弱或者投资者持股信心不足时会经常被用到。具体的盘面表现为庄家将股价持续向下打压，不断跌破下方支撑位，让投资者对未来股价能上涨彻底丧失信心，不愿再持有股票，进而在低位抛出。庄家则在低位接过这些抛盘，最终完成建仓。

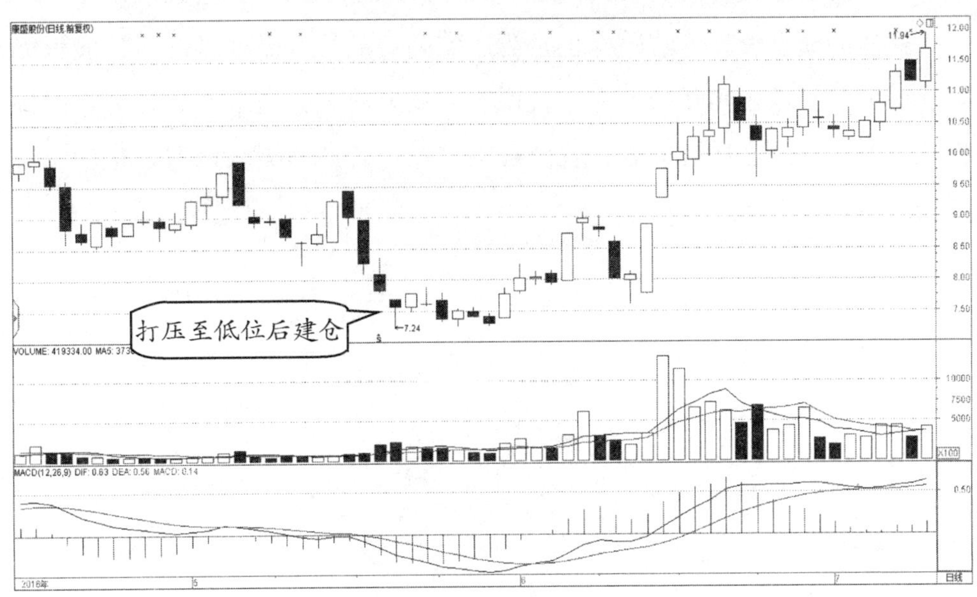

图 8－1　康盛股份（002418）日 K 线

如图 8－1 所示，2016 年 5 月，康盛股份的股价在庄家的打压下持续下跌。股价持续下跌后，散户会失去持股信心，庄家就能在底部建仓买进股票。

8.2.2　横盘建仓

庄家建仓时，可能会操纵股价进入一段上有阻力，下有支撑的横盘整理区间。在这段区间中，股价每次上升到上方阻力位时都会遇到阻力下跌，而回落到下方支撑位时则会获得支撑上涨。

这样的建仓方法经常被应用在牛市行情中。当整个市场的股票普遍持续上涨时，如果投资者自己持有的股票一直不能上涨，而是长时间横盘整理，就会逐渐对未来股价上涨失去信心。当投资者信心耗尽时，就会抛出自己持有的股票，转而买入其他股。此时主力就可以借机完成建仓。

这样的横盘整理行情同样也是为庄家随后的拉升做准备。一旦股价能够突破横盘整理区间开始上涨，就说明市场上的多方力量开始强势将股价向上拉升。看到这样的形态，就会有很多投资者追高买入该股，帮助庄家推动股价持续上涨。

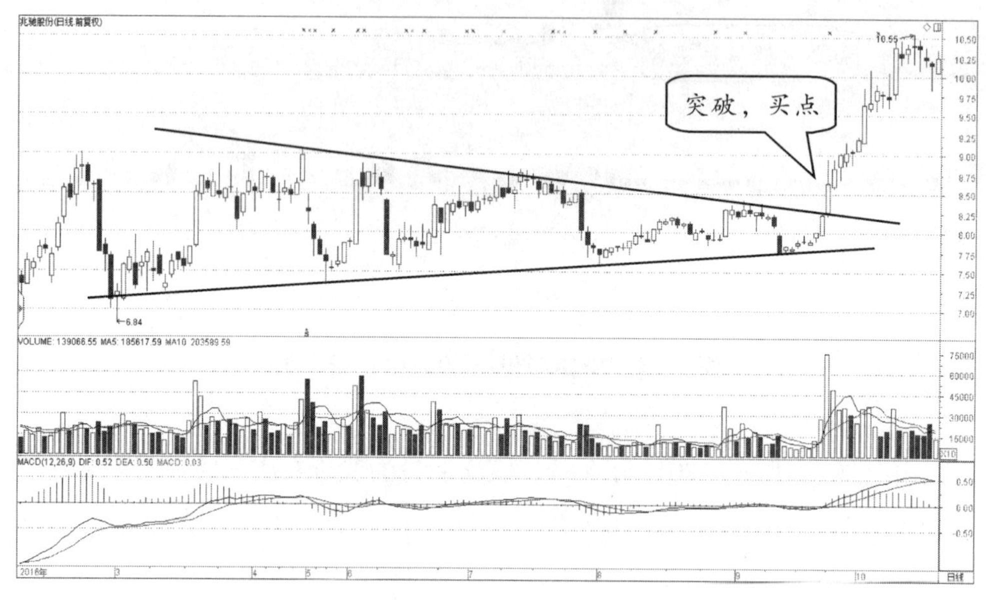

图 8－2　兆驰股份（002429）日 K 线

如图 8－2 所示，2016 年 5 月至 9 月，兆驰股份的庄家在建仓过程中，操纵股价在一个三角形区间内持续横盘震荡。这样的行情会使投资者逐渐失去持股信心，抛出股票，而主力则借机接盘，完成建仓的过程。

8.2.3　拉高建仓

在牛市行情中，投资者对后市普遍抱有乐观态度，庄家再将股价向下打压已经很难达成诱空的目标。为此，部分庄家为了买入股票，就会反其道而行，将股价持续向上拉升。在股价上涨的过程中，投资者手中持股的盈利不断增加，就会有投资者认为自己的盈利预期已达到，抛出股票，而庄家就可以接入他们的抛盘完成建仓。

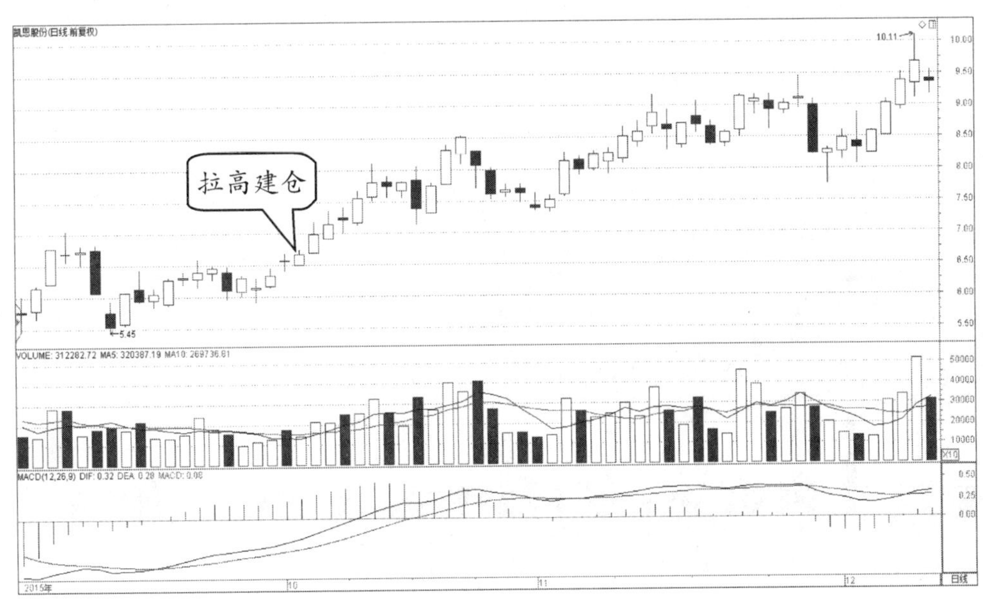

图 8－3　凯恩股份（002012）日 K 线

如图 8－3 所示，2015 年 10 月，凯恩股份的庄家想要建仓买入该股，于是将股价持续向上拉升，诱使散户投资者获利后卖出股票。

8.2.4　拉高回落式建仓

有时候，市场上的散户投资者都极度看好后市，庄家即便将股价向上拉升，仍然会有很多投资者不愿意卖出，而是继续坚定地持股。这样的情况下，庄家为了买入足够多的股票，会在拉升一段时间后再将股价向下打压。

看到刚刚到手的收益因为庄家的打压又逐渐失去，散户投资者就会丧失持股耐心，大量抛出股票，而庄家就可以实现诱空建仓的目标。庄家这样操作的关键点是拉升时一定要非常强势，为之前持股的散户创造足够的盈利空间。这样，随后再打压股价时，巨大的落差就可以起到很好的效果。

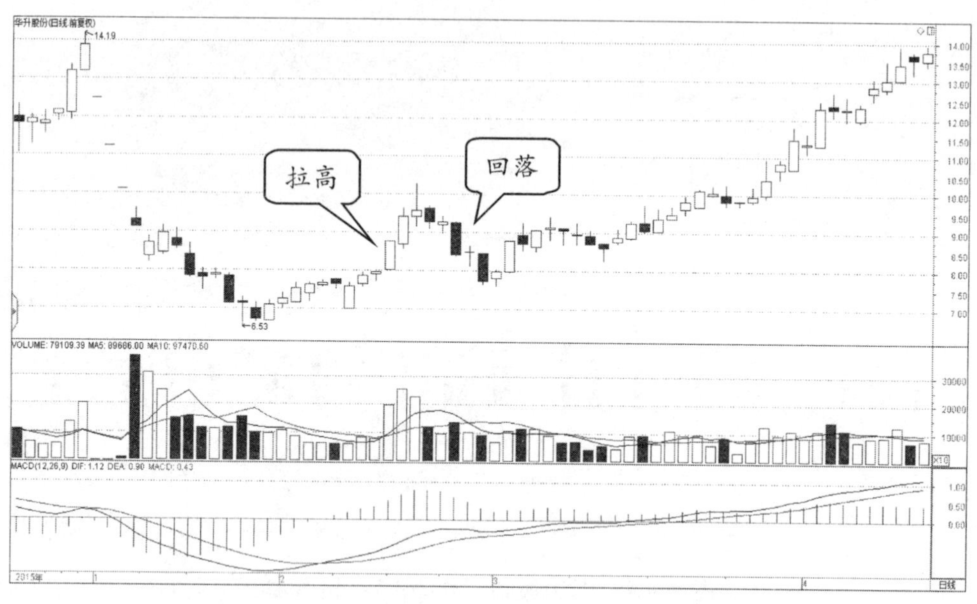

图 8－4　华升股份（600156）日 K 线

如图 8－4 所示，2016 年 2 月，华升股份的庄家想要建仓买入该股时，整个市场已经进入了持续的上涨行情中。因此庄家选择先将股价向上拉升，之后又打压的办法，把持股的散户吓跑，自己则买入股票建仓。

8.3　拉升的常见手法

庄家拉升时，目标是要在不买入太多股票的情况下，将股价拉升至尽量高的位置。为了达到这样的目标，庄家拉升时需要充分调动市场上散户投资者的买入热情，借用散户的力量将股价拉升至高位。具体操作时，庄家常用的拉升手法有以下几种。

8.3.1　直线式拉升

当市场行情非常强势，或者股票成为市场热点时，庄家经常会采用直线式拉升的方式。这是一种非常简单直接的拉升方式。具体操作的方法是，庄家在短期内大量买入股票，将股价迅速向上拉升，股价连续多个交易都大幅上涨甚至涨停，很快就上涨到了很高的位置，为庄家创造了巨大盈利空间。

使用这种操作方法时，因为股价上涨速度很快，追高买入的散户投资者数量很多，同时之前持有该股的散户投资者因为获得了巨大利润，逢高套现的倾向很强，因此，随着股价快速上涨，市场上的交易会越来越活跃，成交量大幅放大。这对庄家的操盘能力是很大的考验。很多庄家都会选择在市场交易活跃的时候趁机抛出股票，完成短线操作。

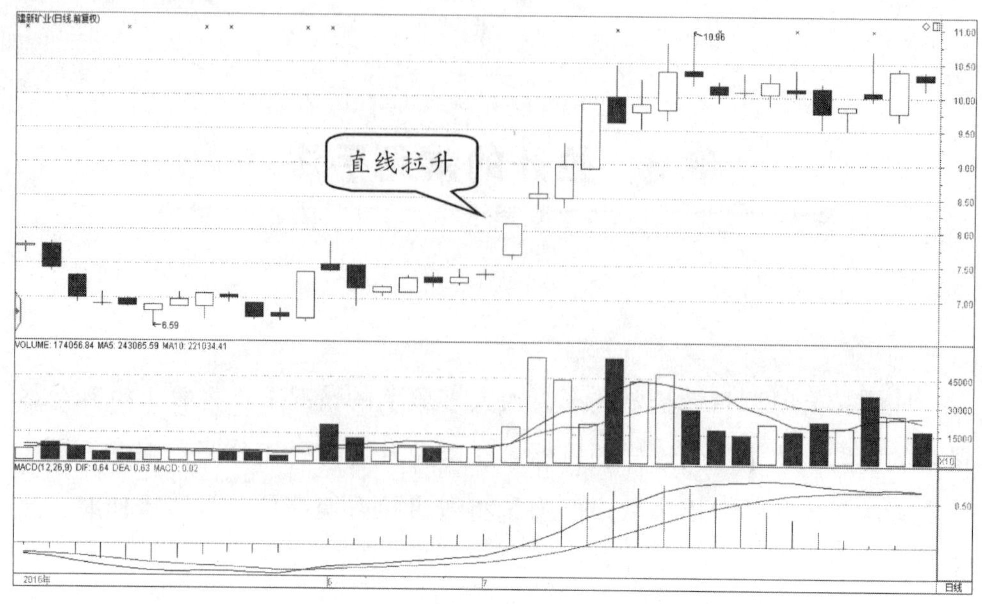

图 8－5 建新矿业（000688）日 K 线

如图 8－5 所示，2016 年 7 月，建新矿业的上涨就是一次典型的直线式拉升。

8.3.2 稳健式拉升

直线式拉升的风险很大，因此庄家只有在操作时间紧迫，同时市场环境允许的情况下才会使用直线拉升的方法。更多情况下，庄家拉升股价时都会选择一些更加温和、安全性高的方法。稳健式拉升就是这种安全方法的典型。

在庄家稳健式拉升的过程中，股价会在很长时间内沿着某条均线或者趋势线持续上涨，一直保持稳健上涨的形态。看到这样的稳健形态，大量投资者会追高买入股票，协助庄家完成持续拉升的操作。同时因为这个过程中股价的上涨十分稳健，持有该股的投资者也会一致看好后市发展，不会轻易抛出股票，股价的上涨也就不会遇到太大阻力。

在庄家稳健拉升股价上涨的过程中，股价的走势会比较平稳，不会出现短期内暴涨暴跌的行情。同时成交量的走势也会持续温和放大，不会在某段时间内突然大幅放大。

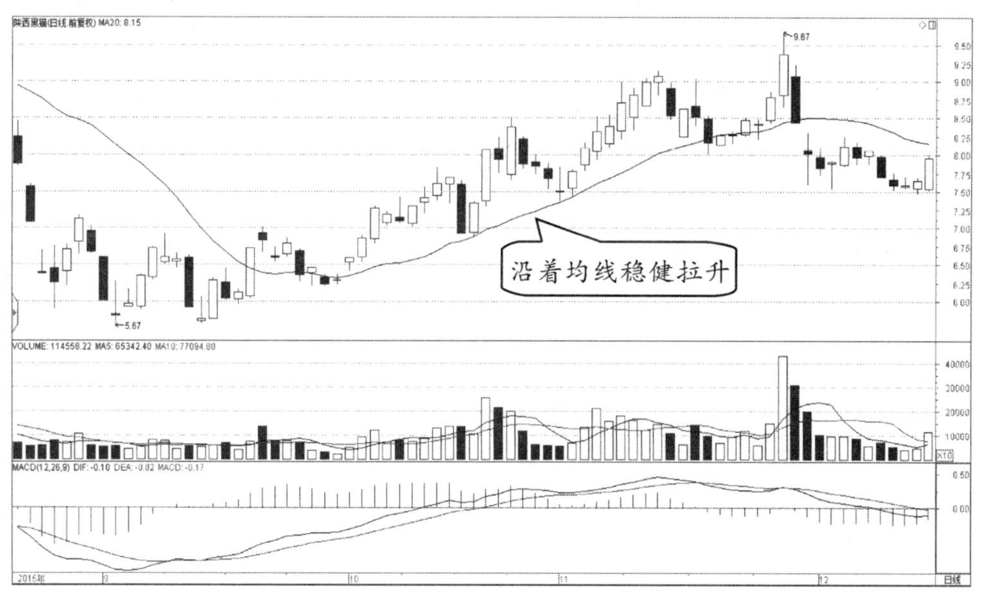

图 8－6　陕西黑猫（601015）日 K 线

如图 8－6 所示，2015 年 10 月至 11 月，陕西黑猫股价沿着 20 日均线持续上涨，就是一次典型的稳健拉升。

8.3.3　台阶式拉升

如果庄家持续将股价向上拉升，那么随着股价上涨，过去持股的投资者盈利越来越多，这些盈利的投资者就会倾向于抛出股票。因此股价越是上涨，股票上涨面临的阻力就越大，庄家拉升股价也就越困难。

为了应对股价长期上涨过程中不断增加的抛盘压力，很多庄家会选择台阶式拉升的手法。具体做法是庄家每拉升股价上涨一段时间，就控制股价持续横盘整理。在横盘震荡过程中，之前获利的投资者看到上涨停滞，担心失去已经获得的收益，就会抛出手中的股票，股票上涨遇到的阻力也就得到了释放。在横盘整理时，庄家可能用到的横盘形态包括三角形、矩形、旗形等。在一次持续的上涨行情中，这些形态可能会交替出现。

当股价突破横盘区间继续向上时，投资者看到股价开始上涨，又会纷纷买入股票，成为庄家将股价向上拉升的助力。

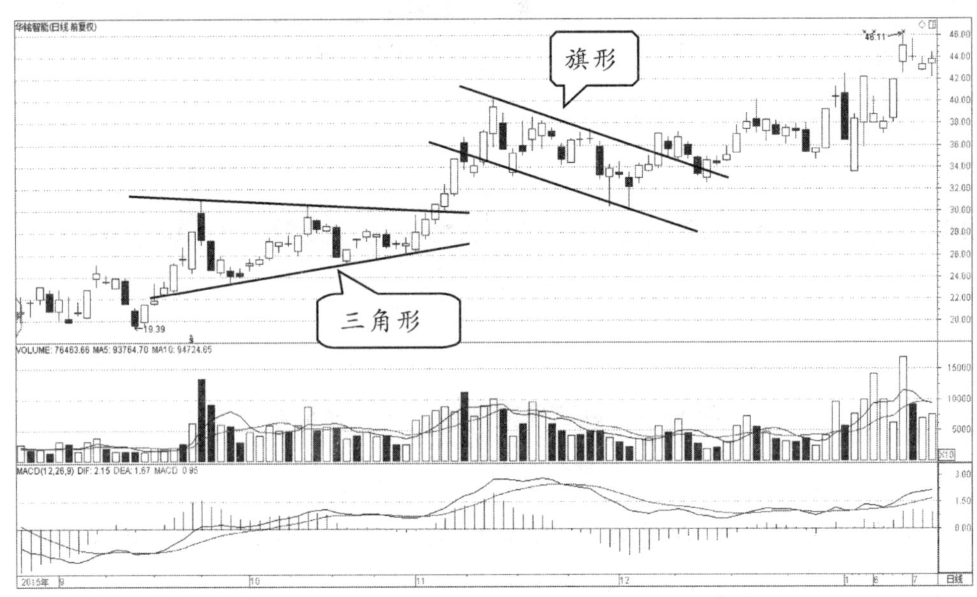

图8－7　华铭智能（300462）日K线

如图8－7所示，2015年底至2016年初，华铭智能的庄家就选择了台阶式拉升，先后操纵股价形成了一个三角形和一个旗形，才最终将股价拉升至高位。

8.3.4 震荡式拉升

台阶式拉升过程中，庄家使用的是横盘整理手法，诱使前期获利的投资者抛出股票，稳固市场筹码，减轻继续拉升的压力。如果庄家认为单单是通过横盘的方式不足以让过去已经获利的投资者抛出股票，就会采用震荡式拉升的办法。具体的操作方法与台阶式拉升类似，都是每将股价拉升一段时间，就操纵股价调整。所不同的是，这里的调整是深幅回落。

与横盘整理行情相比，回落行情对已经获利的投资者来说要更加有杀伤力。已经获利的投资者看到股价下跌，对于利润缩水的担心即将成为现实，就会更加急于抛出股票。而庄家可以更有效地将这些已经获利的投资者洗出，避免他们在未来难以预料的时间段抛出，给后续拉升造成压力。

这种打压的好处是能够更加彻底地洗清获利筹码，坏处是让投资者更加看空后市，庄家需要消耗比较大的精力才能将股价重新拉升到上涨轨道上来。因此这样的方法更适合那些控盘程度相对较高的庄家使用。

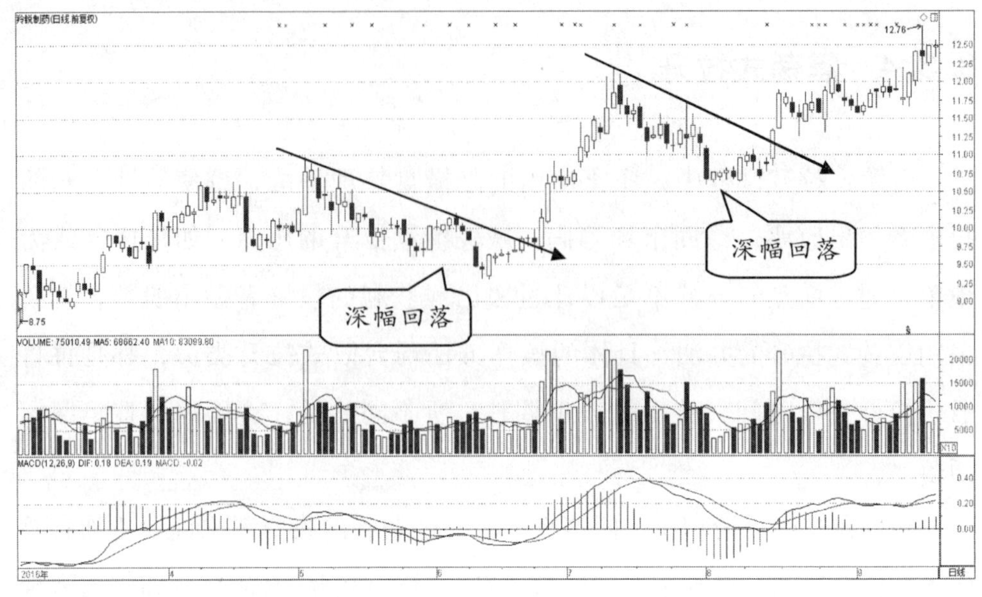

图 8－8　羚锐制药（600285）日 K 线

如图 8－8 所示，2016 年 3 月至 9 月，羚锐制药的庄家在拉升股价的过程中，每隔一段时间就打压股价深幅回落，最终将股价拉升至高位。

8.4　洗盘的常见手法

洗盘的概念我们在前面已经提到过了。庄家洗盘的核心目的是要诱空，也就是诱骗未来可能会带来抛盘压力的投资者，让他们在庄家计划好的区间范围内抛出股票，稳固市场筹码，为之后继续拉升股价做准备。庄家洗盘时常用的方法有以下几种。

8.4.1　打压洗盘

无论是建仓时诱空还是洗盘时诱空，庄家最常用的方法都是打压股价。庄家通过将股价持续向下打压，让过去盈利的投资者损失利润，套牢的投资者解套无望。最终这些投资者都会失去继续持有股票的耐心，纷纷抛出股票，庄家也就实现了洗盘的目的。

需要注意的是，庄家洗盘是为了继续拉升做准备，因此打压洗盘后，庄家很快会将股价向上拉升，形成看涨的形态。看到股价上涨，就会有新的投资者追高买入，庄家也就可以继续之后的拉升行动。

在前面讲到的震荡式拉升中，其实就是穿插了很多打压洗盘的操作。

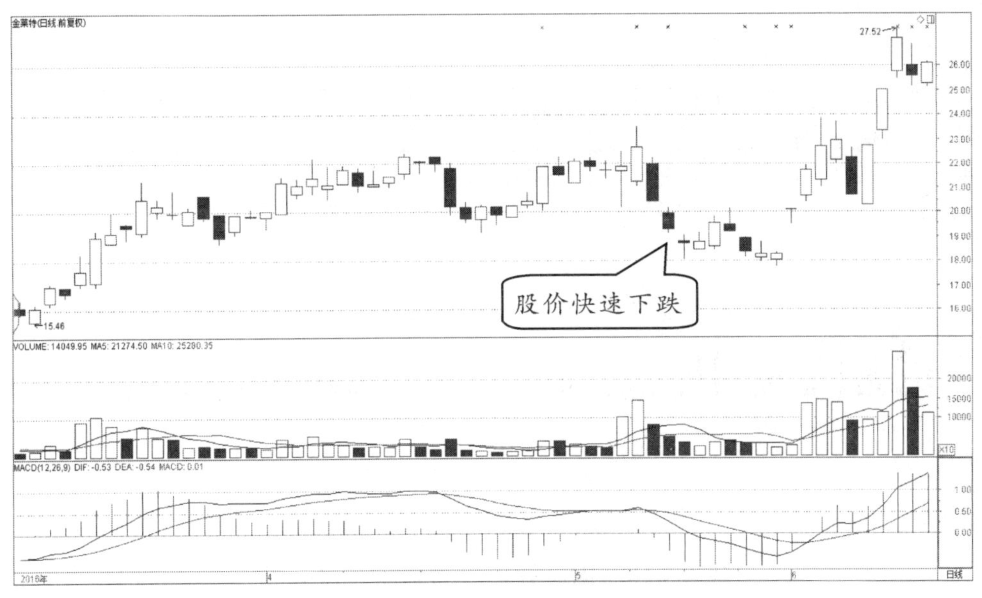

图8-9　金莱特（002723）日K线

如图8-9所示，2016年5月，金莱特的股价在几个交易日内快速下跌，几乎跌回到上涨行情的起点上。这就是一次典型的打压洗盘操作。

8.4.2 横盘洗盘

有时，庄家会操纵股价在一个比较小的价格区间内持续横盘整理。看到股价长期横盘，没有继续上涨的希望，原本获利的投资者就会逐渐失去继续持股的耐心，纷纷抛出股票。

庄家操纵股价横盘进行洗盘时，如果大盘指数持续上涨，则起到的洗盘效果会更好。这样的情况下，散户投资者看到市场上其他股票都在上涨，只有自己的股票止步不前，就更容易失去持股的耐心，将自己的股票抛出。

我们前面讲到的平台式拉升，实际上就是穿插了很多横盘洗盘的操作。

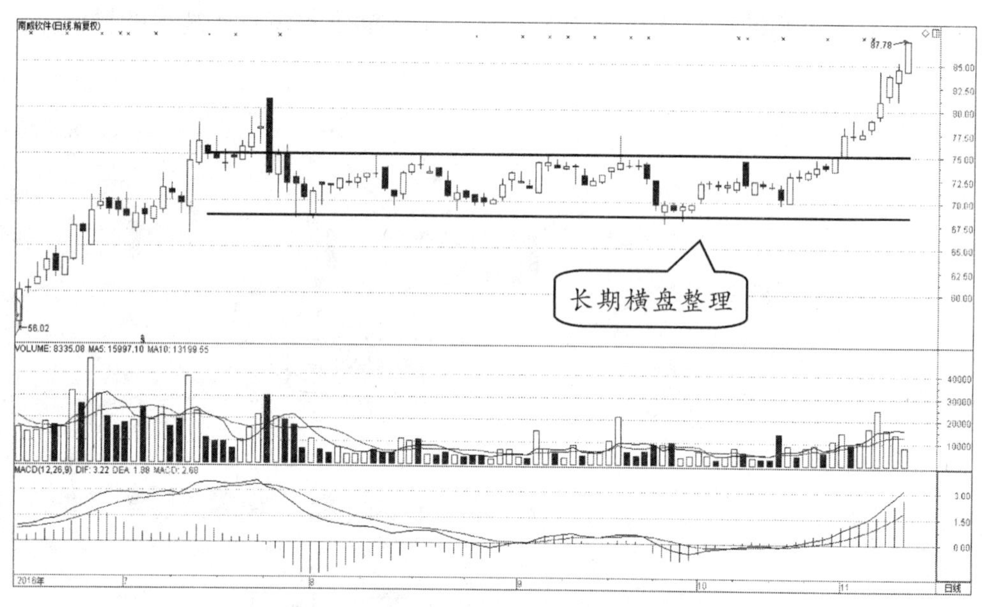

图 8－10　南威软件（603636）日 K 线

如图 8－10 所示，2016 年 8 月至 9 月，南威软件上涨至高位以后持续横盘整理。在这个过程中很多散户失去了持股耐心，庄家也就实现了洗盘的目的。

8.4.3 反复震荡洗盘

庄家打压股价会在投资者中造成恐慌，诱使他们抛出手中的股票，实现洗盘的目标。不过一次打压行情能够持续的时间和下跌深度必定十分有限。有时如果市场上筹码较多的话，庄家只是打压股价一次很难起到洗盘的效果，于是很多庄家在操盘时都会将股价反复多次向下打压。看到股价被多次向下打压，原本坚定持股的投资者就会逐渐失去对后市的信心，纷纷抛出股票，庄家的洗盘可以更加彻底。

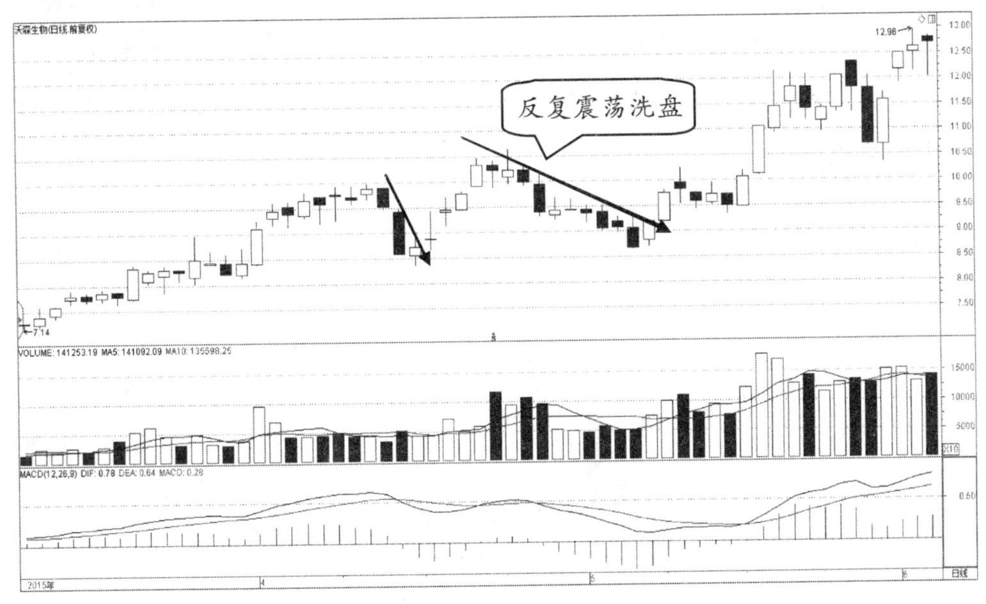

图8-11 沃森生物（300142）日K线

如图8-11所示，2015年4月，沃森生物股价第一次被向下打压后刚刚想要抬头，马上就又被向下打压。这就是一次典型的反复震荡洗盘。

8.4.4 挖坑式洗盘

在以上打压式洗盘的过程中，庄家只是对股价进行打压，诱使投资者看空后市卖出。不过实际操作时经常会遇到当股价被打压至底部后，还会有一部分投资者保持观望态度，对后市仍抱有一定的希望的情况。这样的情况下，庄家就会操纵股价在底部横盘整理一段时间。这些保持观望的投资者看到股价虽然结束了下跌，但一直无法上涨，就会逐渐失去持股耐心，抛出股票，庄家也就实现了更好的洗盘效果。

在打压后的横盘过程中，庄家一方面耗尽了投资者的持股耐心，另一方面也可以让新的投资者看好后市发展，为今后继续拉升股价做准备。

因为这种洗盘形态会在走势图上留下一个平底的坑的形状，所以又被叫作挖坑式洗盘。

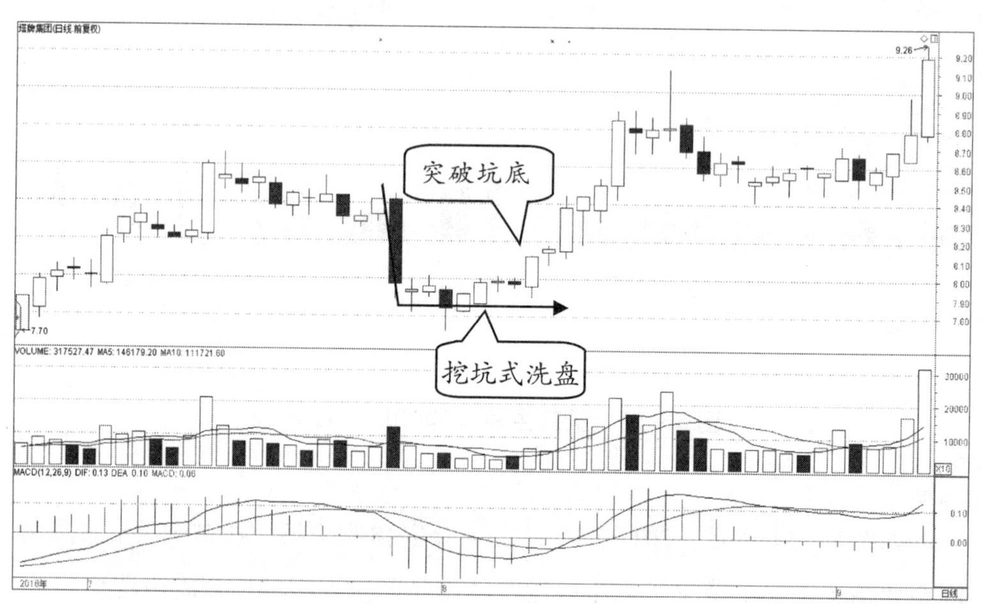

图 8-12　塔牌集团（002233）日 K 线

如图8－12所示，2016年7月底至8月初，塔牌集团股价被快速杀跌后，又在底部横盘了一段时间。这就是挖坑式洗盘的典型形态。8月8日，股价突破坑底开始上涨，是拉升行情继续的信号。

8.5　出货的常见手法

为了在满意的高价位上抛出足够多的股票，庄家在出货时的核心操作就是要诱多。只有吸引足够多的散户买进股票，庄家才能顺利在高位出掉手中的筹码。庄家出货时的常用手法包括以下几种。

8.5.1　杀跌出货

如果庄家出货时利润空间已经很大，不介意股价小幅回落，可能会使用杀跌式出货的方法。也就是将股价快速向下打压，在打压的过程中完成出货。

一方面，在庄家打压股价的过程中，通过大量抛售，可以完成一定的出货任务。另一方面，当股价被快速打压至低位后，会有投资者认为当前的股价已经很低，于是纷纷抄底买入股票，这些投资者也就成了接盘者。

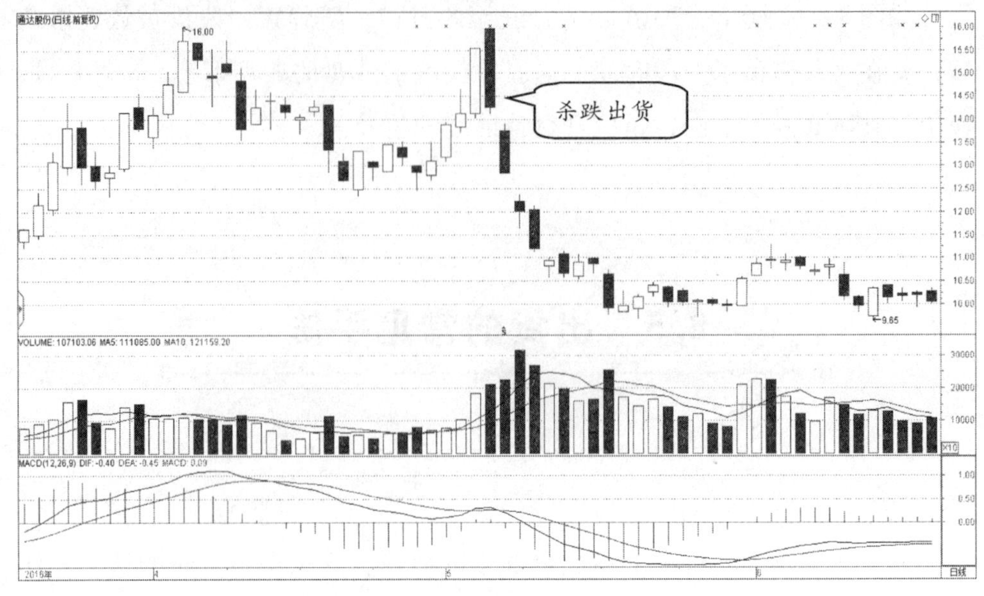

图 8－13　通达股份（002560）日 K 线

如图 8－13 所示，2016 年 5 月初，通达股份的庄家就是使用了杀跌出货的手法。在下跌过程中，成交量大幅放大，说明庄家正在不计成本地进行出货操作。

8.5.2　拉高出货

虽然庄家出货时要卖出股票，不过真正在出货时杀跌并不常见。更多时候，庄家会选择拉高出货的方法。道理很简单，只有拉高以后，才会有散户追高买入，庄家也就可以顺势卖掉手里的股票。

拉高出货的具体做法是，庄家在出货前将股价持续向上拉升，最好能够形成一个强势上涨的技术形态，并配合一定的炒作题材。看到股价强势上涨，自然就会有大量投资者追高买入股票。而庄家就可在这个过程中顺势抛售筹码。

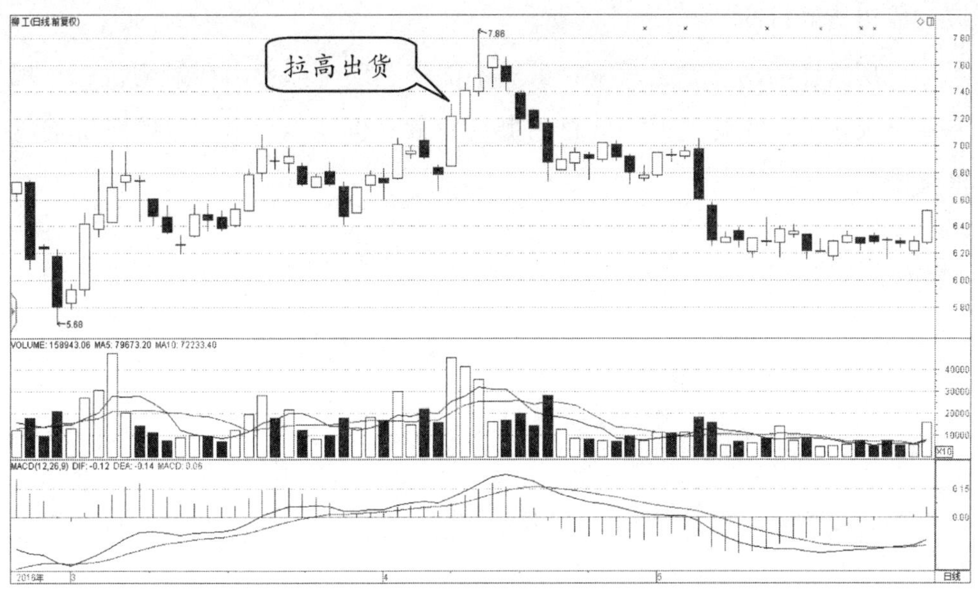

图 8 – 14　柳工（000528）日 K 线

如图 8 – 14 所示，2016 年 4 月，柳工的股价在高位放量向上突破。在这次上涨的过程中，很多散户追高买入，庄家也就顺势卖掉手里的股票，完成出货。

8.5.3　反弹出货

有时，庄家将股价拉升至很高的位置上以后，市场上会积累大量的获利筹码。如果庄家这时出货，市场上就会产生恐慌气氛，导致获利筹码大量涌出，与庄家争夺市场上的买盘，庄家很难实现出货的目标。

在这样的情况下，庄家往往会先将股价向下打压。通过打压股价至较低的位置，市场上持股不坚定的投资者会纷纷抛出股票，筹码得到了稳固。当股价下跌至低位时，庄家再将股价向上拉升一定幅度，此时就会有投资者认为股价即将反弹，纷纷买入股票。借助这些抢反弹的买盘，庄家就可以完成出货的目的。

使用这样的出货方法，庄家虽然不能将股票全都卖出在最高价，实现利润最大化，却能够大大降低自己抛售时散户也同步卖出，导致股价崩盘的风险。

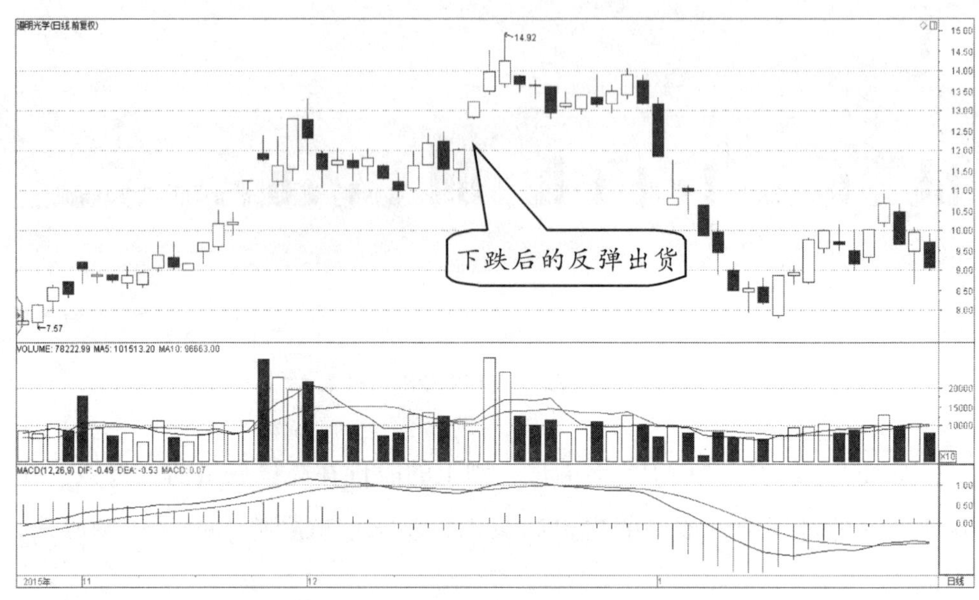

图 8－15　道明光学（002632）日 K 线

如图 8－15 所示，2015 年 12 月初，道明光学的股价第一次上涨遇阻后，很快就获得了支撑继续上涨。这次上涨就是庄家在借助反弹进行出货。

8.5.4　震荡出货

根据前面的内容我们知道，拉升或者打压都有可能成为庄家出货的手法。如果庄家持有的股票数量很多，感觉单独一次的拉升或者打压无法满足出货需要，就会将两者结合起来，在高位反复使用，操纵股价在比较长的一段时间内反复震荡。

经过这样在高位的反复震荡操作后，庄家就可以逐渐抛出手中持有的大量股票，实现出货的目的。

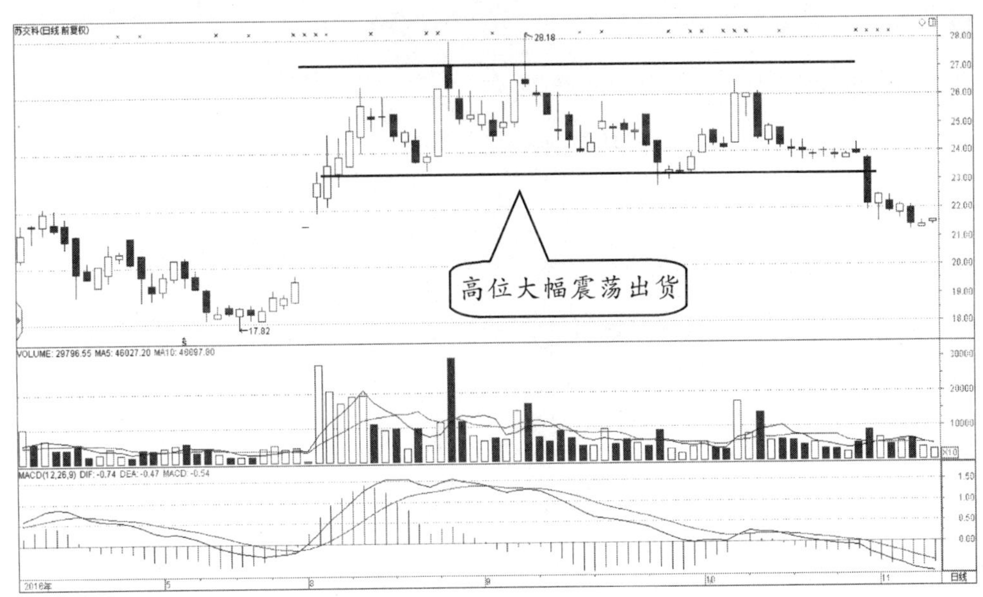

图 8－16　苏交科（300284）日 K 线

如图 8－16 所示，2016 年 8 月至 10 月初，苏交科的股价上涨至高位以后，在一个较大的价位区间内持续震荡。庄家就在这个过程中完成了出货的操作。

第 9 章

新手操盘的技巧

通过上面几章，我们已经学会了很多种分析方法——从技术到基本面，再到消息炒作和跟庄。如果把炒股比喻成做菜的话，现在所有原材料都已经摆在这里了，下一步我们需要做的就是把这些原材料搭配下锅，做一盘好菜，也就是形成一套能赚钱的交易方法。本章内容，就是帮助大家形成这样的交易方法。

9.1 选股技巧

选股是我们做股票交易的第一步。一次成功的交易，从选对一只优秀的股票开始。

9.1.1 基本面选股

所谓基本面选股，就是观察股票的一些基本情况，包括对应公司的财务数据、经营情况、行业前景等信息。这方面的内容我们在前面都已经讲过了。一般来说，基本面决定了股票的长期涨跌趋势。如果以几年甚至十几年的跨度来考虑，只有那些基本面优秀的公司的股票，才能处于持续上涨的趋势。

9.1.2 技术面选股

技术面选股是通过分时线、K 线和各种技术指标的形态来选择股票。

技术指标的形态会影响股票在中短期内的走势。一只技术指标形态很好的股票，更容易获得市场上投资者的认可，吸引更多人买入股票，推动股价持续上涨。

对于技术面和基本面，我们应该辩证地看。很多人喜欢用基本面选股，抛弃技术分析，还有很多人正好反过来，这都是不对的。我们应该将这两种方法结合起来，最终才能选出真正优秀的股票来操作。

9.1.3　根据股票涨幅榜选股

技术面和基本面是选股的两个方向。我们如果刚接触股市，对市场上几千只股票完全没有概念，就算学会了各种分析方法也不知道从哪里入手。

涨幅榜就是我们可以入手的地方。在股票软件里像输入股票代码一样，输入“60”后回车，就可以打开当天市场上所有股票的涨幅排行榜。这里就是当前市场上涨幅最大的股票名单，我们可以从头依次进行分析，如图9－1所示。

	代码	名称	涨幅%↓	现价	涨跌	买价	卖价	总量	现量	涨速%	换手%	今开	最高	最低	昨收
1	603556	N海兴	44.01	34.03	10.40	34.03	–	225	10	0.00	0.02	28.36	34.03	28.36	23.63
2	600112	天成控股	10.04	12.27	1.12	12.27	–	304997	20	0.00	5.99	11.22	12.27	11.21	11.15
3	002651	利君股份	10.03	12.72	1.16	12.72	–	494304	5	0.00	13.06	12.05	12.72	12.04	11.56
4	603060	国检集团	10.03	15.91	1.45	15.91	–	109	1	0.00	0.02	15.91	15.91	15.91	14.46
5	600362	江西铜业	10.03	17.56	1.60	17.56	–	186.5万	141	0.00	8.99	17.12	17.56	17.11	15.96
6	000510	金路集团	10.02	14.38	1.31	14.38	–	34103	2	0.00	0.61	14.38	14.38	14.38	13.07
7	603069	海汽集团	10.02	24.49	2.23	24.49	–	216590	70	0.00	27.42	22.50	24.49	22.31	22.26
8	000582	北部湾港	10.02	18.34	1.67	18.34	–	220253	5	0.00	8.34	17.47	18.34	17.33	16.67
9	000020	深华发A	10.02	24.93	2.27	24.93	–	50201	1	0.00	2.77	22.75	24.93	22.75	22.66
10	600558	大西洋	10.02	6.48	0.59	6.48	–	483669	1	0.00	5.84	6.48	6.48	6.34	5.89
11	002346	柘中股份	10.02	19.33	1.76	19.33	–	172960	23	0.00	21.67	17.81	19.33	17.76	17.57
12	002816	和科达	10.01	37.46	3.41	37.46	–	181	1	0.00	0.07	37.46	37.46	37.46	34.05
13	603843	正平股份	10.01	31.87	2.90	31.87	–	431036	8	0.00	43.23	28.33	31.87	28.32	28.97
14	603667	五洲新春	10.01	39.79	3.62	39.79	–	1882	1	0.00	0.37	39.79	39.79	39.79	36.17
15	300560	中富通	10.01	28.80	2.62	28.80	–	19	5	0.00	0.01	28.80	28.80	28.80	26.18
16	002817	黄山胶囊	10.01	62.77	5.71	62.77	–	439	3	0.00	0.20	62.77	62.77	62.77	57.06
17	300557	理工光科	10.01	39.03	3.55	39.03	–	12	1	0.00	0.01	39.03	39.03	39.03	35.48
18	300526	中潜股份	10.01	102.80	9.35	102.80	–	39879	10	0.00	18.77	98.00	102.80	94.80	93.45
19	300552	万集科技	10.00	66.96	6.09	66.96	–	146	5	0.00	0.05	66.96	66.96	66.96	60.87
20	300478	杭州高新	10.00	69.18	6.29	69.18	–	39781	8	0.26	16.46	63.49	69.18	63.00	62.89

图9－1　市场涨幅排名

如果我们在软件里输入“80”后回车，就可以打开一个综合排名界面。这些股票也就是当日行情中最值得关注的品种，如图9－2所示。

综合排名
基本栏目 资金栏目 综合排名－沪深A股

今日涨幅排名			5分钟涨速排名			今日委比前排名		
N海兴	34.03	44.01	长航凤凰	7.30	3.11	新华网	94.04	100.00
天成控股	12.27	10.04	帝龙文化	17.80	2.30	能科股份	41.28	100.00
利君股份	12.72	10.03	银河生物	17.82	2.18	正平股份	31.87	100.00
国检集团	15.91	10.03	新华文轩	30.56	1.97	塞力斯	83.07	100.00
江西铜业	17.56	10.03	中国远洋	5.44	1.87	五洲新春	39.79	100.00
金路集团	14.38	10.02	嘉麟杰	13.30	1.84	N海兴	34.03	100.00
今日跌幅排名			5分钟跌速排名			今日委比后排名		
华钰矿业	47.76	-8.80	王子新材	63.72	-1.21	全志科技	98.89	-95.81
山东黄金	43.24	-6.12	来伊份	72.80	-1.17	健盛集团	30.63	-95.04
赤峰黄金	18.41	-6.02	小商品城	8.56	-0.81	盛讯达	140.75	-91.86
湖南黄金	13.36	-5.85	安德利	80.38	-0.77	通宇通讯	58.00	-91.19
中金黄金	13.87	-5.45	横河模具	59.70	-0.70	天山生物	17.98	-90.92
西部黄金	26.59	-4.97	蓝帆医疗	12.91	-0.69	朗源股份	14.34	-90.42
今日量比排名			今日振幅排名			今日总金额排名		
路畅科技	73.39	15.65	N海兴	34.03	23.99	万科A	28.00	54.9亿
中光防雷	41.56	15.09	泸天化	16.79	14.19	江西铜业	17.56	32.8亿
汇顶科技	155.44	10.67	华钰矿业	47.76	12.70	中国建筑	8.02	27.6亿
栢中股份	19.33	8.01	金盾股份	47.86	12.54	嘉麟杰	13.30	27.3亿
中国巨石	11.37	7.92	正平股份	31.87	12.25	蓉胜超微	11.98	25.9亿
共达电声	19.09	7.57	恒康家居	59.94	12.19	山东黄金	43.24	25.2亿

图9－2　综合排名

9.1.4　根据板块涨幅榜选股

在股票市场上，与某个概念相关的所有股票统称为一个板块。这个概念可能是一个行业、一个地域，也可能是某个热点。

同板块的股票之间会表现出同涨同跌的趋势。我们看盘交易的时候，可以以板块为单位，查看当前市场上的热点有哪些。股票软件里也按照板块的涨幅，给出了排行榜。不同软件打开板块涨幅排名的方式有所不同，通达信是“615” + 【回车】，大智慧是“31” + 【回车】，同花顺是“94” + 【回车】。

如果某个板块能够连续几天都出现在板块涨幅的前列，就说明这是一个热点板块，板块内的个股就值得我们多关注。板块涨幅排名如图 9 – 3 所示。

全部板块 | 行业板块 | 概念板块 | 风格板块 | 地区板块 | 统计指数 | 主题投资　　设置

	代码	名称	涨幅%	现价	涨跌	涨速%	量比	涨跌数	连涨天	3日涨幅%	换手%	净流入	总金额	强弱度%	市盈(动)	振幅%
1	880854	预高送转	5.44	1560.00	80.47	0.00	2.13	2/0	1	4.15	7.97	-1.38亿	11.0亿	4.07	–	4.26
2	880529	次新股	4.50	6463.94	278.57	-0.03	1.45	173/2	6	6.66	12.14	57.40亿	703.5亿	3.14	46.18	3.34
3	880868	高贝塔值	3.22	1094.36	34.12	0.04	1.23	86/4	3	4.47	2.04	16.68亿	318.4亿	1.85	31.39	2.81
4	880934	海外工程	3.19	925.29	28.58	-0.09	1.42	23/1	1	3.63	1.01	5.45亿	90.5亿	1.82	17.24	3.73
5	880837	活跃股	3.01	163.39	4.78	-0.05	1.29	90/9	3	4.82	15.87	21.48亿	571.4亿	1.65	77.60	3.16
6	880910	草甘膦	2.90	1445.31	40.72	-0.01	1.16	11/0	1	1.38	1.26	2.14亿	17.1亿	1.54	68.16	2.47
7	880867	昨高换手	2.84	1036.39	28.58	-0.06	0.21	22/3	3	4.92	18.34	2.70亿	183.6亿	1.47	108.58	3.81
8	880565	送转潜力	2.82	7651.19	209.93	0.00	1.33	86/2	6	4.09	6.73	18.89亿	225.9亿	1.46	90.03	2.11
9	880214	宁夏板块	2.81	1036.26	28.30	-0.06	1.28	12/0	1	2.42	2.65	-1.83亿	17.6亿	1.44	–	2.03
10	880505	稀缺资源	2.70	518.66	13.65	0.15	2.18	40/5	2	2.39	2.74	-16.16亿	205.3亿	1.34	133.61	1.54
11	880567	三沙概念	2.65	2051.83	52.94	0.28	1.22	13/1	1	3.45	1.45	1.34亿	28.1亿	1.28	232.39	1.94
12	880459	运输服务	2.59	964.62	24.30	0.54	1.54	30/0	1	2.20	0.82	11.00亿	58.2亿	1.23	22.12	2.27
13	880594	丝绸之路	2.43	1549.63	36.72	0.12	1.46	31/0	1	2.77	2.44	-2.64亿	56.1亿	1.06	894.94	1.76
14	880512	出口退税	2.40	909.28	21.34	0.05	1.59	37/2	1	1.86	1.85	5.05亿	68.1亿	1.04	35.57	1.65
15	880525	铁路基建	2.38	1647.75	38.30	-0.02	1.28	63/2	1	2.41	0.86	5.06亿	139.6亿	1.02	28.45	2.23
16	880476	建筑	2.31	1550.48	35.01	0.00	1.05	86/4	1	1.81	1.21	10.20亿	241.7亿	0.95	17.94	2.77
17	880227	云南板块	2.31	999.63	22.57	0.12	1.67	24/3	1	2.09	2.96	-2.73亿	105.1亿	0.95	186.66	0.98
18	880503	皖江区域	2.29	1076.91	24.11	0.04	1.86	60/2	1	2.24	2.44	5.67亿	129.2亿	0.93	34.20	1.27
19	880447	工程机械	2.26	601.86	13.31	0.04	1.51	29/0	1	2.56	1.26	3.74亿	45.4亿	0.90	–	1.27
20	880472	证券	2.25	1586.34	34.84	0.00	1.15	25/0	1	0.84	1.25	23.70亿	195.7亿	0.88	24.14	1.72
21	880535	稀土永磁	2.22	673.08	14.63	0.03	1.75	26/2	2	2.16	2.64	-15.27亿	119.3亿	0.86	104.10	1.58
22	880206	青海板块	2.21	586.53	12.67	0.19	1.42	10/1	1	1.39	2.16	2.16亿	29.4亿	0.84	134.38	1.19
23	880230	海南板块	2.16	1331.76	28.18	0.44	1.27	26/1	1	3.55	1.33	4.81亿	53.8亿	0.80	72.34	1.51
24	880224	安徽板块	2.14	1175.75	24.64	0.04	1.72	84/2	1	2.10	2.30	6.36亿	154.2亿	0.73	35.53	1.15
25	880550	保障房	2.00	2128.64	41.76	0.09	1.16	49/1	2	2.63	0.97	13.16亿	166.2亿	0.64	17.84	2.30
26	880542	水利建设	1.99	1539.69	29.98	0.10	1.14	18/1	1	0.86	1.22	7749万	30.2亿	0.62	22.12	2.46
27	880222	江西板块	1.97	1169.51	22.62	0.06	1.52	29/3	1	2.06	2.10	-12.96亿	77.6亿	0.61	38.46	0.80
28	880344	建材	1.92	1062.76	20.00	0.04	1.21	63/4	1	1.29	1.93	10.94亿	127.1亿	0.55	37.05	1.30
29	880431	船舶	1.87	808.09	14.83	0.49	1.22	6/0	1	0.70	0.38	9768万	8.56亿	0.51	–	1.13
30	880931	装饰园林	1.83	1249.59	22.47	0.10	1.00	31/1	1	1.13	1.40	1.96亿	59.5亿	0.47	34.17	0.94
31	880549	海工装备	1.80	1331.77	23.59	0.31	1.24	31/1	1	0.05	0.55	4.04亿	34.7亿	0.44	–	0.96
32	880870	两年新股	1.79	1032.83	18.21	0.04	1.15	203/5	1	1.20	2.13	21.05亿	304.8亿	0.43	37.85	0.97

	次新股(186)	涨幅%	现价	量比	涨速%	流通市值
1	国检集团	10.03	15.91	0.0	0.00	8.75亿
2	海汽集团	10.02	24.49	1.82	0.00	19.35亿
3	和科达	10.01	37.46	0.0	0.00	9.36亿
4	正平股份	10.01	31.07	1.17	0.00	31.77亿
5	五洲新春	10.01	39.79	2.80	0.00	20.13亿
6	中富通	10.01	20.80	0.0	0.00	5.05亿
7	贵山胶囊	10.01	62.77	0.0	0.00	13.60亿
8	理工光科	10.01	39.03	0.0	0.00	5.46亿
9	中潜股份	10.01	102.80	1.63	0.00	21.85亿
10	万集科技	10.00	66.96	0.87	0.00	17.88亿
11	新华网	10.00	94.04	5.20	0.00	48.81亿
12	通用股份	10.00	28.71	1.15	0.00	50.22亿
13	佳发安泰	10.00	49.28	0.0	0.00	8.87亿
14	汇顶科技	10.00	155.44	10.36	0.00	69.95亿
15	古鳌科技	10.00	90.87	3.66	0.00	16.68亿
16	崇达技术	10.00	69.20	1.54	0.00	34.60亿
17	电魂网络	10.00	64.14	2.38	0.00	38.48亿
18	鼎信通讯	10.00	56.55	1.57	0.00	24.54亿
19	塞力斯	10.00	83.07	0.0	0.00	10.58亿
20	振华股份	10.00	41.15	0.91	0.00	22.63亿
21	集智股份	10.00	77.02	0.0	0.00	9.24亿
22	路畅科技	10.00	73.39	15.20	0.00	22.02亿
23	贝达药业	10.00	33.67	0.0	0.00	13.80亿
24	和仁科技	10.00	91.11	1.74	0.00	18.22亿
25	能科股份	9.99	41.28	1.83	0.00	11.72亿
26	富森美	9.99	37.21	0.0	0.00	16.37亿
27	快克股份	9.98	28.75	0.0	0.00	6.61亿
28	新宏泰	9.97	58.99	2.23	0.00	21.86亿
29	丝路视觉	9.97	11.69	0.0	0.00	3.25亿
30	常熟银行	9.97	12.69	1.15	0.00	28.21亿
31	海天精工	9.92	2.88	0.0	0.00	1.50亿
32	农尚环境	9.20	68.02	1.96	-0.26	15.83亿
33	三角轮胎	9.20	43.45	2.63	0.69	86.90亿

图 9 – 3　板块涨幅排名

9.1.5　根据热点新闻选股

各种新闻消息也是我们寻找可以操作的股票的一个重要渠道。很多财经新闻中都会附带有相关的股票或者板块。我们就可以根据这个附带的名单去看走势图。如果走势图体现了利好消息的影响，股票未来的走势就非常值得期待了。

9.1.6 牛市中选股

在持续的牛市行情中，市场上所有的股票都在上涨，市场人气高度聚集。这样的情况下，我们应该选择市场上涨势最强的龙头股票。这些股票在牛市中吸引了更多的市场人气，往往能够形成更大的上涨幅度，是我们在牛市中最佳的选择。

9.1.7 熊市中选股

在整个市场持续下跌的熊市行情里，市场上所有的股票都在持续下跌。这样的情况下，我们最好能够保持空仓观望。如果非要在熊市行情里买入股票，那么最好选择那些短线热点股票进行短线操作。这些股票与重要的热点事件相关，短期内会受到投资者的广泛关注，股价往往被快速向上拉升。我们可以选择这样的股票买入。

但因为这时市场处于持续的熊市趋势中，我们还是应该多注意风险。买入股票之后，我们需要注意保持短线操作的思路，看到上涨走势遇阻就果断卖出股票。

9.2　穿越牛熊的技巧

牛市和熊市是两种完全不同的行情。在不同的行情里，我们选择的操盘方法也有所不同。

9.2.1　牛市中的操作技巧

牛市行情是指整个市场都在持续上涨的行情。这样的行情一旦确认，我们就可以按照牛市中思路来操作股票。具体包括以下几个方面。

选股上，只选择最强势的股票来追高操作。

仓位上，可以重仓持股，账户里不要留下太多闲置资金。

方法上，主要依据技术分析，找到那些在上涨趋势里的股票，追高买入。不要太纠结于基本面分析。

9.2.2　熊市中的操作技巧

到了熊市阶段，市场上所有的股票都在下跌。这样的行情一旦确定，我们就一定要坚守一点：空仓。

在熊市里买股亏钱是大概率事件。我们最佳的策略就是空仓，留下足够的资金，等到牛市开始的时候再回来交易。如果在熊市里频繁交易损失了本金，到牛市真正到来时却没钱投入市场，就非常不划算了。

9.2.3 牛市顶部的操作技巧

首先我们需要明确一点——在真正的熊市开始之前，我们根本没办法确定当前的行情是不是牛市顶部。这里说的牛市顶部，指的是牛市行情持续了很长时间，如今上涨明显遇阻的时间段。过了这段时间，市场可能进入下跌趋势，这时就真是顶部了。市场也可能在调整后继续上涨，这时就只是一个上涨的中继。

在这种牛市的遇阻行情里，我们应当适当降低自己的持股仓位水平，卖掉一部分股票。随着股价变弱，逐步降低仓位。最后，熊市行情开始的时候把剩余的股票全部卖掉。如果经过调整后市场恢复上涨，我们则可以继续加仓买入，回到原来的仓位水平上。

9.2.4 熊市底部的操作技巧

熊市底部和牛市顶部的概念类似，是熊市走势暂歇的时间段。这段时间行情有了见底反弹的迹象，我们可以尝试性地买进股票。如果行情经过调整后继续下跌，我们就可以将刚刚买进的股票卖出。如果经过调整后，行情重新进入上涨趋势，我们可以积极买进股票，逐渐转变为牛市的操作思路。

这段时间操作股票应注意以下几点。

选股上，选择那些先于大盘见底反弹的股票来买入。

仓位上，用少量资金试探性操作，等初步投入的资金开始赚钱以后，再增加仓位。

方法上，更多看重股票的基本面，选择那些盈利能力优秀，又在反弹初期能强势上涨的股票。

9.3　控制情绪的技巧

炒股的时候，除了技术以外，控制情绪也是一个重要方面。技术可以通过学习来掌握，情绪控制却需要在交易中不断积累经验才能学会。本节讲到的几种方法，只是起到一个抛砖引玉的作用。真正想要成为一个情绪控制大师，还是需要到实战中去不断磨炼。

9.3.1　切忌恐惧和贪婪

我们前面讲到，庄家操作就是要在市场上进行诱多或者诱空，利用散户投资者的恐惧和贪婪心理，将散户诱骗进自己的陷阱。

当庄家想要诱使散户买入股票时，会将股价连续向上拉升，有时甚至形成连续涨停的形态。散户投资者看到股价涨停，就会产生贪婪心理，总是想要赚得更多。已经持股的散户投资者会继续持有股票，不愿卖出，而没持有股票的投资者就会疯狂地追高买入股票。等这些投资者追高买入时，庄家就达到了诱多的目的。

为了避免落入庄家的陷阱，我们在看盘交易时一定要注意控制自己的贪婪和恐惧情绪，养成冷静思考的习惯。为此，我们最好能够建立一套完善的操作系统，无论买入还是卖出，都按照自己的指标系统和交易原则进行交易。

9.3.2 不要有从众心理

我们做股票交易时，一方面需要广泛关注各种财经网站、论坛和股票群，了解整个市场的动向，另一方面，又不能被这些信息迷惑，要时刻保持冷静，保证自己能够按照自己的想法开展交易。

在股票市场上，大多数人最终都会亏损离场。如果投资者盲目跟随大多数人的操作方向，像大多数人一样盲目地追随各种“炒股大师”，最终很可能会与大多数人一起亏损。

9.3.3 不要有赌徒心理

很多股民都是怀着赌徒的心态进入股市。他们不但用自己的钱去炒股，还用贷款或用融资杠杆去炒股，一旦亏损，会“死得很惨”。须知，炒股有风险，入市要谨慎，风险须自担。每个家庭都要做好家庭资产配置，在不影响家庭生活质量的情况下，拿出一部分钱去炒股就可以了，这样才能攻守兼备。

9.3.4 果断做出决策

部分投资者入市后感到十分新鲜，会频繁地交易股票。前面已经说过了，这是不正确的交易方法。而另一部分投资者入市后则会陷入另一个极端，他们特别害怕损失，畏首畏尾不敢开始交易，这同样不正确。

投资者进入股市后，会学到各种各样的交易方法。这些方法都需要投资者进行实际的股票交易才能真正掌握并熟练运用。如果只是学习各种方法而不敢将它们应用到实际交易的过程中，投资者就会永远处于纸上谈兵的阶段，无法真正提高自己的交易水平。

9.3.5　经常总结自己

学习股票交易是一个非常漫长的过程。世界上没有哪种股票交易的方法能够百分之百正确，也没有谁敢确定自己的下一笔股票交易一定是赢利的。即使是那些被称作“股神”的炒股高手，也会在交易的过程中不断学习，使自己的炒股技术更进一步。

而对于新入市的投资者，切忌刚获得一点成功就沾沾自喜，认为自己已经找到了交易的“圣杯”，从此就固化自己的交易方法。所有的交易方法都应该根据市场趋势变化而不断改进和优化。所有投资者也都应该在实际操作的过程中不断学习，提高自己的交易水平。

9.4　仓位控制技巧

仓位是指我们买入股票使用的资金占全部资金的比例。一个好的仓位控制方法可以给我们的交易带来事半功倍的效果。

如果我们能够控制好仓位，在判断错误的时候小仓位持股，在判断正确的时候重仓持股，长此以往，投资赚钱就是必然的事情。

9.4.1 不要满仓操作

控制仓位有一个基本的原则，就是任何时候都不要满仓操作。在满仓的情况下，万一被套牢，投资者就只能选择割肉或者等待反弹，不能补仓降低成本。另外，从心理上讲，满仓操作往往会令投资者背负很大的心理压力，导致情绪不隐，容易做出非理性操作。

9.4.2 学会空仓等待

大部分亏损投资者最大的一个共性就是不会空仓，一空仓就浑身难受，总想买几只股票放在账户里。

很多人炒股就算连续亏损，也不愿意空仓下来冷静一段时间，分析到底是自己的错误还是市场行情不好。但要知道，如果交易频繁亏损，那么一定是某个方面出了问题，这时候如果着急交易，想要扳回损失，几乎是不可能的事情。这时候最正确的做法就是空仓等待，让自己冷静思考一段时间，找出问题所在之后再回到市场上去交易。

9.4.3 亏损时学会止损

投资者炒股交易，难免会遇上亏损。即使全世界最厉害的炒股高手，交易的成功率也不可能达到100%。当交易亏损时，投资者一定要使用止损的方法严格控制交易的亏损幅度。

具体操作方法是：投资者交易产生亏损后，只要亏损的幅度达到事先预定的一个比例，就应该坚决抛出股票，防止亏损进一步扩大，把交易的亏损限制在可以接受的范围内。

例如投资者设定买入价向下浮动 5% 为止损价，如果买入后股价跌幅达到或超过 5%，就进行止损。对于短线投资者，可以适当缩小这个比例，例如定为 1% 或者 2%。对于中长线投资者，可以适当增大这个比例，但是不应该超过 10%。

9.4.4　买卖时分批交易

为了最大限度地控制交易风险，我们买卖一只股票时，可以选择分批交易的方法。具体做法是：先使用少量资金测试市场风险，等得到更多确认信号后，再追加投入资金。如此，一旦发现信号不对，可以很快就退出，避免全仓进入带来的巨大损失。

9.4.5　减少持有的股票种类

投资界有句名言："不要把鸡蛋放在同一个篮子里。"于是很多新手炒股就"分散投资"，每只股票只买 100 股，最后几万资金持有了几十只股票，自己连股票的名字都记不住，更不要说深入分析了。

其实，对于我们普通投资者来说，分散投资是有必要的，但如果过度分散的话，就陷入误区了。

我们炒股的时候，最好把资金集中投资到 3 ~5 只最好的股票上。看中新的股票时，最好把原来组合里相对不好的一只股票卖掉再买新股。这样才能更好地回避风险。

9.5 识破陷阱的技巧

股票市场上，充满了各种各样的投资陷阱。我们在这个市场上做交易，一定要提高警惕，不要落入这些陷阱里。

9.5.1 识破庄家盘中的骗线

分时图是我们每个交易日看盘的核心图形。主力也非常善于利用分时图来布置诱多或者诱空的陷阱。通过短时间内大量买入或者卖出股票，主力可以在分时图中制造追涨杀跌的气氛，诱使散户按照主力的意图操作股票。

为了识破庄家盘中的骗线，我们可以多看股票的分时成交明细。如果在股价拉升的同时出现连续的大笔卖出委托，很可能就是庄家在骗线了。

9.5.2 识破庄家的诱多和诱空

要想识破庄家的诱多或者诱空操作，我们应该留意分时图，因为分时图对大买单和大卖单的反应是最敏感的。庄家的动向很可能会在分时图里留下蛛丝马迹。通过对分时图的分析，倒推到股票的K线走势图上，我们就可以有效识破庄家的陷阱。

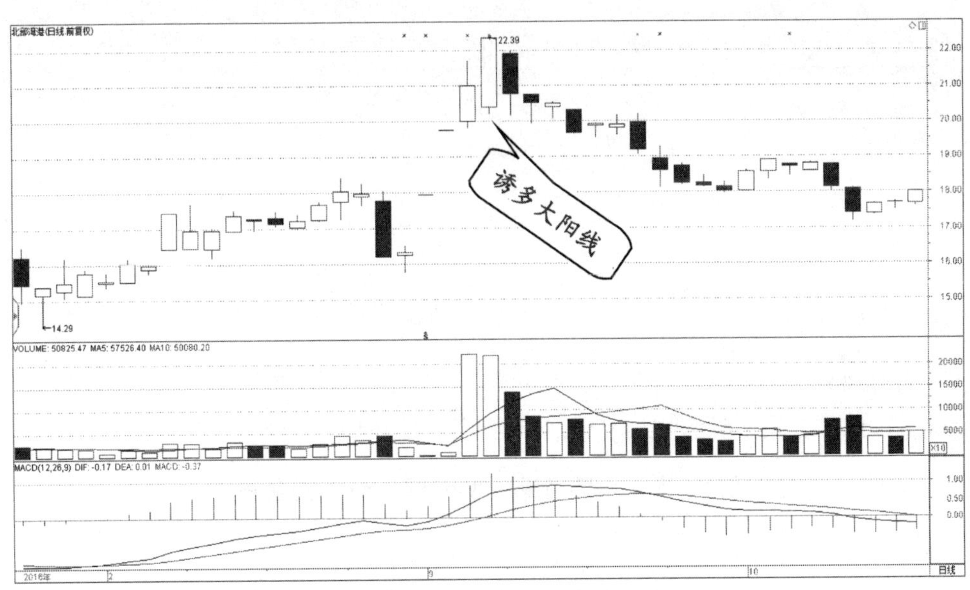

图9－4　北部湾港（000582）日K线图

如图9－4所示，2016年9月13日，北部湾港股价大幅上涨，收出大阳线。这根阳线看上去非常强势。单看这根阳线，很多投资者会买进股票。

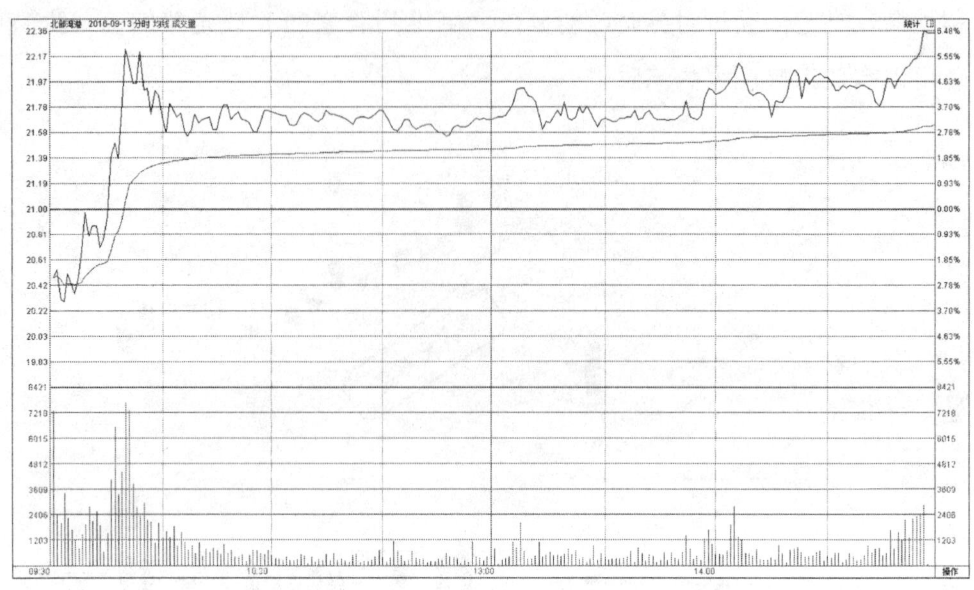

图9－5　北部湾港（000582）分时走势图

如图9－5所示，如果看当天的分时走势图，我们却可以发现一些疑点。当日的拉升集中在开盘半小时和收盘前15分钟两个时间段。这两个时间段正是庄家经常用来拉高股价诱多的时间段。开盘拉升是趁散户还没有决定当日的买卖策略，先突然拉升，好让当日想要卖出的散户不舍得卖出股票。尾盘拉升则是为了让当日K线形成一根非常漂亮的大阳线形态，没有上影线或上影线很短。

在当日盘中的时间段内，股价横盘，实际上是庄家在出货，所以一直都没能上涨。面对这样的走势图，我们就应该保持警惕。

9.5.3　识破消息里的陷阱

股票市场上的消息会引起散户的买卖操作。利好消息会让散户买进股票，利空消息则会让散户卖出股票。庄家也深知这一点。他们会利用利好消息来辅助自己进行拉升和出货的操作，利用利空消息来辅助进行建仓和洗盘的操作。

我们如果只是根据消息来炒股，很可能就会落入主力的这种陷阱里。为此，我们做交易的时候一定要多结合几个方面，看消息的同时也多观察股票的走势特点，避免落入消息陷阱里。

9.5.4　识破股评黑嘴的陷阱

一个庄家并不是只拿资金操盘这么简单，它会有一个完整的团队。在庄家的团队里，有一部分人是专门做公关工作的，专门负责散布各种消息。

我们普通投资者听到的大量“内幕消息”，都是这些公关人员散布出来的。公关人员为庄家操盘服务，其给出的信息经常会让普通投资者误入歧途，在低位抛出股票，在高位接盘买入。因此，如果我们根据各种股评来操作股票，很有可能就会落入某个庄家的操盘陷阱里。

9.5.5　识破荐股陷阱

在证券公司开户以后，留下电话号码，我们就经常会接到一些荐股的电话，宣称交易后再分成，不赚钱不要钱。这实际上也是一种陷阱。他们会同时给成千上万的散户打电话，给每个人推荐不同的股票。按照概率，

其中总有一些股票能上涨。多次以后，总有一些散户每次拿到的股票都是上涨的，于是相信荐股者是真的有本事，是“高手”。到时候这些散户就会成为他们的忠实用户。

我们炒股的时候，一定要按照自己的判断去交易，不要听信别人推荐的股票。只要坚持按照自己的策略操作，自然就不会落入这种陷阱中。